融合 服务 创新

苏州高等职业教育高质量发展的实践探索

RONGHE FUWU CHUANGXIN
SUZHOU GAODENG
ZHIYE JIAOYU GAOZHILIANG
FAZHAN DE
SHIJIAN TANSUO

熊贵营/著

图书在版编目(CIP)数据

融合 服务 创新：苏州高等职业教育高质量发展的实践探索 / 熊贵营著. —苏州：苏州大学出版社，2020.12
 ISBN 978-7-5672-0464-5

Ⅰ.①融… Ⅱ.①熊… Ⅲ.①高等职业教育-教育质量-研究-苏州 Ⅳ.①G718.5

中国版本图书馆 CIP 数据核字(2020)第 222667 号

书　　名：	融合　服务　创新
	——苏州高等职业教育高质量发展的实践探索
著　　者：	熊贵营
责任编辑：	周凯婷
装帧设计：	吴　钰
出版发行：	苏州大学出版社(Soochow University Press)
社　　址：	苏州市十梓街1号　邮编：215006
印　　装：	苏州工业园区美柯乐制版印务有限责任公司
网　　址：	www.sudapress.com
邮　　箱：	sdcbs@suda.edu.cn
邮购热线：	0512-67480030
销售热线：	0512-67481020
开　　本：	700mm×1 000mm　1/16　印张：19.75　字数：334千
版　　次：	2020年12月第1版
印　　次：	2020年12月第1次印刷
书　　号：	ISBN 978-7-5672-0464-5
定　　价：	68.00元

凡购本社图书发现印装错误，请与本社联系调换。服务热线：0512-67481020

自 序

自1986年大学毕业后，我在职业教育领域从事教学管理工作已度过了34个年头，可以说是职教界的一名"老兵"。在很长的一段工作时间内，我关注的是自己所在学校的建设与发展问题，可谓"眼睛朝内"；2006年，苏州全市高职高专院校成立了"校长联席会议"，我成为"联席会议"秘书组成员，开始关注起了苏州高等职业教育的整体发展，可谓"眼睛朝外"。

"联席会议"是不同院校间相互合作交流的平台，也是一个提升理念、拓宽视野、引发感悟的平台。在跟随"联席会议"的对外学习交流过程中，省内外院校对苏州高职院校有两个共同的话题：一是苏州是一个地级城市，高等职业教育非常发达，有15所院校（2009年）；二是苏州高职院校紧密联动，专门成立了协同发展的联席会议平台。反复出现的两个话题也渐渐引起自问："苏州的高职教育有着特殊性，它的与众不同之处到底是什么呢？"2013年起，联席会议实现机制创新，先后下设了"教学联盟""学工联盟""后勤联盟""产教联盟"四个联盟，我有幸成为"学工联盟"的主任；2015年，我又担任了"苏州国际教育园众创联盟"的主任。在与各兄弟院校开展工作和与省内外同行的学习交流、研讨借鉴中，盘旋在脑海里的这个问题变得越来越深，我产生了系统、深入地研究苏州高职教育的强烈愿望。

2016年，中国教育发展战略学会开展"新型城镇化与职业教育发展"课题研究，苏州申请了其中的一个专项课题，由现任江苏省教育厅顾月华副厅长（时任苏州市教育局局长）亲自主持，我有幸承担了苏州专项课题子课题"苏州区域职业教育规划布局"的研究；经过近两年的努力，研究成果《苏州区域职业教育规划布局研究》被《新型城镇化与职业教育供给侧改革蓝皮书》全文收录。2017年，在苏州市教育局高国华副局长的指导下，我又承担了江苏省第六批教育改革战略性、政策性重点课题"贡献度视角下高职教育服务地方经济社会发展的策略研究"的研究工作,研究成果被江苏省教育厅《调研通报》录用,在2019年的第1期刊发;之后,又获得苏州市2019年度哲学社会科学的三等奖。值得一提的是,2019年国家出台了《教育现代化2035》,明确提出职业教育现代化的主要目标是服务能力显著提升。基于服务能力、以实证方式开展职业教育对地方经济社会发展贡献度的系统研究,在国内还十分鲜见,具有一定的探索价值。

苏州的职业教育,尤其是高等职业教育究竟有着怎样的区域特色?这大概是仁者见仁、智者见智的问题。我想至少以下三个方面可能会形成共识:一是融入苏州地方经济社会发展,与产业的转型升级和城市创新驱动发展之间形成了同频共振,实现了同向共赢;二是政府与院校、院校与院校、院校与行业企业之间形成了紧密型的有机衔接,高职教育整体推进、良性互动、协同发展;三是高职院校在寻求自身特色发展的同时,始终坚持服务地方,在不断提升服务贡献度的过程中实现了自身的发展壮大。

本书基于经济社会的高质量发展和高职教育的创新发展,以苏州高等职业教育为主要研究对象,围绕职业教育与区域经济、职业教育的整体协同发展和职业教育的服务能力等方面展开论述,以"融合、服务、创新"为主线,呈现苏州高等职业教育推进高质量发展的探索路径。本书共分六章,第一章"苏州经济社会发展概述",第二章"苏州职业教育的规划布局",第三章"苏州高等职业教育的区域融合",第四章"苏州高等职业教育的协同发展",第五章"苏州高等职业教育的服务能力",第六章"苏州高等职业教育的创新发展(案例)"。附录部分对苏州推进职业教育的几个重要文件和苏州各高职院校做了介绍。本书的撰写立足地方,对苏州全市高职院校进行了全覆盖实证研究,研究呈现本土化特色;鉴于地方高等职业教育一体化发展的实践研究专著还很鲜见,本研究在一定程度上起到了填补空白、抛砖引玉的作用。

作为一个高等职业教育的"老兵",我期待着苏州高等职业教育能在"再创一个干事创业火红年代"的苏州大地上,谱新曲、闯新路、创新高,在江苏、苏州率先实现教育现代化的征程中,以自身的高质量发展,为全省乃至全国高等职业教育的发展提供可借鉴、可复制、可推广的地方高等职业教育创新发展"苏州样本"。

目 录

绪论　/ 1

第一章　苏州经济社会发展概述　/ 8
一、历史悠久的"繁华之地"　/ 8
二、奋力争先的"三大法宝"　/ 9
三、创新驱动的"现代名城"　/ 12

第二章　苏州职业教育的规划布局　/ 18
一、规划布局的建设背景　/ 18
二、规划布局的影响因素　/ 21
三、规划布局的现状研究　/ 34
四、规划布局的比较借鉴　/ 49
五、规划布局的优化对策　/ 55

第三章　苏州高等职业教育的区域融合　/ 69
一、专业设置对接产业发展　/ 69
二、政行企校推进产教融合　/ 84
三、聚焦转型深化"双创"教育　/ 97

第四章　苏州高等职业教育的协同发展　/ 121
一、高职教育集聚发展平台　/ 121
二、高职院校协同发展平台　/ 139

第五章 苏州高等职业教育的服务能力 / 154

一、服务能力与职教现代化 / 154

二、服务能力的内涵架构 / 157

三、服务能力的现状研究 / 158

四、服务能力的提升对策 / 209

第六章 苏州高等职业教育的创新发展（案例） / 216

一、人才培养模式 / 217

二、校企深度融合 / 226

三、创新创业教育 / 234

四、文化传承创新 / 238

五、国际合作交流 / 243

六、社会服务能力 / 245

附录1 苏州市职业教育建设若干重要文件 / 251

附录2 苏州高等职业院校简况 / 285

参考文献 / 299

后记 / 308

绪　论

党的十八大以来,以习近平同志为核心的党中央把职业教育摆在了前所未有的突出位置。习近平总书记强调,职业教育是国民教育体系和人力资源开发的重要组成部分,是广大青年打开通往成功成才大门的重要途径,肩负着培养多样化人才、传承技术技能、促进就业创业的重要职责,必须高度重视、加快发展。2019年1月,国务院印发《国家职业教育改革实施方案》(以下简称《方案》),开篇第一句便明确提出:"职业教育与普通教育是两种不同教育类型,具有同等重要地位。"《方案》把党中央、国务院奋力办好新时代职业教育的决策部署细化为若干具体行动,集中体现了国家发展职业教育的新思想、新理念、新要求、新举措,被称为"办好新时代职业教育的顶层设计和施工蓝图"。我国职业教育历经改革开放四十多年的建设发展,进入了类型发展的崭新阶段。

一

职业教育是指让受教育者获得某种职业或生产劳动所需要的职业知识、技能和职业道德的教育。我国职业教育的发展最早可以追溯到创办于福建马尾的"船政学堂"。1866年,为构建中国海防大格局,实现"海国图梦",福建总督左宗棠在福建马尾港创办了培养海军人才的"求是堂艺局",1867年秋天更名为"船政学堂"。"船政学堂"设前后学堂制,前学堂教授船舰制造,设物理、数学、化学及制造课程,后学堂教授舰船驾驶,设天文、地方、管轮、驾驶等课程;教学分为专业、基础与实践,与传统的师徒制教育完全不同;先后建成了13个厂。"船政学堂"是中国第一个自己设计的造船技术培训学校,其专业设置在中国历史上从没有出现过,教学方式突破了传统的师徒制模式,在整个中国近代化过程中,培养了众多军事、造船、铁路、工业建设等多方面的人才,开启了很多的"第一":创办了第一所新式学堂,建造了第一艘钢甲军舰,支撑了第一支近代海军,培养了第一批留欧学生……

在 2017 年 3 月召开的十二届全国人大五次会议记者会上,教育部部长陈宝生就"教育改革发展"相关问题回答中外记者提问,在谈及职业教育的时候,说道:"我国高等教育首先从职业教育起。福州的马尾船政学堂,150 年前建立的,就是标准的职业教育,它的理念和方法,放在现在看都不落后。"在 2018 年 3 月召开的十三届全国人大一次会议记者会上,陈宝生就"努力让每个孩子都能享有公平而有质量的教育"相关问题回答中,再次提出,"职业教育的发展,在中国教育发展史上其实是起步最早的,福建的马尾船政学堂就是我们最早的职业教育"。

二

现代职业教育伴随着改革开放而不断发展壮大,尤其是高等职业教育因改革开放而生,与经济社会的发展变化密不可分,带有浓厚、深刻的中国特色。

1978 年 12 月,十一届三中全会开始实行对内改革、对外开放的政策。1979 年 7 月,中共中央正式批准广东、福建两省在对外经济活动中实行特殊政策、灵活措施,迈开了改革开放的历史性脚步。以十一届三中全会为起点,改革开放建立了社会主义市场经济体制,我国进入了社会主义现代化建设的新时期,经济步入了快速发展时期。随着改革开放和社会经济的深入发展,地方经济社会急需大量的技能型人才,而以学科为主的传统高校人才培养模式很难适应生产第一线的岗位需求。为缓解经济快速发展与人才需求紧缺之间的矛盾,一些经济发达的省份开始提出创办自费走读、不包分配、择优录用、短期学制的职业大学的设想,一种新型高等院校——专科层次、学制三年的职业大学应运而生。自 1980 年 10 月起,原国家教委批准建立了金陵职业大学、天津职业大学、无锡职业大学等全国首批 13 所职业大学,到 1984 年,共兴办 82 所短期职业大学,在校生规模达到 1 万~2 万人。新型的职业大学成为我国高等教育改革的先锋;职业大学的创办,标志着我国高等职业教育的诞生。

三

从高等职业教育的发展历程看,这是与改革开放同步发展起来的一种教育,从起步探索、质量提升到创新发展,走出了一条具有中国特色的高等职业教育发展之路。

高等职业教育的多个"首次"。1982年12月,第五届全国人民代表大会第五次会议审议通过新的《中华人民共和国宪法》,第一次在中国宪政史上明确了"职业教育"的宪法地位。随后,国务院发布《关于第六个五年计划的报告》,提出:"要试办一批花钱省、见效快、可收学费、学生尽可能走读、毕业生择优录用的专科学校和职业大学。"这是中华人民共和国成立以来第一次以国家法令形式规定举办高等职业教育。1985年5月,中共中央颁布《关于教育体制改革的决定》,指出:"教育体制改革的根本目的,是提高民族素质,多出人才、出好人才。"要求"积极发展高等职业技术教育",第一次明确了高等职业技术教育是国民教育体系中一个有机的重要组成部分。1991年1月,原国家教委印发《关于加强普通高等专科教育工作的意见》,提出:"普通专科教育改革目标是逐步发展为高等职业教育,培养经济建设需要的各类应用型人才。"第一次规范提出"高等职业教育"的概念。1996年5月,第八届全国人民代表大会常务委员会第十九次会议通过《中华人民共和国职业教育法》,第一次把高等职业教育以法律的形式确立下来,从此,高等职业教育走上了依法办学的道路。

高等职业教育的质量建设。教育部于2000年1月出台《教育部关于加强高职高专院校教育人才培养工作的意见》,明确了"以教育思想、观念改革为先导,以教学改革为核心,以教学基本建设为重点,注重提高质量,努力办出特色"的高职高专教育人才培养工作基本思路。在2003年评估试点工作的基础上,教育部于2004年下发《关于全面开展高职高专院校人才培养工作水平评估的通知》,正式拉开了我国高职高专院校人才培养工作水平评估的序幕。2008年,在首轮评估基本完成后,教育部印发了《高等职业院校人才培养工作评估方案》,启动了我国新一轮高等职业院校人才培养工作评估。人才培养工作评估,对强化"以服务为宗旨,以就业为导向,走产学结合发展道路"的高等职业教育理念,提升院校办学条件和办学实力,深化教育教学改革,彰显办学特色和提高社会服务能力等都起到了重要推动作用。2005年10月,《国务院关于大力发展职业教育的决定》提出重点建设100所示范性高等职业院校,带动全国职业院校办出特色、提高水平。经历了两批次全国和省级"示范建设"之后,一大批高职院校走上了正规化、优质化的建设之路,成为我国职业教育的高层次引领者。2015年10月,教育部印发《高等职业教育创新发展行动计划(2015—2018年)》,指出:"坚持以示范建设引领发展,鼓励支持地方建设一批办学定位准确、专业特色鲜明、社会服务能力强、综合办学水平领先、与地方经济社会发展需要契合度高、行业优势突出的优质专科高等职业院校……提升学校对产业发展的贡献度,争创国际先进水平。"明确提出到2018年教育部将支持地方建200所优质高职院校。优质高职院校建设成为继"国家示范性高职院校建设"和"国家骨干高职院校建设"之后,又一个备受关注的高职教育发展战略。

现代职业教育体系的构建与完善。1991年10月,《国务院关于大力发展职业技术教育的决定》提出:"初步建立起有中国特色的,从初级到高级、行业配套、结构合理、形式多样,又能与其他教育相互沟通、协调发展的职业技术教育体系的基本框架。"2002年8月,《国务院关于大力推进职业教育改革与发展的决定》进一步提出:"力争在'十五'期间初步建立起适应社会主义市场经济体制,与市场需求和劳动就业紧密结合,结构合理、灵活开放、特色鲜明、自主发展的现代职业教育体系。"2005年10月,《国务院关于大力发展职业教育的决定》明确了新阶段职业教育改革发展的目标,提出,"进一步建立和完善适应社会主义市场经济体制,满足人民群众终身学习需要,与市场需求和劳动就业紧密结合,校企合作、工学结合,结构合理、形式多样、灵活开发、自主发展,有中国特色的现代职业教育体系"。2014年6月,《国务院关于加快发展现代职业教育的决定》提出:"形成适应发展需求、产教深度融合、中职高职衔接、职业教育与普通教育相互沟通,体现终身教育理念,具有中国特色、世界水平的现代职业教育体系。"按照《现代职业教育体系建设规划(2014—2020年)》,2015年,初步形成现代职业教育体系框架;2020年,基本建成中国特色现代职业教育体系。

职业教育的现代化目标。2019年1月,国务院印发《国家职业教育改革实施方案》(以下简称《方案》),《方案》把职业教育摆在经济社会发展全局进行谋划,明确提出职业教育和普通教育是两种不同的教育类型,具有同等重要地位,开启了职业教育改革发展的新征程;《方案》对职业教育的未来发展提出了"三个转变":"经过5~10年时间,职业教育基本完成由政府举办为主向政府统筹管理、社会多元办学的格局转变,由追求规模扩张向提高质量转变,由参照普通教育办学模式向企业社会参与、专业特色鲜明的类型教育转变。"《方案》提出了深化职业教育改革的路线图、时间表、任务书,明确了今后 5 年的工作重点,为实现 2035 中长期目标及 2050 远景目标奠定重要基础。2019 年 2 月,中共中央、国务院印发了《中国教育现代化 2035》,提出,到 2035 年,总体实现教育现代化,迈入教育强国行列,推动我国成为学习大国、人力资源强国和人才强国;重点部署了面向教育现代化的十大战略任务;职业教育推进现代化建设的主要发展目标是服务能力显著提升。

四

苏州自古以来便有崇文重教的优良传统。改革开放以来,苏州经济社会呈现出持续快速发展的良好态势,先后形成的"张家港精神""昆山之路""园区经验"不仅引领了苏州的发展与跃升,而且引领苏州始终走在时代和改革开放的最前列,是苏州创新活力迸发的生动典范、城市发展的三张"名片"。苏州在率先发展、高质量发展的过程中,始终坚持"一流城市要有一流教育"的发展理念,将包含职业教育在内的教育放在优先发展的战略地位。苏州高等职业教育深根于苏州率先发展、创新发展的沃土,其发展过程既有高等职业教育的共性特征,也有鲜明的个性特征。

院校创建顺应地方经济发展,形成地方特色。苏州高等职业院校的创建,与地方经济社会的发展方式密切相关。1981 年 5 月,伴随着乡镇企业等快速发展,苏州打破传统高等教育的格局,成立了"苏州市职业大学",该大学是全国早期成立的职业大学之一。1984 年 7 月,在苏州张家港市(时为沙洲县)创建"沙洲职业工学院",该大学作为全国第一所县立公办大学,被载入中国高等教育史。1997 年 12 月,为满足苏州工业园区开发建设对高技能人才的需求,建立了按股份制办学的"苏州工业园区职业技术学院"。1999 年,成立"苏州工艺美术职业技术学院",该学校成为我国第一所独立设置的艺术设计高等职业院校。2002 年,原硅湖大学(专修)升格为"硅湖职业技术学院",成为江苏省创办最早的民办高职院校。2005 年,国内首家中外合作办学全日制普通高等职业院校"苏州港大思培科技职业学院"(现改名为"苏州百年职业学院")成立。2010 年,苏州工业园区管委会投资设立"苏州工业园区服务外包职业学院",该学校成为全国第一所独立设置的服务外包专业高职院校。

院校建设匹配城市发展需要，形成地方特色。苏州高等职业院校从20世纪80年代开始创新，到2016年已建成17所院校，形成了规模发展；在全市26所高等学校中，高等职业院校的占比达到了65.38%；在全国地级城市中，高等职业院校数位居第一。苏州高等职业院校在区域分布上，11所位于市区，6所位于其他县市区，基本形成了区域布局的全覆盖。在办学性质上，除了11所公办院校外，多种类型的民办院校达到6所，其中昆山一市便建成了3所民办院校。苏州高等职业教育形成了办学类型多样、办学规模较大、专业门类齐全、公办和民办高校共同发展的高等职业教育格局。历经两轮人才培养评估，苏州高职院校办学实力和办学水平不断提升，先后创建了2所国家示范（骨干）高职院校、7所江苏省省级示范高职院校，省级以上示范校占比达到了52.94%；示范校的建设，打造了高职教育品牌，引领并带动了全市高等职业院校的改革与发展。2019年，苏州又有3所院校入选中国特色高水平高职学校和专业建设名单。"规模化发展、区域全覆盖、专业匹配地方产业、主要发展指标和综合实力在全省乃至全国保持领先"成为苏州高等职业教育的鲜明特色。

政府推动创新发展高等职业教育，形成地方特色。政府主导、政策配套，对苏州高等职业教育的发展起了至关重要的作用。聚焦院校创建，在高等职业教育创建的早期，苏州依托乡镇经济、民办经济和外向型经济的快速发展，通过多元办学创建了多所高等职业院校；从21世纪初开始，结合自身经济发展对技术技能人才需求的不断提高，大力推进高等职业教育的建设，助推一批优质中职学校升格发展。聚焦发展平台，通过政府主办，2002年在全省率先启动建设高等职业院校集聚的"苏州国际教育园"，推进政府公共资源与校际资源的共享，探索构建富有苏州特色的园地合作模式；通过院校结盟，2006年，以政府为主导、院校为主体，组建了"苏州高职高专院校联席会议"，推进高职院校之间的协同发展；通过校企联动，2014年起先后共成立了18个市级专业性职业教育集团。为深化"校企合作、产教融合"，苏州市政府于2014年7月率先在全省出台了首个校企合作规范性文件——《苏州市职业教育校企合作促进办法》，此后又出台了《苏州市职业教育校企合作管理办法（试行）》《关于推进苏州市职业院校企业学院建设的意见》等文件，进一步推动职业院校与行业、企业的规范、有序、深度合作，校企共同提升职业教育人才培养质量。2016年年初，苏州率先开通江苏省内首个校企合作专业信息化服务平台——苏州市校企合作服务平台。2008年建立市经济教育联席会议制度，2017年成立了市职业教育改革发展小组,建立服务共担机制。

早在1988年,苏州便被原国家教委确定为"教育综合改革城市";1994开展现代职业教育制度试验;2011年成为"教育部地方政府促进高等职业教育综合改革试点"城市、首批"江苏省职业教育创新发展试验区"。苏州积极参与国家和江苏省的职业教育改革,也使自身成为江苏乃至全国职业教育改革发展的重要策源地之一。

2017年3月,教育部2017年度职业教育与继续教育年度工作会议在苏州召开,全国各地专家学者、新闻媒体近200人参加会议,与会人员对苏州职业教育发展给予了充分肯定。2019年6月,教育部在苏州举行全国职业教育改革发展现场会,"活力强、有特色,尤其是在产教融合这个关键问题上敢走新路、出实招",成为与会人员对苏州职业教育的共同印象。作为一个地级城市,苏州两次举办全国性职业教育大会,苏州职业教育获得了各方的充分肯定和高度评价,彰显了苏州职业教育的建设成效和社会认可度。近期,欣闻教育部、江苏省共建苏锡常都市圈职业教育改革创新试验区实施方案正在研究并即将出台,纳入长三角一体化发展战略、推进都市圈职业教育协同发展,将成为苏州高职教育实现新一轮创新发展的良好契机。

第一章
苏州经济社会发展概述

公元前514年,吴王阖闾命伍子胥建造吴国都城"阖闾大城",由此揭开了苏州古城的历史序幕。历经2 500多年,苏州融山贯水、汇古通今,从悠久的历史文化名城演变成高质量发展的大城市,造就了一个又一个"苏州奇迹"。2012年7月,习近平总书记(时任中共中央政治局常委、中央书记处书记、国家副主席)在苏州出席第二届中非民间论坛时,高度肯定了苏州的发展经验,指出"中国道路怎么走,看看苏州"。

一、历史悠久的"繁华之地"

苏州是著名的国家历史文化名城。苏州城的创建,开启了最初的城市探索与创新。伍子胥受命建造"阖闾大城",先后到各地考察、相土尝水,进行多方面的比较和选择,其规划建设根据水乡泽国的地理特征,因地制宜,顺其自然,引水入城,开渠筑闸,形成了水陆兼备的城市内部交通系统。伍子胥"观天象、测地理、选天命之地"所建造的阖闾大城,即今天的苏州古城,开创了我国历史上第一座规划周密的水城模式;这样的城市格局,为国内外所罕见,也为苏州日后的繁华奠定了基础。自筑城至今,苏州古城尽管历经沧桑,但基本保持了"水陆平行、河街相邻"的双棋盘格局和"小桥、流水、人家"的古朴风貌。苏州古城的建造充分展示了先人标新立异、大胆探索的创新精神。

隋唐时期,苏州城已堪称中华长江之东的第一大都会,意大利著名探险旅游家马可·波罗将苏州称为"东方威尼斯"。唐宋时期,中国的经济中心转移到江南,苏州成为江南最为繁华的经济中心与商业中心。明清时期,苏州达到历史上最为鼎盛时期,成为全国制造业中心。持久的繁荣发展使苏州有了"天堂的美誉。世代苏州人在创造高度发达的经济的同时,也创造了在中华民族历史文化百花园中特色鲜明、独树一帜又历经千年而绵延不绝的吴文化,使苏州成为吴文化的发祥地,是吴文化的中心地区和主要代表。作为吴地人民从古至今所创造的物质文明、精神文明、政治文明、社会文明和生态文明的所有文明成果的吴文化,形成了比较完整的文化形态,诸多优秀的内涵包括尚德崇文、开放包容、务实进取、和谐致远、精致典雅等特征,传承至今,历久弥新。改革开放以来,伴随着文化全球化浪潮,吴文化融入苏州经济社会发展之中,开启了从传统文化向现代化的深刻转型。2015 年,苏州确定了"崇文睿智、开放包容、争先创优、和谐致远"的"苏州精神",体现了民族精神和时代精神的共性特征,又充分彰显了苏州区域的文化特质;其文化价值观深藏着吴文化的文化基因,洋溢着吴文化的深厚元素,散发着吴文化的迷人芬芳。文化成为苏州最具特色的优势,也是苏州经济社会繁荣的根源。①

2 500 多年以来,苏州这片土地上涌现出了许多杰出人物,从圣哲到爱国思想家,从科技专家到能工巧匠,从政治家到军事家,还有画家、医师、商人、文学家及各类人才。北宋杰出的思想家、政治家、文学家范仲淹倡导的"先天下之忧而忧,后天下之乐而乐"、明末清初杰出的思想家顾炎武提出的"天下兴亡、匹夫有责"对后世产生了巨大影响,激励着一代又一代中华儿女,成为宝贵的文化财富。据《苏州全国之最》记载,苏州在清末之间曾创造了 548 项全国第一;苏州现有 15 个中国历史文化名镇,是国内世界遗产点最多的城市。

历史上,苏州每一次的华丽绽放,都是智慧与智慧的碰撞;每一次惊人跨越,都离不开人的创新与实践。②

二、奋力争先的"三大法宝"

从 20 世纪 70 年代起,苏州通过大力发展乡镇企业迅速走在了全国前列,并探索出农村工业化、城市化的"苏南模式"。随着改革开放的深入推进,苏州继第一次乡镇企业异军突起后,又呈现外向型经济异军突起的局面,古老的"东方水城"焕发出青春的活力。张家港"拼"出了"张家港精神",昆山"闯"出了

---

① 徐静.纪念苏州建城 2530 周年学术研讨会文集[M].苏州.古吴轩出版社,2016:73.
② 蒋宏坤,蔡丽新.悄然转身迈新路:新时期苏州改革开放探索的媒体观察[M].苏州:古吴轩出版社,2014:16 - 17.

"昆山之路",苏州工业园区"融"出了"园区经验","三大法宝"绽放在苏州大地[①],成为改革开放以来苏州创新活力迸发的生动典范。

张家港原是苏州一个经济薄弱地区,20世纪70年代(时为沙洲县),是当时苏州6个县中经济最为落后的县,被称为"苏南边角料"。20世纪90年代初期,在各个方面基础相对薄弱的情况下,张家港突出"拼搏、进位",提出了"工业超常熟,外贸超吴江,城建超昆山,各项工作争第一"的"三超一争"目标。这一目标的提出,把张家港党委、政府和人民推上了破釜沉舟、背水一战的境地,逼迫他们把巨大的压力转化为埋头苦干的动力,同时也给周边县市带去了你追我赶、拼抢发展的活力。正是依靠这种拼抢精神,张家港拼抢到了全国第一个长江内河港口开发权和第一家内河港型保税区,修通了全长33千米的全国县级市第一条高等级公路,建起了全国第一条城市步行街,实现了大变化、大跨越、大发展。在治穷致富的历程中孕育产生了"团结拼搏、负重奋进、自加压力、敢于争先"的"张家港精神",催生了令人惊叹的张家港速度,创造了一个又一个张家港奇迹。20世纪90年代中后期,张家港在自身发展走到全国同类城市前列的基础上,坚持以经济建设为中心,全方位、多层次、系列化开展精神文明建设,走出了一条"两个文明"协调发展的成功之路。2005—2018年,张家港连续14年位居全国县域经济百强榜前三名,成为全国当时唯一获得全国文明城市"五连冠"的县级市,先后获得200余项国家级荣誉称号。

昆山在改革开放初期,在当时苏州市下辖的6个县中排名末位,被人戏称为"小六子"。1984年1月,昆山提出"解放思想,实现'十个转变'",要从农业单一经营转变为综合经营,大力发展工业,这标志着"昆山之路"迈出了重要一步。当年,昆山在县城东边自费开辟了工业小区,采用"滚动开发、逐步延伸、开发一片、成功一片"的方式,积极实施横向联合战略,引进多家企业;其间,江苏省第一家中外合资企业——中国苏旺你有限公司落户昆山。通过自费建设工业小区,昆山工业快速崛起,实现了从单一农业经济向农副工全面发展、从产品经济向有计划的商品经济、从内向型经济向外向型经济的"三大转移",完成了"农转工"的历史性跨越。1992年8月,国务院批准昆山经济技术开发区升格为国家级开发区,开创了一个县级市自费开发建设的开发区进入国家序列的先

---

① 中共苏州市委组织部,中共苏州市委党校.再燃激情——苏州"三大法宝"读本[M].苏州.古吴轩出版社,2019:54.

河。昆山利用浦东开发开放的发展良机,迅速形成了三个新的发展格局:以开发区为龙头,带动乡镇工业小区发展的开放格局;以中心城市带动卫星城镇的新型城镇格局;大力发展第三产业,促进工业协调发展,逐步构建"三、二、一"产业格局;完成了向外向型经济"内转外"的格局性转变。2006年,昆山市政府与清华大学签约,拉开了技术创新和人才培养等全面合作的大幕,昆山从"昆山加工""昆山制造"向"昆山创造"转变,昆山经济实现了"低转高"的创新性驱动。昆山走出了一条"以改革开放为时代特征、以创业创新创优为精神动力、以人民幸福为不懈追求"的昆山之路。昆山在敢闯敢试、敢为天下先的发展过程中,在接力中加速、在加速中创新、在创新中发展,多年来一直位居全国百强县第一,并率先实现了江苏省全面建设小康社会指标。

20世纪90年代,在苏州全市乡镇排名中,苏州工业园区开发建设所涉及的5个乡镇属于经济相对不发达地区。1994年,中国和新加坡两国正式签订《关于合作开发建设苏州工业园区的协议》,苏州工业园区成为迄今为止规模最大的中外合资成片开发项目。1994年5月,苏州工业园区项目启动实施,在苏州古城以东这片原本并不为人熟知、交通相对闭塞的土地上展开了大规模的开发建设。苏州工业园区启动伊始,就依托中新合作机制,借鉴新加坡经验,按照产城融合理念编制完成了278平方千米的总体规划;经过25年的开发,苏州工业园区的整体面貌与开发之初的总体规划蓝图基本保持一致,成为"一张蓝图绘到底"的最佳实践样本。作为中、新两国政府间首个合作项目,苏州工业园区的开发建设无现成经验可循,但苏州工业园区敢于摸着石头过河,在产业发展、科技进步、金融管理、环境保护、社会治理、人才培育、体制创新等领域开展了富有创造性的试验和实践。到2003年,苏州工业园区主要经济指标已达到苏州1993年的水平,相当于十年再造了一个新苏州。从2005年开始,苏州工业园区相继启动了制造业升级、服务业倍增和科技跨越等产业转型计划,在全国较早迈出了转型升级的步伐。苏州工业园区创造了包括全国首个空陆联程快速通关模式、全国首个国家级股权投资母基金、全国首个国家级高等教育国际化示范区等多个令人瞩目的全国"首个";借鉴并创建了全新的"亲商理念";探索构建了一整套人才工作运转体系。苏州工业园区的建设从一开始便摒弃了一般开发区单一发展工业的模式,坚持以产业集聚带动人的集聚、以人的集聚促进商业繁荣,实现了生产、生活、生态的有机融合。从2016年开始,苏州工业园区连续3年居国家级经济技术开发区综合考核第一位,并跻身建设世界一流高科园区的行列。苏州工业园区建起了具有国际一流水准的现代化城区,探索出了一条借鉴先进、产城融合、创新创优的发展之路,成为中国现代化建设的"探路尖兵"。进入21世纪,以"借鉴、创新、圆融、共赢"为内核的"园区经验"开始走出苏州,走向全国乃至全世界,并复制到许多地方。

"张家港精神""昆山之路""园区经验"作为苏州的"三大法宝",顺应时代发展孕育而成,又随时代发展而不断丰富,不仅引领着苏州的发展与跃升,而且引领着苏州始终走在时代和改革开放最前列,成为苏州发展的强大精神引擎和核心竞争力。

三、创新驱动的"现代名城"

苏州在城市发展过程中,特别是自改革开放以来,紧紧抓住每一次重大战略机遇,从乡镇企业、外向型经济到城乡一体化协调发展,先后通过"农转工""内转外""量转质",实现了华丽转变。早在2005年,苏州便宣布率先达到江苏省设立的全面小康社会指标,随后确定了"2020年基本建成现代化示范区,为全国、江苏的现代化建设探索新路"的率先发展的新坐标。提出到"2020年人均GDP达到18万元;城镇居民年可支配收入7.5万元,农村人均纯收入3.8万元;城市化率75%以上……"这些指标正一个个从蓝图变成现实。2005年年底,苏州宣布率先达到江苏省设立的全面小康社会指标;到2018年,苏州以占全国0.1%的土地、0.8%的人口,创造了占全国2.1%的生产总值、2.5%的财政收入、7.7%的进出口总额。

(一)经济发展成就瞩目

改革开放以来,苏州经济呈现持续快速发展态势,地区生产总值年均增长率达到了13.1%;1986年首超百亿元、1996年跃升至千亿元、2011年跨上万亿元台阶;2018年达到1.86万亿元,2020年将突破2万亿元。2018年,苏州人均地区生产总值达到17.38万元(按美元汇率计算为26 259美元),按照世界银行标准,已达到高收入国家水平,高于北京、上海、广州、杭州等国内主要城市,相当于世界排名第33位的国家水平。2018年苏州财政收入达到3.76亿元,一般公共预算收入达到2 120亿元;财政实力的不断壮大为促进经济发展和改善民生奠定了坚实基础。2018年,苏州城市居民人均可支配收入首次突破6万元,达6.35万元;农村居民人均可支配收入达3.24万元。①

(二)产业结构持续优化

伴随着经济总量的不断增长,苏州大力推进经济结构的优化升级,实现了由数量扩张向质量提升的转变。1987年,苏州第三产业超过第一产业,产业结构呈现"二、三、一"格局;到2016年,第三产业比重超过第二产业,并首次突破50%,产业结构呈现"三、二、一"格局,第二、第三产业双轮驱动模式初步形成,现代经济的结构性特征越来越明显。苏州建成了基础雄厚、体系完善、装备精良、配套齐全、技术先进,具有相当竞争力的现代工业体系。规模以上工业总产值在2006年首次突破1万亿元,2009年突破2万亿元,2013年突破3万亿元,2018年达到3.34万亿元。近年来,苏州以"高端化、集聚化、特色化"为发展方向,重点培育生物医药和新型医疗器械、集成电路、新型显示等十大千亿级先进制造业集群,代表先进制造业方向的新兴产业和高新技术产业规模不断壮大。2018年,战略性新兴产业企业发展到2 842家,新兴产业产值达到1.73万亿元,占规模以上工业总产值的比重达52.4%;高新技术产业产值达到1.58万亿元,占规模以上工业总产值的比重达47.7%;服务业增加值达到9 450.2亿元,服务业对经济增长的贡献率达61.3%。苏州已逐渐形成了以生产性服务业为支撑、高端服务业为引领、消费性服务业和公共服务业为基础的现代服务业产业体系。

(三)对外开放不断提升

1987年,苏州获得外贸自营进出口经营权,外向型经济开始迅速起步。20世纪90年代后,紧紧抓住国家对外开放和上海浦东开发的战略机遇,以合作、合资、独资并举的方式,开启了开放型经济的全面探索。近年来,主动参与并积极融入"一带一路"建设,自贸区、自贸试验区建设等国家战略,进一步拓展开放空间和领域。2011年至今,全市外贸规模总体保持在3 000亿美元以上,2018年达到3 541亿美元。苏州在外向型经济的发展过程中,注重对外开放体制机制的创新发展,跨境电商、服务贸易、市场采购贸易、一般纳税人资格、汽车平行进口五项国家级试点稳步推进,形成了试点政策叠加优势。2016年,苏州获批

---

① 苏州市人民政府.2019年苏州市政府工作报告[R],2019-01-29.

国家服务贸易创新发展试点,和上海、深圳并列,是江苏省唯一入选的城市。到2018年年末,苏州累计已开业投产的外资企业数达16 205个,累计实际使用外资1 278.5亿美元,有153家世界500强公司在苏投资项目。在"引进来"的同时,苏州也不断加快"走出去"步伐,2000年以来中方境外投资额累计达168.8亿美元,2018年中方境外投资额达26.8亿美元,投资规模连续15年保持全省第一,连续8次入选"外籍人才眼中最具吸引力的中国十大城市"。

苏州先后诞生了全国第一家县级自费建设开发区——昆山经济开发区,全国第一家内河港型保税区——张家港保税区,苏州工业园区首创全国首批出口加工区、综合保税区,并获批开展开放创新综合试验。目前,苏州拥有国家级开发区14家,省级开发区6家,综合保税区7家,保税港区1家,是全国开放载体最为密集、功能最全、发展水平最高的地区之一。

(四)创新驱动成效显著

苏州坚持实施创新驱动战略,以产业科技创新为主线,以万众创新为动力,着力构筑高效的科技创新体系。充分发挥企业创新主体作用,深入实施科技企业小升高计划、瞪羚计划、高成长创新型企业培育计划,不断加大创新型企业梯队的培育扶持力度;2018年年末,全市高新技术企业5 416家,民营科技企业15 531家,连续多年保持全省第一。加强重大载体平台、新型研发机构、企业研发机构等科技创新载体建设,提升产业创新能力;2018年年末全市拥有省级以上公共技术服务平台60家,其中国家级15家。与北京大学、清华大学、哈佛大学、牛津大学等国内外知名高校院所实施"大院大所"合作,共建的研发载体超过130家,形成了明显的"溢出效应"。加大众创空间、新型孵化机构培育力度,全市共有省级以上科技孵化器112家,拥有国家级众创空间52家,省级众创空间190家,服务的创业团队近4 000个。通过举办国际精英创业周、技能英才周、"赢在苏州"海外系列创业大赛等活动,汇聚创业、研发、技能、管理等各类的复合型人才,以人才优势撬动创新活力;2018年年末全市各类人才总量276.48万人,其中高层次人才24.49万人;高技能人才累计达到57.68万人,每万名劳动者中高技能人才数达833人。2016—2018年,在新一代信息技术等领域获批省重大科技成果转化专项项目108个,获批省级以上科技奖励124个;2018年万人发明专利拥有量53件,科技进步贡献率达64.5%,在全国大中城市中处于第一方阵。科技创新综合实力连续10年位居江苏省第一;连续多年位居福布斯"中国大陆城市创新能力排行榜"前列。

（五）教育事业协调发展

苏州始终坚持教育优先的战略定位,加大教育投入,调整教育布局,整合教育资源,全面推进各级各类教育的协同发展,推动教育的跨越式发展。1982年,率先基本普及小学教育;1992年,率先基本普及九年制义务教育;2007年,率先基本实现教育现代化。教育保障能力不断增强,2018年,苏州财政教育支出313亿元,教育支出占一般公共预算支出比重达16%。到2018年,已建成26所普通高等学校,其中高等职业院校达到17所,成为全国地级市高职院校最多的城市。就业创业体系更加完善,连续多年将"提供应届高校毕业生就业岗位10万""开辟公益性岗位8 000个"等纳入政府实事项目;2013年以来,苏州籍高校毕业生当年就业率达98%以上。积极构建创业培训、创业政策、创业载体、创业服务、创业氛围"五位一体"的创业格局,集聚多方资源,为创业保驾护航,2018年年末,拥有国家级创业示范基地1家、省级创业示范基地36家,累计带动就业19.9万人。苏州市大学生公共创业实训基地成为"全国创业孵化示范基地",创业带动就业累计总规模突破100万人。

（六）综合实力全面提升

2018年,苏州创造的地区生产总值占全省的20.1%,占全国的2.1%,居全国重点城市第七位。一般公共预算收入2 120亿元,居全国重点城市第五位。规模以上工业总产值3.34万亿元,居全国重点城市第三位。进出口总额2.34万亿元,占全国的7.7%,居全国重点城市第四位,其中出口1.37万亿元,占全国的8.3%,居全国重点城市的第三位。中国社会科学院发布的《中国城市竞争力第17次报告》显示,2018年苏州综合竞争力列深圳、香港、上海、广州、北京之后,居第六位。

中华人民共和国成立以来,苏州经济社会的发展在各个年代都亮点纷呈,取得了令世人瞩目的成就,走出了工业化、国际化、城市化和全面小康的成功之路。国家统计局"中华人民共和国成立70周年苏州调查队"将苏州70年的发展划分为五个阶段:从开启新中国经济建设的探索实践,到创新发展"苏南模式",从实现"由内到外"的外向型经济的腾飞,到奋力科学发展和"两个率先"的实践,再到聚焦高质量发展。

第一阶段(1949年至1978年):经济建设的探索实践。

中华人民共和国成立后,中国共产党领导人民恢复发展经济,成功完成了由新民主主义经济到社会主义公有制经济的过渡,建立社会主义制度。历经"全面建设""文革""改革开放新时期",社会主义经济在曲折中发展、腾飞。几十年的探索和尝试,让新生的社会主义国家逐渐开辟出一条属于自己的中国特色社会主义发展道路。这一时期,苏州地区生产总值由1952年的4.38亿元,增加到1978年的31.95亿元,按可比价计算,增加了6.3倍;人均GDP由1952年的126元,增加到1978年的634元,按可比价计算,增加了4倍;人均收入由1952年的104元,增加到1978年的570元,按可比价计算,增加了4.5倍;财政收入由1952年的1.13亿元,增加到1978年的8.28亿元,按可比价计算,增加了6.3倍。苏州人实现了经济发展、人民生活、社会建设从无到有,从贫瘠到走向发展的历史跨越。

第二阶段(1979年至20世纪80年代末):"苏南模式"的快速崛起。

这一时期,党的十一届三中全会拉开了中国改革开放的大幕,随着以农村改革为突破口的经济体制改革启动,家庭联产承包责任制在苏州全面推开,极大地提高了农民的生产积极性,解放了农村生产力,形成了大量农村富余劳动力,激发了农村区域经济发展的活力。苏州乡镇工业打破单一计划经济的坚冰,冲破二元经济结构的壁垒,从弱到强,异军突起。1985年,苏州乡镇工业总产值已达到99.74亿元,占当年全市工业总产值的51.6%,成为工业经济的半壁江山,到20世纪80年代末已是"三分天下有其二"。苏州人从谷场走向市场,实现了由农到工的转变,走上了一条农村工业化和城镇化的新路,成为"苏南模式"的主要范例,也为以后成为全国乃至全球制造业基地打下了坚实的基础。

第三阶段(20世纪90年代初至20世纪末):对外开放的巨大跨越。

20世纪80年代中期,国家在将改革重点由农村向城市推进的同时,加大了对外开放的力度。苏州既不是经济特区,也不是沿海开放城市,但苏州并没有因此落伍和掉队,全市上下抢抓机遇,大力推进对外开放。进入20世纪90年代后,特别是中央决定开发开放浦东和邓小平1992年"南方谈话"后,苏州更是紧紧抓住全国改革开放重心从珠三角移向长三角地区、跨国公司在全球低成本扩张、全球制造业加快梯度转移的绝佳机遇,凭借紧邻上海得天独厚的区位优势,依托乡镇工业崛起形成的巨大加工生产能力,良好的市场流通网络和人文资源基础,外贸、外资、外经齐上,合作、合资、独资并举,各级各类开发区并进,大力发展外向型经济。2000年,全市新增合同外资46.78亿美元,实际到账外资28.83亿美元,分别比1990年增长31.6倍和40.5倍;实现进出口总额突破200亿美元,达到200.7亿美元,其中出口额104.81亿美元,分别比1990年增长105.7倍和66.5倍。苏州人从田岸走向口岸,实现了由内到外的跨越,走上了经济国际化的道路。

第四阶段(进入21世纪至2012年):"两个率先"的全力拼搏。

进入21世纪后,苏州按照中央提出的"一个惠及、六个更加"的全面小康目标和科学发展、和谐发展的要求,做出了《中共苏州市委关于学习贯彻"三个代表"重要思想,争当全省"两个率先"先行军的决定》,制订了转变经济增长方式、增强自主创新能力、新农村建设和提高人的素质"四大行动计划",以及民营经济腾飞计划、服务业跨越计划,积极推进"两个率先"、新型工业化和结构调整,通过择商选资、退二进三、腾笼换鸟等调轻产业结构,调高产业层次,调优产业布局,加快转变发展方式,做大经济规模,做强经济实力,促进惠民富民。全市上下努力从"苏州制造"向"苏州创造"发力,实现由传统发展向科学发展、和谐发展的转变。在此基础上,苏州奋力在全省实现"两个率先"目标。2005年年末,苏州在全省率先实现省定的全面小康社会目标,接着提出了力争在"十二五"末在全省率先基本实现现代化的发展战略目标,并不断推进基本实现现代化的进程。从20世纪末到2012年,苏州创造了地区生产总值连续16年10%以上增速的"苏州奇迹"。

第五阶段(党的十八大以来):高质量发展奋勇当先。

党的十八大以来,苏州紧紧围绕"五位一体"总体布局和"四个全面"战略布局,主动适应经济发展新常态,把提高创新能力作为调整产业结构、转变增长方式的关键环节,稳中求进、优化结构,进一步打破原有的发展模式和路径依赖。党的十九大以来,苏州积极开展"两聚一高"新实践,自觉践行新发展理念,按照高质量发展要求,有效应对外部环境深刻变化,全力推进供给侧结构性改革,产业结构不断优化,质量效益持续提高,社会事业繁荣进步,公共服务不断完善,民生福祉持续增进。根据中国社会科学院发布的《中国城市竞争力第17次报告》,2018年苏州综合竞争力位居全国第6位。按美元汇率计算,2018年苏州人均GDP为26 249美元,稳居高收入水平行列,达到世界排名第33位的国家水平。苏州人积极探索发展以创新为核心的新时代开放型经济,为苏州进一步融入全球产业链体系、快速提升国际化水平进行有益的尝试。

第二章
苏州职业教育的规划布局

一、规划布局的建设背景

职业教育与地方经济社会之间的关系紧密而直接,职业教育必须紧紧围绕地方经济社会的发展变化不断优化资源配置,主动适应经济发展方式的转变。区域职业教育规划布局的核心内涵是布局结构,即院校布局和专业设置与区域经济相对接、与地方产业相匹配。进入"十三五"以来,苏州大力实施创新驱动发展战略,加快推进与地方经济社会发展相适应的职业教育布局结构,对构建"苏州特色"的现代职业教育体系,具有重要基础性、方向性和保障性作用。

(一) 立足地方,布局优化取得先发优势

改革开放以来,苏州从"苏南模式"的大胆突破,到外向型经济的异军突起,再到民营经济的快速腾飞,成为全国最具经济活力的城市之一。与此同时,坚持"一流城市要有一流教育"的发展理念,将包含职业教育在内的教育放在优先发展的战略位置。从1980年试点创办中职学校、1981年尝试建立新型职业大学,职业教育历经30多年探索实践,实现了规模化、特色化和品牌化的发展。

1979年,根据1978年全国职业教育会议精神,改革中等教育结构,拉开了苏州职业教育改革的序幕。1980年试点创办中职学校6所,1981年成立第1所高职院校。1994年,开展深化职业教育改革、调整职业教育结构的现代职业教育制度试验。到20世纪末,苏州的职业教育特别是中职教育获得了极大发展。2002年和2011年,苏州聚焦中职教育的整合发展和优化布局,先后开展了两轮大规模的布局结构调整,中职学校从94所优化到46所、33所,整合的集聚功能

不断显现,极大地促进了中职教育的优质发展。从21世纪初开始,苏州结合自身经济发展对技术技能人才需求的不断提高,大力推进高等职业教育的建设,助推优质中职学校升格发展,高职院校从20世纪80年代的2所,发展到2016年的17所。2002年,又在全省率先成立了职业教育园区——"苏州国际教育园",为职业教育实现资源共享、统筹协调和共同发展搭建了创新平台。

苏州职业教育现已形成以中、高职业院校为主体,以国际教育园为龙头,每个县级市都有1~3所高职院校和1~3所主体型、规模性、示范性中等职业学校的格局。[①] 截至2016年,职业院校共50所(高职17所,中职33所),其中省级以上示范(骨干)院校数量占全市高职总数的47.1%,省级以上高水平示范职业学校数量占全市中职总数的63.6%;专业设置对接地方产业基本覆盖了全市主要产业,主干专业建设基本与主导产业相吻合,专业结构与产业结构基本符合。职业院校的主要发展指标和综合实力在全省乃至全国保持领先地位。

(二) 完善体系,规划制定明确发展目标

经过30多年的建设发展,苏州职业教育走在了全省前列,但也存在结构不尽合理、特色不够鲜明、质量有待提高等制约自身可持续发展的问题。加快推进现代职业教育体系的建设,成为"十三五"时期苏州职业教育的重大任务。2015年10月,苏州召开全市职业教育工作会议,聚焦"十三五",出台了《关于加快发展全市现代职业教育的实施意见》(以下简称《实施意见》),明确提出到2020年要构建"具有鲜明特色、体系完备的现代职业教育体系,建立区域技术技能人才和创新创业人才高地"。

《实施意见》从职业教育与区域经济、产业协调发展的高度,围绕"规模结构、服务能力、办学层次、区域特点"等方面,对职业教育的布局结构提出明确的建设目标和指标要求。规模结构上,要合理规划中职与普高、高职与本科、职业院校开展学历教育与职业培训的规模;提升服务能力上,要完善职业院校、培训机构区域分布和专业设置,实现职业院校布局与经济开发区布局相吻合、专业结构与产业结构相吻合,建成一批高水平职业院校和国内、省内一流的品牌、特色专业群;调整办学层次上,要引导有条件的本科院校、独立学院向应用技术型高校转型,支持高职院校提升办学层次,建成2所以上国内一流的应用技术型

---

① 苏州市教育局.关于全市职业教育布局调整情况的报告[R],2011.

本科高校;区域特色发展上,要依据各个县市区产业结构特点,有序推进以县区为主,错位发展、特色发展的职业教育体系。

布局结构作为职业教育体系的重要组成部分,是体系构建的重要前提和保障。《实施意见》既为职业教育规划了蓝图,也提出了更高要求,并明确了具体的建设指标,布局结构优化调整可谓机遇与挑战并存。

(三)转型升级,创新驱动带来诸多挑战

2016年3月,苏州公布了《苏州市国民经济和社会发展第十三个五年规划纲要》,确定"未来五年,苏州要努力建设具有国际竞争力的先进制造业基地、具有全球影响力的产业科技创新高地、具有独特魅力的国际文化旅游胜地和具有较强综合实力的国际化大城市"。城市发展的新定位,对职业教育的走向具有导向性,对职业院校布局结构的优化调整具有明确指导意义。

继续走在全省前列是苏州未来发展的总基调。"十三五"时期,苏州在发展动力上强调创新驱动,在产业结构上强调调整优化、转型升级,在空间建设上强调优化区域布局、协调城乡一体化发展。首先,围绕人才梯队建设,明确提出"深入实施人才优先发展战略,坚持高层次人才、高技能人才协调发展导向,建设创新创业人才特区"[①];就职业教育现状而言,现有布局结构还难以满足苏州地方经济社会创新发展所迫切需要的人才支撑和智力支持,优化职业教育结构,形成中职、高职、应用型本科协调发展的格局显得迫切而重要。其次,在供给侧结构性改革背景下,双轮驱动形成高端化的苏州产业结构已势所必然,对于职业教育来说,专业的设置需要按照"提速发展现代服务业,推动文旅产业发展,推动制造业高端化发展,转型发展现代都市农业"的总体思路,对专业再度进行优化和整合,使之与产业的转型升级相匹配,使人才培养符合产业发展的要求。再次,在新型城镇化背景下,苏州将"建立均衡协调的城乡一体化发展体系,努力形成具有时代特点、苏州特色的新型城镇化和城乡一体化体制机制";新型城镇化要求职业教育院校的布局与特色品牌专业设置,要与各区域的特色品牌发展,重点产业、高新产业集群实施有效对接、深度融合、协调发展。另外,苏州作为深圳之后的全国第二大"移民城市",接受技术技能教育的需求进一步增加,这对职业教育布局结构和功能拓展也提出了更高的要求。

---

① 苏州市人民政府.苏州市国民经济和社会发展第十三个五年规划纲要(苏府〔2016〕36号)[Z].

城市的转型升级、创新驱动和现代职业教育体系的建设,意味着苏州职业教育面临自2002年、2011年以来的第三次布局结构的优化调整,这既是地方经济社会发展对职业教育提出的客观要求,也是职业教育自身优化完善的内在需求。

二、规划布局的影响因素

（一）产业结构

区域经济发展,特别是区域经济发展中的产业结构对职业教育发展具有最直接、最深刻、最关键的影响。产业结构所涉及的产业比例、产业优化、产业布局、产业政策等,对职业教育的办学层次、办学规模、办学主体、区域分布、专业结构等具有重要影响。当前,苏州正在实施创新驱动战略,积极开展供给侧结构性改革,其核心是调整包括产业结构在内的经济结构,通过"三去一降一补"等途径优化产业结构,这对新时期苏州职业教育布局提出了新要求,提供了新动力。

1. 产业比例

重点分析苏州当前第一、第二、第三产业之间及主要产业内部的数值和对比情况,以此反映产业优化程度和产业布局状况。

2015年,苏州实现地区生产总值14 504.07亿元,其中第二、第三产业产值均超过了7 000亿元,第一、第二、第三产业产值占地区生产总值比例依次为1.49%、48.57%、49.94%,第三产业产值首次超过了第二产业,呈现出了"三、二、一"的产业结构(表2-1)。

表2-1 苏州2015年第一、第二、第三产业产值

产业	产值/亿元	占比/%
第一产业	215.71	1.49
第二产业	7 045.12	48.57
第三产业	7 243.24	49.94
总计	14 504.07	100.00

从 2015 年各区域内部三产产值比例来看,除了市区呈现出"三、二、一"的产业结构以外,其他区域第三产业产值接近第二产业产值,为"二、三、一"的产业结构(表 2-2)。

表 2-2　苏州各区域内部 2015 年第一、第二、第三产业产值比例

县区	第一产业占比/%	第二产业占比/%	第三产业占比/%
市区	1.05	47.63	51.32
吴江区	2.69	52.21	45.10
常熟市	1.93	50.27	47.80
张家港市	1.36	53.40	45.24
昆山市	0.94	55.05	44.01
太仓市	3.38	51.32	45.30

从第一、第二、第三产业涉及的十大行业来看,2015 年苏州行业产值超千亿的有 5 个,按产值由大到小顺序依次为工业、批发和零售业、非营利性服务业、金融业、营利性服务业,这 5 个行业产值占苏州地区生产总值比例达 82.40%(图 2-1)。

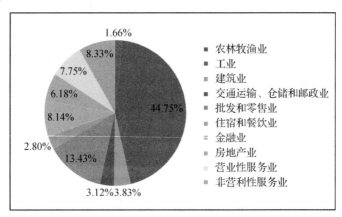

图 2-1　苏州 2015 年各行业产值比例

从苏州 2015 年规模以上制造业分行业总产值情况来看,总产值超过 1 000 亿元的行业有 8 个,按总产值大小排序依次为计算机、通信和其他电子设备制造业,电气机械和器材制造业,黑色金属冶炼及压延加工业,通用设备制造业,化学原料和化学制品制造业,纺织业,汽车制造业,化学纤维制造业(表 2-3)。

第二章 苏州职业教育的规划布局

表 2-3 苏州 2015 年规模以上制造业分行业总产值

序号	行业	总产值/亿元
1	农副食品加工业	256.42
2	食品制造业	231.84
3	纺织业	1 362.02
4	纺织服装、服饰业	730.00
5	造纸和纸制品业	509.05
6	文教、工美、体育和娱乐用品制造业	264.16
7	化学原料和化学制品制造业	1 841.02
8	医药制造业	285.20
9	化学纤维制造业	1 094.73
10	橡胶和塑料制品业	781.42
11	非金属矿物制品业	500.17
12	黑色金属冶炼及压延加工业	2 656.50
13	有色金属冶炼及压延加工业	559.12
14	金属制品业	794.54
15	通用设备制造业	1 952.43
16	专用设备制造业	932.54
17	汽车制造业	1 246.94
18	电气机械和器材制造业	2 725.78
19	计算机、通信和其他电子设备制造业	9 945.90
20	仪器仪表制造业	399.44

从苏州八大新兴产业 2015 年工业总产值情况来看,除了生物技术和新医药、软件和集成电路的总产值低于 1 000 亿元外,其余 6 个新兴产业的工业总产值均超过了 1 000 亿元,其中新材料、高端装备制造、新型平板显示等位列新兴产业工业总产值前三名(表 2-4)。

表 2-4　苏州八大新兴产业 2015 年工业总产值

序号	行业	总产值/亿元
1	新材料	3 968.25
2	高端装备制造	3 224.06
3	新型平板显示	2 943.62
4	智能电网和物联网	1 565.72
5	新能源	1 083.50
6	节能环保	1 015.25
7	生物技术和新医药	685.16
8	软件和集成电路	384.75

从 2014 年苏州规模以上服务业法人单位分行业营业收入来看,超过 100 亿元的行业有 5 个,从大到小依次为租赁和商业服务业,交通运输、仓储和邮政业,信息传输、软件和信息技术服务业,科学研究和技术服务业,装卸搬运和运输代理业。从营业收入规模上来看,上述 5 个行业在第三产业中位居前列,从侧面反映出社会对这 5 个行业的需求量。当然,由于服务业分营利性与非营利性,因此,从营业收入来看社会需求规模主要反映的是营利性服务业规模和需求(表 2-5)。

表 2-5　苏州 2014 年规模以上服务业法人单位分行业营业收入[①]

序号	行业	营业收入/万元
1	租赁和商务服务业	6 248 179
2	交通运输、仓储和邮政业	5 816 208
3	信息传输、软件和信息技术服务业	3 811 572
4	科学研究和技术服务业	1 774 808
5	装卸搬运和运输代理业	1 716 790
6	房地产业	668 193
7	水利、环境和公共设施管理业	583 375
8	卫生和社会工作	393 662
9	居民服务、修理和其他服务业	283 497
10	文化、体育和娱乐业	209 050
11	教育	167 942

① 苏州市统计局,国家统计局苏州调查队.苏州统计年鉴 2015[M].北京:中国统计出版社,2015:328-335.

2. 产业规划

下文重点分析苏州在未来5年对产业的预期调整和优化，集中反映苏州未来的产业政策和发展思路。

从《苏州市国民经济和社会发展第十三个五年规划纲要》来看，苏州形成了"十三五"时期的城市发展新定位，这些定位的顺利实现需要精准的产业发展政策，构建产业新体系，实现产业转型升级。从产业规划角度而言，重点是做好以下工作：

（1）产业结构高端化

"十三五"期间，苏州将推动产业结构向中高端迈进，加快构建以现代服务业为引领、新兴产业为亮点、先进制造业为支撑的现代产业体系（表2-6、图2-2）。

表2-6 苏州"十三五"期间服务业发展重点领域

序号	产业	要点
1	金融业	推动苏州金融业实现由"支柱产业"向"主要支柱产业"跨越发展
2	现代商贸和商务	大力发展总部经济，鼓励发展法律、会计、咨询、知识产权、会展服务等产业
3	科技服务业	重点发展自主研发、产品设计、创业孵化、技术贸易及评估咨询等科技服务
4	服务外包	以国家服务外包示范城市建设为抓手
5	现代物流业	提升发展港口物流、保税物流、供应链物流、国际铁路物流
6	文化产业	推动文化与创意设计、旅游、科技、互联网等其他产业融合发展
7	大健康产业	以高端医疗、健康管理、照护康复、养生保健、健身休闲等领域为重点

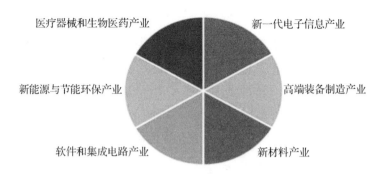

图2-2 苏州"十三五"期间先进制造业发展重点产业

(2)产业布局集聚化

"十三五"期间,苏州将实施"东融上海、西育太湖、优化沿江、提升两轴"的空间发展战略,优化"两轴三带"(沪宁高新技术产业轴、苏嘉杭现代服务业产业轴;沿太湖文化生态旅游带、沿沪特色产业集聚带、沿江物流港口重型产业带)的市域产业空间布局。苏州将发挥优势进一步推进各区域先进制造业,特别是新兴产业集聚(表2-7)。

表2-7 苏州"十三五"期间重点支持区域先进制造业产业集聚情况

序号	区域	集聚产业
1	张家港市	精密多轴数控机床和机器人产业、环保设备、海洋工程装备产业、石化新材料和高品质特殊钢产业、环保产业
2	常熟市	光纤光缆产业、智能化电梯和升降机设备产业、中高端汽车及关键零部件产业、新能源汽车产业
3	太仓市	中高端汽车及关键零部件产业、环保设备、海洋工程装备产业、光伏产业
4	昆山市	新型显示技术产业、精密多轴数控机床和机器人产业、大型工程机械和成套特种设备产业、轨道交通装备及外延设备产业、光电膜产业、集成电路封装和测试产业、MEMS产业
5	吴江区	光纤光缆产业、半导体及光电子行业制造设备产业、智能化电梯和升降机设备产业、碳纤维和芳纶产业、环保产业
6	吴中区	精密多轴数控机床和机器人产业、环保产业、生物医药产业
7	相城区	光电膜产业
8	高新区	精密多轴数控机床和机器人产业、轨道交通装备及外延设备产业、高端泵阀产业、光伏产业、新能源动力电池产业、医疗器械产业,以POWER芯片、主板、服务器为核心的一体化产业生态体系

续表

序号	区域	集聚产业
9	工业园区	新型显示技术产业、大型工程机械和成套特种设备产业、微纳制造装备和图形化装备产业、半导体及光电子行业制造设备产业、纳米新材料产业、集成电路封装和测试产业、MEMS产业、新能源汽车产业、生物医药产业

姑苏区作为全国首个"国家古城旅游示范区",将重点作为文化产业、旅游产业等现代服务业集聚区域。

综上所述,苏州产业结构持续优化,先进制造业和现代服务业相得益彰、相互促进,在产业内部结构和空间布局方面错落有致,"三、二、一"的产业结构不但增强了经济发展的质量,同时整体提升了产业结构的品质,为职业教育布局深度优化提供了坚实基础和现实要求。

(二)新型城镇化和人口因素

《苏州市新型城镇化与城乡发展一体化规划(2014—2020)》明确了新型城镇化的核心是"人的城镇化",更加注重城镇质量内涵,注重绿色发展,真正实现以人的全面发展为核心的城镇化。职业教育具有将技能教育、职业素养、现代公民素质有机整合的特性,其根本目标就是"促进人的全面自由发展"。新型城镇化为职业教育的发展提供了新契机,对职业教育供给侧改革也提出了新命题,对职业教育规划布局提出了新要求。通过对人口变化、区域变化和需求变化的分析,梳理出对职业教育规划布局发展的影响原因。

1. 生源数与招生数的新变化

(1) 中职生源数逐年递增

苏州现有中等职业学校33所(含技工院校7所),在校生9万人左右。根据《苏州市各类教育事业概况(2015—2016)》中现有初中、小学各年级在校生统计数据分析,2016—2020年,初中毕业生预测分别为6.72万人、7.08万人、7.38万人、9.02万人、10.14万人,按普职比1∶1的规律预测,2020年中职生源数将比2016年净增约1.7万人(表2-8),在校生规模达13.27万人。若再考虑到随着苏州城镇化率的提高,"进城务工人员"群体"随迁子女接受义务教育"意识的增加,中职学校实际生源增长数要比预测的增长数多。

表 2-8 2016—2020 年苏州市中职学校数量和预测生源数

市、区	学校数量（含技工）	中职学校预测生源数（万人/年）（按普职比 1∶1）				
		2016 年	2017 年	2018 年	2019 年	2020 年
市直属（含代管）	11 + 2	0.38	0.39	0.41	0.42	0.47
张家港市	5	0.47	0.49	0.51	0.60	0.64
常熟市	3	0.50	0.52	0.53	0.66	0.70
太仓市	1	0.24	0.25	0.26	0.31	0.33
昆山市	4	0.50	0.56	0.59	0.73	0.84
吴江区	2	0.43	0.42	0.43	0.57	0.65
吴中区	3	0.25	0.27	0.29	0.41	0.49
相城区	1	0.18	0.20	0.20	0.28	0.33
工业园区	1	0.22	0.24	0.26	0.29	0.35
高新区	0	0.19	0.20	0.21	0.24	0.27
全市	31 + 2	3.36	3.54	3.69	4.51	5.07

注：江苏省邮电技工学校及苏钢技工校因不招收初中毕业生，未列入生源数预测。

从 2016 年 9 月 7 日苏州全市招生工作情况报告会上获知"2015 年初一招收 82 252 人，2016 年小学毕业生 91 339 人，增长 11%"，与表 2-8 预测的 2019 年初中毕业生数约为 9.02 万人基本吻合，实践证明苏州中职教育资源总体趋紧，面临生源增长的压力。

（2）高职招生数逐年递增

苏州现有高职院校 17 所，在校生规模约 10 万人。预测 2015—2020 年苏州高职招生数将呈逐年上升的趋势。

一是按"到 2020 年高职院校招收中职毕业生比例要达到 50%"①要求来看，若以 2015 年高职院校招生高中起点 2.7 万人为依据进行测算，2020 年高职院校招收中职生数也应为 2.7 万人，即高职院校的总招生数为 5.4 万人，约比 2015 年增加 1.5 万人（表 2-9）。

二是按"到 2020 年中等职业教育和专科高等职业教育的在校生总规模达

---

① 苏州市人民政府.苏州市人民政府印发关于加快发展全市现代职业教育的实施意见的通知（苏府〔2015〕119 号）[Z].

30万人以上"①目标来看,2015年在校生规模10.13万,2020年高职在校生规模应为16.73万人(由表2-11推算出2020年中职在校生规模约为13.27万人),这意味着,2018—2020年高职院校的年均招生数至少为5.6万人(与表2-9推算的计划总数5.4万人基本一致),约比2015年净增1.67万人,才有可能实现2020年高职院校在校生规模达16.73万人的目标(表2-10)。

表2-9 在苏高职院校招生及在校生规模

年份	计划招生				在校生数/万人
	总数/万人	高中起点/万人	中职起点/万人	中职占比/%	
2013	3.84	2.75	1.09	28.31	9.03
2014	3.88	2.84	1.04	26.80	9.72
2015	3.93	2.70	1.23	31.29	10.13
2020(预测)	5.40	2.70	2.70	50.00	

注:2013—2015年统计数据中不包含苏州幼儿高等师范专科学校。

表2-10 在苏职业院校在校生规模预测

	2015年在校生规模/万人	2020年在校生规模/万人
中职	8.30	13.27
高职	10.13	16.73
总人数	18.43	30.00

注:2015年统计数据中不包含苏州幼儿高等师范专科学校。

预测所知,至2020年中职在校生和高职在校生总体数量呈上升态势,高职办学条件也必须随之提升,在实现"人的城镇化"过程中,职业教育的学历教育起着主导和重要的作用,绝不能缺位,更不能削弱,进一步扩大职业教育办学规模已是形势所需。

2. 区域均衡布局的新要求

新型城镇化,推动各区域城镇面积和城镇人口数量发生变化,带动各区域产业的转型和升级,为此职业教育区域布局有了新的均衡要求。

一是空间均衡。借助区位论分析表2-11的数据可以看出,苏州职业教育区域布局的空间分布密度差异明显,常熟市、太仓市、吴江区中职学校数量相对

---

① 苏州市人民政府.苏州市人民政府印发关于加快发展全市现代职业教育的实施意见的通知(苏府[2015]119号)[Z].

较少,常熟市、张家港市、太仓市、吴江区高职院校数量相对偏少。苏州市的中高职院校空间分布密度较好,空间占比分别达到55%和65%,但各区内的布局还不均衡,高新区中职学校还缺乏布局。

表2-11 苏州职业院校区域分布情况

区域 (主管部门)	中职学校/所	所占比例/%	高职院校/所	所占比例/%	占地面积/ 平方米 2014年	空间分布密度 2014年
苏州市区	18	55	11	65	2 742.62	0.010 6
张家港市	5	15	1	6	772.40	0.007 8
常熟市	3	9	0	0	1 094.00	0.002 7
太仓市	1	3	1	6	620.00	0.003 2
昆山市	4	12	3	18	864.90	0.008 1
吴江区	2	6	1	6	1 092.90	0.002 7
合 计	33		17		7 186.82	

二是人口均衡。近年来,苏州外来人口的增量已趋于平稳,城镇化成为苏州新增人口的主要动力,若按每30万人口设置1所中职学校的规划①来计算,2015年苏州常住人口为1 061.6万人,苏州中职学校布局数应为36所左右,2020年苏州常住人口约为1 100万人,苏州中职学校布局数应为37所左右。考虑到目前部分苏州中职学校的招生数远低于2 500名的平均数,以及未来几年部分中职学校可能升格为高职院校的情况,苏州中职学校的布局数量可能需要更多。

3. 人口素质提升的新任务

高质量城镇化的实现取决于人口素质,提升人口素质是职业教育服务于新型化城镇化的重要任务。提高人口受教育水平和技能水平,提升新增城镇人口和非农业劳动力的整体素质,为城镇化建设提供人才支撑,是今后一段时期职业教育领域的重要工作。

一是提高受教育水平。由《苏州市2015年1%人口抽样调查主要数据公报》得知,2015年11月1日零时,苏州常住人口为1 061万人,具有大学(指大专以上)文化程度人口195万人、高中文化(含中专)程度人口223万人、初中文化程度人口376万人、小学文化程度人口190万人(图2-3)。苏州常住人口中

---

① 江苏省人民政府.江苏省政府关于推进中等职业教育持续健康发展的意见(苏政发〔2018〕68号)[Z].

高中(含中专)以上文化程度约占39.4%,人口整体受教育水平较低,与苏州城镇化、现代化、国际化的要求不相适应。

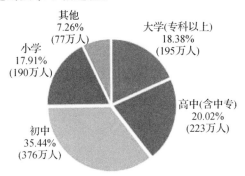

图2-3　2015年苏州受教育程度人口与总常住人口比例图

注:各种受教育程度的人包括各类学校的毕业生、肄业生和在校生。

二是提升职业技能。有数据显示,目前苏州人力资本对经济增长的贡献率远低于发达国家水平。仅以2014年数据来看,苏州流动人口达698.9万人,占全市常住人口的51.4%,主要分布在吴中区、工业园区等,其中20—29岁的青年占总人口的42.0%,约29.35万人,受教育程度普遍较低,缺乏足够的职业技能,需要通过培训提升他们的职业技能,帮助他们快速适应新生活环境和新的工作要求。2012—2015年,苏州每年新增城镇人口在10万人左右(表2-12),根据2020年苏州常住人口控制在1 100万人,城镇化率要达到80%的指标来推算,2015—2020年,苏州新增城镇人口累计增长约为95.83万人,需要对这些"新移居城镇居民"进行职业技能提升培养,帮助他们实现农转非顺利就业,快速融入城镇。城镇化进程中,大量技能培训任务亟待职业院校来承担。

表2-12　苏州市人口城镇化(2012—2020年)

人口	年份				
	2012	2013	2014	2015	2020(预测)
城镇人口/万人	763.00	773.83	784.17	795.14	880
农村人口/万人	291.91	284.04	276.23	266.46	220
常住人口/万人	1 054.91	1 057.87	1 060.40	1 061.60	1 100①
城镇化率/%	72.30	73.15	73.95	74.90	80
新增城镇人口/万人	12.91	10.83	10.34	10.97	

① 苏州市人民政府.苏州市新型城镇化与城乡发展一体化规划(2014—2020)[Z],2015.

三是培养高技能人才。高技能人才是"创新苏州"的重要力量,是"苏州制造"向"苏州智造"转变的主要生力军。由图 2-4 看出,目前高技能人才的培养与《苏州市"十三五"人力资源和社会保障事业发展规划(征求意见稿)》指定目标还有一定的差距,需要加大高技能人才的培养力度,提高职业院校基础培育能力和水平,鼓励学校积极对接支柱产业和重点产业,优化调整专业结构,突出办学特色,彰显职业院校对区域经济发展的参与度和支持度。

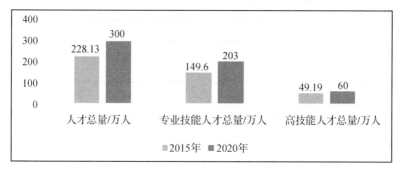

图 2-4　2015 年、2020 年高技能人才数据比对

由此可见,新型城镇化背景下,苏州职业教育规划迎来了新一轮的优化调整机遇,需要通过全面覆盖提高布局规模,通过集约融通提升布局水平。与此同时,职业教育又将助力新型城镇化向以人为核心的更高质量、更高水平发展,发挥职业教育基础作用;办好学历教育的同时,推进职业技能的培训和高技能人才的培养,为苏州人口素质提升做出应有的贡献。

(三)现代职教体系

职业教育是社会发展的产物,新型工业化的推进和科学技术的发展,使现代职业教育体系成为国家竞争力的重要支撑。加快发展现代职业教育,已成为促进教育公平、基本实现教育现代化和建设人力资源强国的必然选择。

2002 年,我国首次提出"现代职业教育体系"这一概念[①]。经过十多年的实践探索,国务院于 2014 年 5 月出台了《关于加快发展现代职业教育的决定》,2014 年 6 月,教育部等六部门印发了《现代职业教育体系建设规划(2014—2020年)》(以下简称《建设规划》),第一次对现代职业教育进行了系统谋划、顶层设计、全面部署,明确提出:"到 2015 年,初步形成现代职业教育体系框架,到 2020

---

① 崔景贵,夏东民.江苏省现代职业教育体系研究[M].北京:知识产权出版社,2015:1.

年,基本建成中国特色现代职业教育体系,形成适应发展需求、产教深度融合、中职高职衔接、职业教育与普通教育相互沟通,体现终身教育理念,具有中国特色、世界水平的现代职业教育体系。"2015年11月,教育部出台了《高等职业教育创新发展行动计划(2015—2018年)》(以下简称《行动计划》),明确了65项具体任务和22个创新发展试点改革项目。

在职业教育的《建设规划》和《行动计划》中,均将合理布局和优化结构等作为重要内容。在《建设规划》确定的体系建设12项重点任务中,"优化职业教育服务产业布局""统筹职业教育区域发展布局"位列第一、第二项任务,足见其在体系建设中的地位。在"加强中等职业教育基础地位"任务中,明确提出要逐步优化中等职业教育学校布局和专业;在"优化高等职业教育结构"任务中,"鼓励举办应用技术类型高校,将其建设成为直接服务区域经济社会发展,以举办本科职业教育为重点,融职业教育、高等教育和继续教育于一体的新型大学"。在《行动计划》确定的五大任务与举措中,扩大优质教育资源成为首项任务,包含10个试点项目,其中"提升专业建设水平、开展优质学校建设、完善高等职业教育结构、促进区域协调发展"成为重要内容。

现代职业教育的创新发展、试点改革对苏州加快推进完善具有自身特色的现代职业教育既是机遇又是挑战。早在1988年,苏州便被原国家教委确定为教育综合改革城市;1994年,苏州开展了现代职业教育制度试验;2011年,苏州成为"地方政府促进高等职业教育综合改革试点"城市,同年苏州又被确定为首批"江苏省职业教育创新发展试验区"。苏州在地方经济率先发展的过程中,始终注重将职业教育放在战略高度,积极参与国家和省的职业教育改革,为职业教育与地方经济社会实现良性互动奠定了基石,也使自身成为江苏省乃至全国职业教育改革发展的重要策源地之一。

2016年7月,江苏省启动了"高等职业教育创新发展卓越计划"(以下简称"卓越计划"),遴选建设30所省优质高职院校,重点打造其中的15~20所跻身国家优质高职院校。面对新机遇、新挑战,苏州职业教育在基本实现布局对接区域经济、专业对接产业的合理架构基础上,要充分利用自身在转型升级中已有的坚实基础和先导优势,准确把握现代职业教育体系内涵的深刻变化,准确把握国内外职业教育发展基本趋势,准确把握自身发展的阶段性特征,以强烈的争先意识和机遇意识,积极争取《行动计划》中与布局、专业相关的试点项目和"卓越计划"中优质高职院校遴选建设工作,以改革促发展、以创新促提升,谋求职业教育在布局结构上与新一轮区域经济社会发展和产业的转型相吻合,推动苏州职业教育继续走在江苏省乃至全国的前列,切实增强服务地方经济社会发展的能力。

三、规划布局的现状研究

(一)苏州职业教育院校布局现状分析

1. 苏州职业院校的发展历程

从20世纪70年代起,我国恢复了职业教育。历经30多年的探索与实践,苏州高职院校与中职学校都实现了跨越式发展,主要发展指标和综合实力在江苏省乃至全国保持领先地位。但中高职业院校之间发展过程又不尽相同,相互联系、形成衔接又各具特色。

(1)中等职业学校的发展历程

一是快速发展时期(1979—2001年)。1979年,苏州根据全国教育工作会议关于改革中等教育结构的精神,推出"变革中等教育结构,扩大农业中学、中等专业学校、技工学校比例"等举措,揭开了苏州发展中等职业教育的序幕,成为全国较早发展职业教育的城市。1980年,试点举办中等职业学校6所,1982年扩大到11所,并在9所中学附设职业班。1983年,苏州市政府根据教育部等部委联合发出的《关于改革城市中等教育结构、发展城市职业教育的意见》,出台了"关于发展城市职业教育的若干规定",对调整职教内部结构,发展市属中专,加强学校教学、生产实习和学生学籍管理做出了规定。随着苏州中等职业教育的发展,到20世纪末,形成了包括中等技术教育(中专)、技工教育、职业高中教育在内的中等职业教育体系,复办、新办和转型的中等职业学校共94所。

二是优化调整期(2002—2011年)。中职教育的快速发展,在有效满足苏州经济社会发展对技能型人才需求的同时,"条块分割、多头办学""小而散、小而弱"等问题也随之凸显出来,成为制约中职教育发展的瓶颈。2002年,苏州出台《苏州市市区职业教育布局结构调整的总体方案》,率先在全省聚焦中职教育的整合发展,通过"整合提升、转制重组、保留发展和撤销停办"等方法,实施第一轮的大规模调整。全市中职学校从2000年的94所优化调整到2010年的46所,中职教育布局结构、办学规模、专业结构大为优化,内涵建设不断深化,优质学校明显增多。

2011年,苏州以获批首批江苏省职业教育创新发展实验区为契机,制订出台了《苏州市创建江苏省职业教育创新发展实验区实施方案》,按照学校对接开发区、专业对接产业的发展思路,又一次实施了大规模的布局结构优化调整,中职院校数从46所再次优化到33所。一批规模型、示范性、现代化的职业学校应运而生,奠定了苏州中职教育在全省的领先地位。

三是内涵提升期(2012—至今)。2010年11月,教育部印发《中等职业教育改革创新行动计划(2010—2012年)》,强调中等职业教育应坚持育人为本、产教融合、校企合作和工学结合。2014年,《现代职业教育体系建设规划(2014—2020年)》提出要增强职业教育体系的多样性、开放性,满足劳动者多方面、多层次、多类型的职业教育和培训需求,推动职业教育的可持续发展。为创新人才培养模式,提出开展现代学徒制试点工作,以立德树人、促进全面发展作为工作要点,按照企业需求和生源类别分别制订培养方案,在中职学校开展学徒制试点。2015年7月,教育部先后颁布了两项政策,推动实施中等职业教育集团化办学模式,提高中等职业教育的可持续发展能力和人才培养质量。2015年9月,教育部颁发《关于印发职业院校管理水平提升行动计划(2015—2018年)的通知》,旨在三年内提升中等职业院校的管理水平,增强治理能力,提高人才培养质量。

在中职教育规模化发展的基础上,苏州围绕"学校对接开发区,专业对接产业",深入推进中职学校向开发区集聚、向品牌企业靠拢,不断优化中职教育的布局结构。中职教育紧跟产业结构调整步伐,主动适应、积极调整专业设置,加强专业对产业的支撑度,专业结构与产业结构的协同度不断提升;各学校积极开展学徒制试点改革,主动参与职业教育集团建设并发挥重要作用,质量建设成效显著。目前,苏州全市共有中职学校(含技工院校)33所,在校生总数接近10万人,其中国家高水平示范职业学校6所,江苏省高水平示范职业学校15所(表2-13),省级以上高水平示范职业学校数量占全市中职总数的63.6%;中职学校主要发展指标和综合实力在全省乃至全国保持领先地位。

表2-13　苏州市示范性中等职业学校建设基本情况

序号	学校	性质
1	苏州旅游与财经高等职业技术学校	国家高水平示范职业学校
2	苏州市建设交通高等职业技术学校	国家高水平示范职业学校
3	苏州高等职业技术学校	国家高水平示范职业学校
4	常熟中等专业学校	国家高水平示范职业学校
5	吴中中等专业学校	国家高水平示范职业学校
6	苏州技师学院	国家高水平示范职业学校
7	苏州旅游与财经高等职业技术学校	省高水平示范性职业学校
8	苏州市建设交通高等职业技术学校	省高水平示范性职业学校
9	苏州高等职业技术学校	省高水平示范性职业学校
10	苏州评弹学校	省高水平示范性职业学校
11	张家港中等专业学校	省高水平示范性职业学校
12	常熟中等专业学校	省高水平示范性职业学校
13	昆山第一中等专业学校	省高水平示范性职业学校
14	昆山第二中等专业学校	省高水平示范性职业学校
15	太仓中等专业学校	省高水平示范性职业学校
16	吴中中等专业学校	省高水平示范性职业学校
17	吴江市中等专业学校	省高水平示范性职业学校
18	苏州丝绸中等专业学校	省高水平示范性职业学校
19	苏州工业园区工业技术学校	省高水平示范性职业学校
20	相城中等专业学校	省高水平示范性职业学校
21	苏州技师学院	省高水平示范性职业学校

（2）高职职业院校的发展历程

一是探索尝试期（1981—1999年）。改革开放后，为缓解经济快速发展与人才紧缺的矛盾，我国经济发达地区提出创办职业大学的设想，一种新型高等院校——职业大学诞生，形成了以职业大学为代表的新型高等职业教育。1981年5月，苏州打破传统高等教育的格局，尝试新的教育类型，在原苏州工业专科学校筹备处的基础上筹建成立了"苏州市职业大学"，成为全国早期成立的职业大学之一，新型的高等职业教育也成为我国高等教育改革的先锋。1984年7月，在苏州张家港市（时为沙洲县）创建"沙洲职业工学院"，同年招收参加全国高校统一考试的高中毕业生和具有同等学力的乡镇企业的青年职工。沙洲职业工学院作为全国第一所县立公办大学,被载入中国高等教育史。1997年12月,为满足苏州工业园区开发建设对高技能人才的需求,更好地服务于区内外资企业,在新加坡原总理吴作栋的提议下,经江苏省人民政府正式批准建立了"苏州工业园区职业技术学院"(Suzhou Industrial Park Institute of Vocational Technology,IVT)。作为一所新型高等职业技术学院,该学院按股份制办学,实行董事会领导下的院长负责制。1998年,苏州茵梦湖集团良士文化发展有限公司在苏州昆山市投资兴办了硅湖大学(专修),2002年硅湖大学(专修)升格为"硅湖职业技术学院"。硅湖职业技术学院是江苏省创办最早的民办高职院校之一,是苏州市第一所民办高校,也是昆山历史上第一所高等院校。1999年,前身为苏州工艺美术专科学校的苏州工艺美术学校与苏州轻工职工大学联合组建"苏州工艺美术职业技术学院",成为我国第一所独立设置的艺术设计高等职业院校。

苏州早期创新高等职业教育的实践,一方面来自政府的高度重视。1994年,第二次全国教育工作会议确定了高等教育发展的重点是发展高等职业教育,确定了"三改一补"的发展高等职业教育的基本方针;1996年,全国人大通过《中华人民共和国职业教育法》,第一次把高等职业教育以法律形式确定下来。苏州市政府在《苏州市市区"九五"经济社会发展实施计划》中,制定了深化教育改革、调整教育结构、积极发展高等职业教育的重大决策。另一方面,苏州高等职业院校的创建,又与地方经济社会发展的方式密切相关。在20世纪创办的5所高职院校中,从办学性质来说,有3所公办院校、1所民办院校、1所股份制院校;从办学地域上来说,有2所建在市区、1所建在工业园区、2所建在县级市。多种经济成分共同参与、市县联动创建、公办民办协同等成为苏州早期探索高等职业教育发展路径的明显特征。

二是规模扩张期(2000—2010年)。进入21世纪以来,为满足发展需求,教育部开始扩大高校招生规模,并将高职教育审批权下放到地方政府。2005年,国务院出台了《国务院关于大力发展职业教育的决定》,全国高职教育进入快速发展时期。苏州市高等职业教育的院校数、在校生人数等在这一时期都取得了历史性的突破。2001年,原江苏省苏州农业学校升格为"苏州农业职业技术学院"。2003年,由原江苏省丝绸学校、江苏省苏州商业学校合并组建,升格为"苏州经贸职业技术学院";由原苏州高级工业技术学校、苏州机械职业学校、苏州虎丘中等专业学校合并组成,升格为"苏州工业职业技术学院";当年,"苏州托普信息职业技术学院"(民办院校)在昆山成立。2004年,由原江苏省太仓师范学校与太仓广播电视大学、太仓工业学校合并组建,升格为"苏州健雄职业技术学院"。2005年,原江苏省苏州卫生学校升格为"苏州卫生职业技术学院";由台资企业主要投资兴建的"昆山登云科技职业学院"(民办院校)在昆山创立;国内首家中外合作办学全日制普通高等职业院校"苏州港大思培科技职业学院"(现改名为"苏州百年职业学院")成立。2007年,创建了"苏州高博软件技术职业学院"(民办院校)。2009年,在原南京邮电大学吴江职业技术学院的基础上,成立"苏州信息职业技术学院"。2010年,由苏州工业园区管委会投资设立"苏州工业园区服务外包职业学院",成为全国第一所独立设置的服务外包专业高职院校。

2002年,苏州市政府在全省率先成立以高等职业教育为主体的"苏州国际教育园",推进职业教育的集聚发展,积极探索现代职教体系建设。2003年,为大力实施科教兴市战略,适应经济社会对高层次创新型人才的迫切需求,苏州市政府以优化整合市属高等教育资源为抓手,进一步调整地方高等院校的布局,优化地方高等教育结构,提升地方高校的办学层次和水平。具体做法是:将苏州市职业大学、苏州教育学院、苏州市广播电视大学、苏州市职工科技大学合并组成全新的苏州市职业大学,筹建本科层次地方高等院校。

这一时期,苏州高职教育得到了空前发展,一批办学底蕴深厚、办学实力出众、办学特色鲜明的中职学校升格为高职院校,民办、中外合作办学、股份制办学的院校扩大到6所;11年间院校数量从5个增加到16个,平均每年新增1个。苏州高职教育呈现出规模化、多元化、聚集化发展的办学格局。

三是创新发展期(2011年—至今)。2014年6月,国务院印发《关于加快发展现代职业教育的决定》(以下简称《决定》),明确提出创新发展高等职业教育,构建现代职业教育体系。"到2020年,形成适应发展需求、产教深度融合、中职高职衔接、职业教育与普通教育相互沟通,体现终身教育理念,具有中国特色、世界水平的现代职业教育体系。"2015年11月,教育部出台了《高等职业教育创新发展行动计划(2015—2018)》,确定了65项具体任务和22个创新发展试点改革项目。

苏州职业教育根据全国职业教育工作会议和国务院《决定》精神,以创建"教育部地方政府促进高等职业教育综合改革试点""江苏省职业教育创新发展试验区"等为契机,以打造一流的职教强市、实现职业教育现代化为目标,大力实施品牌化、市场化、国际化、终身化发展战略,积极推进现代职教体系建设,进一步提升高职教育服务区域经济社会发展的能力。

经过两轮职业院校布局调整,苏州高职教育办学规模不断扩大。2016年,原苏州幼儿师范学校升格为苏州幼儿师范高等专科学校,高职院校数量发展到17所,在校生人数达到10万人,形成了办学类型多样、办学规模较大、专业门类齐全、公办和民办高校共同发展的高等职业教育格局。历经两轮人才培养评估,苏州高职院校办学实力和办学水平不断提升,先后创建了2所国家示范(骨干)高职院校,省级示范高职院校7所(表2-14)。国家示范校、国家骨干校、省示范校的建设,打造了高职教育品牌,引领并带动了全市高等职业院校的改革与发展。2019年,教育部、财政部公布了中国特色高水平高职学校和专业建设计划(简称"双高计划")建设单位名单,苏州工艺美术职业技术学院的工艺美术品设计和苏州农业职业技术学院的园林工程技术入选高水平专业群建设单位(B档),苏州工业职业技术学院的智能控制技术入选高水平专业群建设单位(C档)。苏州高职院校主要发展指标和综合实力在全省乃至全国保持领先地位。

表2-14 苏州市示范性高等职业院校建设基本情况

序号	学校	性质
1	苏州工业园区职业技术学院	国家示范性高职院校
2	苏州工艺美术职业技术学院	国家骨干高职院校
4	苏州经贸职业技术学院	省示范性高职院校
3	苏州农业职业技术学院	省示范性高职院校
5	苏州卫生职业技术学院	省示范性高职院校
6	苏州工业职业技术学院	省示范性高职院校
7	苏州工业园区服务外包职业学院	省示范性高职院校
8	苏州健雄职业技术学院	省示范性高职院校
9	昆山登云科技职业学院	省示范性高职院校

2. 苏州职业院校的布局现状

近年来,苏州职业教育事业快速发展,体系建设稳步推进,培养了大批高素质技术技能型人才,为提高劳动者素质、推动经济社会发展和促进就业做出了重大贡献。

(1)数量和规模

苏州职业院校共有50所,其中高等职业院校共17所,在校生101 335人;中等职业学校33所(含技工院校7所),在校生82 970人(表2-15、表2-16)。

表 2-15 苏州高等职业院校设立情况

序号	学校名称	成立时间	备注
1	苏州市职业大学	1981 年	公办
2	沙洲职业工学院	1984 年	公办
3	苏州工业园区职业技术学院	1997 年	民办
4	硅湖职业技术学院	1998 年	民办
5	苏州工艺美术职业技术学院	1999 年	公办
6	苏州农业职业技术学院	2001 年	公办
7	苏州托普信息职业技术学院	2003 年	民办
8	苏州经贸职业技术学院	2003 年	公办
9	苏州工业职业技术学院	2003 年	公办
10	苏州健雄职业技术学院	2004 年	公办
11	苏州百年职业学院（原苏州港大思培科技职业学院）	2005 年	民办
12	苏州卫生职业技术学院	2005 年	公办
13	昆山登云科技职业学院	2005 年	民办
14	苏州高博软件技术职业学院	2007 年	民办
15	苏州信息职业技术学院	2009 年	公办
16	苏州工业园区服务外包职业学院	2010 年	公办
17	苏州幼儿师范高等专科学校	2016 年	公办

资料来源：根据苏州市教育局相关数据整理。

表 2-16 苏州中等职业学校设立情况

序号	学校名称	备注
1	苏州旅游与财经高等职业技术学校	公办
2	苏州市建设交通高等职业技术学校	公办
3	苏州高等职业技术学校	公办
4	苏州评弹学校	公办
5	苏州市艺术学校	公办
6	苏州市体育运动学校	公办
7	苏州市纺织工业职工中等专业学校	民办
8	张家港中等专业学校	公办
9	张家港市第二职业高级中学	公办

续表

序号	学校名称	备注
10	张家港市第三职业高级中学	公办
11	张家港工贸职业高级中学（张家港市高级技工学校）	公办
12	张家港市舞蹈学校	民办
13	常熟中等专业学校（常熟市技工学校）	公办
14	常熟高新园中等专业学校	公办
15	常熟市滨江职业技术学校	公办
16	昆山第一中等专业学校	公办
17	昆山第二中等专业学校	公办
18	昆山花桥国际商务城中等专业学校	公办
19	苏州福纳影视艺术学校	民办
20	太仓中等专业学校	公办
21	吴中中等专业学校	公办
22	苏州市太湖旅游中等专业学校	公办
23	吴江中等专业学校	公办
24	苏州丝绸中等专业学校	公办
25	相城中等专业学校	公办
26	苏州工业园区工业技术学校	公办
27	苏州市技师学院	公办
28	苏州五二六技工学校	公办
29	苏州市电子信息技师学院	公办
30	机械工业苏州高级技工学校	公办
31	苏州市吴中高级技工学校	公办
32	苏钢技工学校	公办
33	江苏省邮电技工学校	公办

资料来源：根据苏州市教育局相关数据整理。

（2）区域分布

17所高等职业院校中，市区（不含吴江区）共有11所，其余区（市）吴江区1所、昆山市3所、张家港市1所、太仓市1所。33所中等职业学校中，市区（不含吴江区）共有18所，其余区（市）吴江区2所、昆山市4所、张家港市5所、常熟市 3 所、太仓市 1 所(表 2-17)。

表 2-17 苏州职业院校的区域分布

市、区	中等职业学校数 (按主管部门分)	高等职业院校数 (按地理区域分)
苏州市区	18	11
吴中区	3	3
相城区	1	1
工业园区	1	3
高新区	0	3
张家港市	5	1
常熟市	3	0
太仓市	1	1
昆山市	4	3
吴江区	2	1
总计	33	17

资料来源:根据苏州市教育局相关数据整理。

3. 苏州职业院校布局的对比分析

(1) 苏州职业院校统计分析

① 院校数量

职业院校数量的变化最能直观地反映苏州职业教育的规模。根据苏州统计年鉴数据和查询教育局统计数据,1980—2016 年苏州职业院校数量见图 2-5。

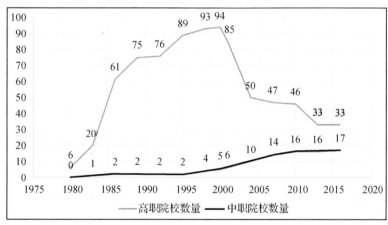

图 2-5 1980—2016 年苏州职业院校数

分析以上数据可以看出:1980—2016年,高职院校数量呈现逐年上升的趋势,到2016年已有高职院校17所;中职学校数量从1980年迅速发展,到2000年达到了94所,经过两次布局调整,逐年下降,到2016年为33所。

职业院校的办学类型可以反映职业院校的办学力量。根据苏州市教育局统计数据,2016年苏州职业院校的类型及数量见表2-18。

表2-18　2016年苏州职业院校类型及数量

类型	高职		中职		职业院校合计	
	公办	民办	公办	民办	公办	民办
院校数/所	11	6	30	3	41	9
比例/%	64.71	35.29	91.00	9.00	82.00	18.00

资料来源:根据苏州市教育局相关数据整理。

以上数据表明,苏州职业院校中都有民办院校,民办院校占比中高职院校高于中职学校。

② 院校区域分布

职业院校的区域分布态势可以反映苏州职业教育的区域性差异。2016年苏州职业院校的区域分布情况见图2-6。

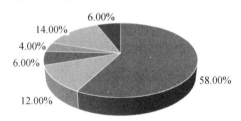

■苏州市区　■张家港市　■常熟市　■太仓市　■昆山市　■吴江区

图2-6　2016年苏州职业院校区域分布

以上数据表明,苏州各市县区均有职业院校,市区占比最高,为58%,其次是昆山和张家港。职业院校区域分布并不均衡。

③ 院校结构

高职院校在校生数量和本科院校在校生数量对比可以从一定程度上反映目前高等教育的结构。2013—2015年苏州高职院校与本科院校在校生规模比值见表2-19。

表2-19 2013—2015年苏州高职院校与本科院校在校生规模比值

年份	2013	2014	2015
高职院校在校生数/人	90 307	97 173	101 335
本科院校在校生数/人	101 899	104 753	108 144
比值	0.89	0.93	0.94

资料来源:根据苏州统计年鉴整理。

以上数据表明,近三年高职院校与本科院校在校生规模之比维持在0.89~0.94,并且总体呈现出上升趋势。

选取与苏州经济规模相当的部分城市进行高等院校数量比较(表2-20)。

表2-20 部分城市高等院校数量及占比

城市	2015年城市GDP排名	高校数/所	高职院校/所	占比/%	本科院校/所	占比/%
天津	5	55	25	45.5	30	54.5
重庆	6	65	40	61.5	25	38.5
苏州	7	26	17	65.4	9	34.6
武汉	8	83	37	44.6	46	55.4
成都	9	56	29	51.8	27	48.2
杭州	10	46	19	41.3	27	58.7

数据来源:根据教育部、国家统计局数据整理。

以上数据表明,苏州高等院校总体数量相对偏低,高职院校占比较高,本科院校数量明显不足。

(2)苏州与部分城市的职业院校相关指标对比分析

以下选取职业教育发展具有特色的南京、常州、青岛、宁波的职业院校相关指标进行对比(表2-21)。

表 2-21　五城市的职业院校相关指标比较

城市	中等职业学校				高等职业院校				职比	层次比
	校均规模/人	每万人在校生数/人	国家、省级示范校数/所	民办学校数占比/%	校均规模/人	每万人在校生数/人	国家、省级示范院校数/所	民办学校数占比/%		
苏州	2 514	78.30	21	9.00	6 075	91.70	7	37.50	0.88	0.84
南京	1 941	120.50	25	31.37	9 360	170.88	7	33.33	0.68	0.71
常州	3 675	156.50	13	15.00	8 329	124.14	5	14.29	0.75	1.26
青岛	1 477	129.00	17	18.99	8 483	56.27	5	16.67	1.04	2.29
宁波	2 000	130.19	18	21.05	8 267	84.96	3	0.00	1.11	1.53

数据来源：各市 2015 年年鉴和 2015 年市统计年鉴、2015 年高等职业院校人才培养状态数据。

① 优质学校比较（图 2-7）

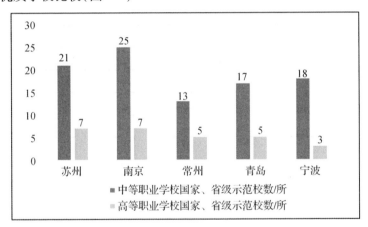

图 2-7　优质学校数量

以上数据表明，苏州优质高职院校数量排名并列第一，优质中职学校数量排名第二。

② 校均规模

可以体现地区职业教育的发展规模（图 2-8）。

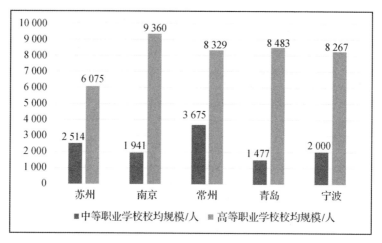

图 2-8 校均规模分析

以上数据表明,苏州中等职业学校校均规模与其他四市相比,处于平均水平。苏州高等职业学院校均规模与其他四市相比,相对较低。

③ 每万人在校生数

可以体现职业教育规模发展(图 2-9)。

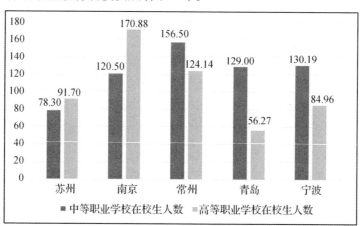

图 2-9 每万人在校生数

以上数据表明,苏州中等职业学校的每万人在校生数与其他四市相比,相对较低。苏州高等职业学院的每万人在校生数与其他四市相比,低于平均水平。

④ 普职比

一个地区普通高中招生数与中等职业学校招生数的比值,可以体现地区高中阶段教育的结构(图 2-10)。

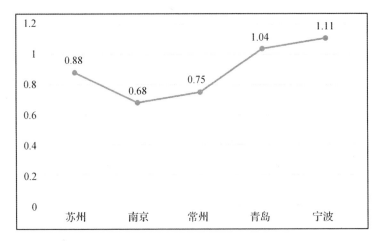

图 2-10　普职比分析

以上数据表明,苏州的普职比为 0.88,在五所城市中处于中间位置。

⑤ 层次比

对比一个地区中职学校在校生数量和高职院校在校生数量,可以体现地区职业教育结构,数值越低说明高职的规模较大(图 2-11)。

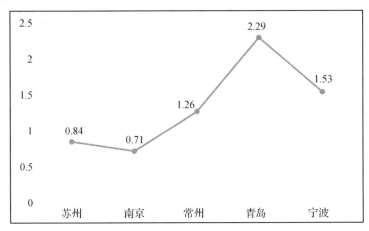

图 2-11　层次比分析

以上数据表明,苏州高职规模仅次于南京,大于常州、青岛、宁波。

⑥ 民办院校数占比(图 2-12)

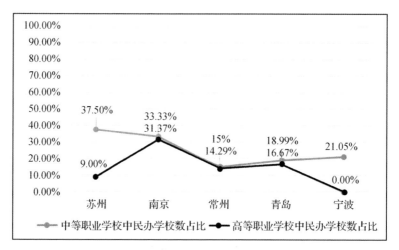

图 2-12 民办院校数占比分析

以上数据表明,苏州民办高职院校占比最高,民办中职学校占比偏低。

4. 苏州职业院校布局结构特点

(1) 紧贴苏州区域经济,注重布局优化调整

苏州职业教育布局紧随区域经济发展,与三次经济转型呈现出密切关系。20 世纪 80 年代末,苏州开创了以乡镇企业为主的"苏南模式",各类初级、中级技术人才需求迫切,中职教育以此为契机,拉开序幕、快速发展。20 世纪 90 年代,苏州开放型经济迅速崛起,技术人才数量、质量需求明显提升,职业教育积极深化改革、调整结构,开展现代职业教育制度试验,中职教育顺势再度扩张,高职步入发展轨道。进入 21 世纪,苏州主动调整经济增长方式,传统主导产业保持优势,高新技术产业不断扩大、新型产业发展势头强劲,苏州职业教育主动应对,率先启动了两轮调整。经过调整,中职学校从 2000 年的 94 所优化到 2020 年的 33 所;高职院校蓬勃发展,从 20 世纪 80 年代的 2 所增为 16 所,2016 年苏州幼儿师范学校又成功升格,中高职业院校发展到 50 所,在校生规模近 20 万人、校均规模达到 4 000 人。苏州职业教育层次结构明显优化,职业院校发展呈现加快集聚化、规模化趋势。

(2) 核心竞争优势凸显,院校实力全省领先

苏州职业教育在布局优化整合过程中,呈现出两大亮点。一是领先全国的特色院校创建,如 1984 年,创建了全国第一所县办大学沙洲职业工学院;1997 年,新加坡原总理吴作栋提议成立全国第一所民办国家示范学院苏州工业园职业技术学院;2010 年,成立了中国服务外包第一校苏州工业园区服务外包职

业学院。二是领先全省的优质学校规模。目前,中职院校中有国家高水平示范职业学校6所,省高水平示范职业学校15所;高职院校中有省级及以上示范(骨干)高职院校9所,优质院校总量居全省前列。苏州职业教育主要发展指标和综合实力在全省乃至在全国保持领先。

(3) 中职高职协调发展,点面结合体系健全

经过两轮职业院校布局调整,苏州职业院校布局结构不断优化。从"开发区"聚集效应看,市区11所(工业园区、高新区、吴中区各3所,相城区1所),昆山3所,张家港市、太仓市、吴江区各1所的分布,基本符合苏州"开发区"经济发展形势。从职教园区建设看,国际教育园聚集了各类院校13所,成为以高等职业教育为主,培养高素质技术技能型人才的基地;独墅湖高教区依托"独墅湖高校联盟",建设"东方慧湖"品牌,逐步建成高端职业教育国际化示范区。从区域布局看,基本形成了每个区(市)建有1~3所高职院校和1~3所主体型、规模性、示范性中职学校的格局。但是,区域内部职业院校分布还不够均衡,部分区(市)高职院校、中职学校数量及规模还有待提高。

(4) 对接地方人才需求,瓶颈制约亟待突破

苏州早于全国进入新常态,产业结构正向以现代服务业、新兴产业、先进制造业为代表的高端迈进,高层次人才"十三五"末期预计要达到24万人以上[①],高技能人才总量累计达60万人,人才层次需求明显"高移"。但是,与GDP总量相当的天津、重庆、武汉、成都、杭州等城市高等院校比较,苏州高等院校总量相对偏低,高职院校数量偏少,应用型本科院校明显不足。因此,苏州职业教育还需要结合城市新定位,围绕创新驱动战略实施和产业结构转型升级,进一步优化布局,完善中职、高职、应用型本科办学层次结构,满足经济社会发展对于各层次人才的需求。

四、规划布局的比较借鉴

(一) 国外职业教育规划布局经验借鉴

职业教育起源于西方,它的发展一直与产业革命的进程密切相关。2008年

---

① 根据《苏州市"十三五"人力资源和社会保障事业发展规划(征求意见稿)》(2016.6)"十三五"末期,苏州人才总量达到300万人左右,高层次人才占比总量比例达8%以上测算。

世界金融危机爆发后,为了适应现代制造业兴起对人才需求结构的重大变化,职业教育进入了大升级时期。发达国家职业教育的变革普遍聚焦于助力先进制造业和现代服务业的发展,并强调战略规划的引领作用,对我国目前的职业教育供给侧改革有很大的启示。

1. 国外职业教育规划布局简要分析

考察德国、英国、美国、新加坡等职业教育发达国家,其在职业教育院校布局方面有两点值得我们关注:一是很多发达国家的义务教育年限在10~12年,义务教育年龄上限为18周岁,我们所说的中职教育,是这些国家公民必须接受的义务教育选项之一;二是职业教育的最初发展形式是中职教育,随着产业发展对人才技能需求的不断提高,出现了高职教育,并从专科层次,逐步向本科、研究生阶段延伸。高职院校也应运而生,如德国的曼海姆双元制大学、新加坡的南洋理工大学等,它们的建立与产业发展进程密切相关。高职院校办学主体从最初的政府,到后来的民间资本,形成了公立、私立并存的办学格局。

在办学体系、模式及专业设置方面,可以借鉴以下几个国家。一是德国。"实体经济+职业教育"是德国核心竞争力的要素。德国早在1969年就颁布了《联邦职业教育法》,对"双元制"职业教育的法律地位予以确认,奠定了德国职业教育取得成功的基础。目前,"双元制"已从中职院校延伸到了高职院校。与当前德国社会和经济发展进程中人口结构、产业结构、就业结构的变化相适应,德国职业教育首先是根据市场设置专业,其次是校企合作设置专业,再次是结合高新技术的发展与应用设置社会急需专业。根据区域产业的需求,对不同专业进行适时调整,使专业设置与学生的就业配合无间。二是英国。近年来,英国为修补技术创新力上的短板,把现代学徒制作为技能教育发展规划的核心进行大力建设和推广,在此基础上,英国职业教育形成了以国家职业资格证书制度、核心能力培养和多元评价方法为核心的培训机制。国家职业资格证书设置专业的内涵与社会职业岗位需求相适应,并根据社会发展调整专业设置。英国的职业技术院校主要开设国家职业资格证书课程,其专业按照规定的专业目录设置。此外,也可以根据地方经济发展实际需求和国家职业资格标准,在调查和征询企业意见建议的基础上,自主决定专业设置。三是新加坡。新加坡的职业教育同时吸收了东西方文化的精华,职业教育和训练随着产业的变化进行相应的调整,其专业设置、课程设计等都与市场需求、产业、行业紧密结合,始终将产业利益放在自身发展的核心位置。"教学工厂"是南洋理工学院享誉职教领域的特色模式和品牌,以学校为本位,为实现教学目标而将企业项目、实际的企业环境引入教学环境中,为学生提供一个更完善和有效的学习环境和过程,使毕业生能尽快适应实际工作岗位,实现现代企业需求与学校教学的无缝对接。四是美国。美国职业教育在21世纪初向"生涯与技术教育"转向,在实践层面以生涯集群分类代替传统的基于职业的专业分类,学校以生涯发展路径来设置专业(群)。目前,16个生涯集群中延伸出81条职业生涯发展路径,每条路径都有各自的知识和技能的内涵和标准。通过强大的学分互认及转换系统,将散落在普职融合的"单轨制"教育体系各个层级中的职业教育课程联系在一起,形成完整的项目,最终使学生获得相应的职业教育认证或证书。美国职业教育的短期目标是使学生获得企业承认的资格证书或者学位证书,长远目标是帮助学生取得职业生涯的成功。

综上所述,国外职业教育规划布局的经验与趋势:一是职业教育层次普遍上移,从中、高职院校布局来看,继续强化中职教育,大力发展高职教育;二是专业设置数量精简,区域特色更为明显,与产业发展结合更为紧密,专业建设结合现代学徒制发展的需要,并顺应不断涌现的新专业和变化的专业内涵;三是更紧密的校企合作、工学结合;四是更着眼于培养学生的终身学习与发展的能力;五是从国家层面制定法规确立职业教育的地位,并使国家职业资格体系与职业教育相融合,使职业资格证书与学生就业相关联;六是通过建立相关制度加强对职业教育发展实施情况的数据收集整理,及时进行监测评估,加强对技能人才需求的预测,为决策者提供政策咨询,已成为很多国家的战略选择。

2. 国外职教经验的苏州本土化实践

从目前情况来看,国外职教经验在苏州职业院校中具有典型意义的本土化实践,与学校所在区域的产业、企业特点等有关,比如,苏州健雄职业技术学院所实践的德国"双元制"模式,与学校所在太仓市有大量德企不无关系,开设专业与当地产业相关度很高,学校成为中德合作企业人才培养基地。

2014年,江苏省首个中英现代学徒制试点项目在常熟职业教育中心校启动,这是英国现代学徒制模式在苏州本土化的开端。近年来,汽车及零部件是常熟重点打造的产业之一,常熟中专校就汽车产业相关专业与奇瑞捷豹路虎汽车有限公司开展合作,从高职二年级学生中择优招聘学徒制培养的对象,在接受六学期的定制培养后,既取得五年制高职毕业证书,又获得英国认证的学徒证书(即双证模式),毕业后定向分配到奇瑞捷豹路虎汽车有限公司就业。

位于中新合作苏州工业园区的苏州工业园区职业技术学院因新加坡总理的提议而创办,主要借鉴新加坡等国家的先进职教经验,依托教学做一体化的"教学工厂",为外资企业培养了大批高素质技术人才。其开设重点专业与园区主导产业、新兴产业相匹配。

综合来看,尽管苏州的职业院校对国外的职教体系、模式等都有所借鉴和实践尝试,但毕竟社会环境、经济环境和职业教育发展的历史、背景不同,这些体系、模式在本国体现出来的优势在苏州未必能够全部实现。在本土化实践过程中,以下因素需要引起重视:

其一,英国的职业教育氛围——重学术、轻技术——跟中国很相似,可以借鉴其通过顶层立法——苏州可以通过地方立法等措施来提高市民对职业教育的重视。以往我们更多在中职层面实践"学徒制",但近年英国学徒制的发展在于本、硕层次学徒制,这是高等学徒制的最高等级。这一制度的推进实施,极大地扭转了人们对职业教育的认识,提高了职业教育的社会地位和层次,我们在构建苏州的现代职业教育体系时,要注意打开职业教育学历、资格证书的上行通道和空间,改变市民对职业教育的认识。

其二,德国的"双元制"是以企业为主体的职业教育制度,企业与职业教育之间紧密的联系由国家法律约束,其教育经费由企业与国家各自分担,是一个企业、国家、职业学校三方紧密合作培养技能人才的职业教育模式。目前"双元制"的本土实践尚缺乏坚实的法律基础和国家财政的支持,是以学校为主体的,在教学层面与企业的合作,企业与学校未能形成共生关系。

其三,新加坡的职业教育具有高效、应变能力强的特点,与政府对经济发展走向的调控,并以此为基础确定职业教育政策使之符合经济发展的需要有关。由此,我们可以看到,地方政府对产业发展的规划可以影响到职业教育发展的规划布局,而职业教育的发展又可以影响产业的规划发展。

其四,美国普职融合的单轨制职业教育体系,很难学习,这不是单单职业教育体系能够完成的,牵涉到整个教育体系,但它各个层次都强调的职业教育与学术能力的整合,值得借鉴,我们在进行专业设置规划和专业建设的时候,要注意职业能力与学术能力不可偏废,以使学生具备终身学习的能力,以适应未来职业生涯的不断变化。

(二)国内职业教育规划布局经验借鉴

《全国职业教育工作专项督导报告》显示,2014年全国高等职业院校招生

337.98万人,占普通本专科院校招生总数的46.9%,中等职业学校招生628.85万人,占高中阶段招生数的44.12%。可见,职业教育已在我国教育体系中占据了举足轻重的地位。各地政府非常重视职业教育规划布局的优化和调整,对优化院校布局结构和专业设置给予了极大的支持和鼓励,围绕职业教育规划布局,积极探索,努力实践,取得了良好的成效。

1. 国内职业教育规划布局的调整思路与实践

国内职业教育规划布局的调整思路和实践方法主要体现在:

一是空间布局的格局调整。职业教育的空间布局与区域产业、人口密度、人才需求层次有着密切关系,目前,各地在职业院校空间布局上比较集中的做法有三种。第一,以各区域产业结构为依据,重新规划职业院校的布局,优化职业教育的结构。青岛针对本市三个城区的产业结构、产业特色和人口规模,对三个城区进行了"标签性"明显的职业教育规划,完全改变了青岛的职业教育版图,给青岛职业教育发展带来了新的契机。第二,以"教育园"形式集中办学,探索职业教育集约化发展模式。2003年,苏州秉持"开放、共享、创新、服务"的理念,建成了6.7平方千米,入驻职业院校13所,在校师生近10万人的苏州国际教育园①,在资源共享、课程共建中进行高职人才培养体系等方面的积极探索,成为苏州职业教育的排头兵。第三,将职业院校直接布局到人才需求集中的地方、拓展到新领域。宁波市委、市政府以"创办一个学院,支撑一个产业"为目标,大力支持职业院校布局延伸到产学研基地、经济技术开发区,直接与产业无缝对接,同时,鼓励职业院校去海外布局,为支持"一带一路"国家战略输出国内职业教育的优质资源。温州职业教育主动适应经济社会发展新形势和职业教育发展新常态,全力打造职业教育的"航空母舰",在浙南沿海先进装备产业集聚区和瓯江口产业集聚区,建立了占地601 200平方米、总投资21.9亿元的"滨海职教中心",直接为地方经济发展输送对口人才,全面提升中职教育发展空间和规模。

二是地方产业决定专业设置。职业教育必须适应地方产业发展需求,顺应地方人才需求变化,才能更好地为地方经济发展服务。制造业大市东莞的职业院校,顺应产业的变化,提出"缩文增工"的专业调整目标,果断调整不适应产业发展的专业,以适应产业转型升级服务需求。针对全市支柱产业和新兴产业,

---

① 苏州市教育局.改革创新求突破,率先发展上台阶:苏州市职业教育发展情况[Z],2015.

及时新增专业来配合地方产业的发展需要。宁波市则提出"市场需要什么人才,学校就培养什么人才"的口号,成为宁波各职业院校的办学理念,针对市场需要的人才,开设专业,加强产业与专业的紧密对接。苏州职业院校在经济发展的过程中,针对不断涌现的新型产业和逐渐萎缩的低能产业,及时调整,增设产业需要的专业,改造强化传统专业,兼并、淘汰落后旧专业,加大专业对接产业的力度,以提升服务地方经济发展的能力。

三是职教集团强化专业建设。我国目前共建成 1 400 多个职教集团,参与的职业院校 8 330 所(本科院校 180 多所),吸引了近 3 万家企业参加,覆盖了全国 70% 以上的职业院校。随着学校与行业职教集团的深度融合,职教集团在营造"人人皆可成才、人人尽展其才"良好环境中的地位和作用也愈加凸显,职业教育集团化的意识越来越强。天津市根据"优质专业群对接优势产业群"思路,组建了体系完整的 19 个中职、高职教学相衔接,学历教育与职工培训相结合的"集约化、规模化"行业职教集团,每个职教集团的在校生规模都达到万人以上。青岛市则是全面开花,全市共组建了 15 个职教集团,联系着 50 所职业院校、20 个行业协会、512 家企业,涵盖了 92% 的专业和 90% 的学生,覆盖了全市区域主要产业,可以看出,职教集团对专业的影响力非常显著。苏州成立了 14 个职教集团,与"教育改革和发展委员会""办学集团""教学指导委员会或专业建设委员会"协同发力,形成合力,共同参与职业教育的专业调整与设置,使职业教育最大限度地贴近现实生产技术水平,将职业教育与企业生产紧密结合在一起,形成行业与专业共同发展的良好态势。

四是特色错位的优质发展。中国 30 年职业教育的发展,受机制和体制的影响,普遍存在学校和专业设置的同质化现象,在经济发展较快、产业结构变化较快的城市中这个问题更加突出,严重影响到产业的优化发展和技能人才的需求培养,再度引发对"特色错位"发展的高度重视。东莞市重新定位各中职学校的发展方向,鼓励学校差异化发展,避免学校的同质化趋势,确定各校主体专业和特色专业,对雷同专业、不适应产业的专业进行撤并调整,优化专业结构,依托当地的产业背景,做强对应专业,根据区域产业结构设立对应学校。

五是中职高职专业双向对接。国内中等与高等职业教育的专业分类和专业点一直存在不同,给中职生与高职生的上升衔接带来诸多问题。上海市按照"巩固提高中职发展水平、创新发展高等职业教育"的总体思路,从"人才需求数量"与"人才培养规格"两个维度,进行专业结构的顶层设计和整体优化,一方面,将全市高中职1 500个专业点统一归到18个专业大类、79个专业类中,实现中等与高等职业教育专业统一归类,直接对接;另一方面,将18个专业大类和79个专业类与国民经济的20个行业门类进行对接,实现人才培养与行业门类的有效衔接,开创了国内高中职专业对接的先例。

2. 苏州职业教育规划布局可借鉴的经验

国内职业教育规划布局改革的调整思路和实践方法,对苏州职业教育规划布局具有很好的借鉴意义。

借鉴青岛市"大格局"做法,以苏州大市为整体,结合各区域产业发展特点和人口因素,从顶层调整职业院校的布局结构,重绘苏州职业教育新版图。借鉴宁波市"布局"经验,将职业学校布局到苏州的产学研基地、产业园等区域,推进职业院校向开发区集聚、向品牌企业靠拢,根据产业设置学校;鼓励有条件的院校到海外布局,助力苏州"一带一路"倡议的实施,推广苏州优质职业教育资源。借鉴东莞市、宁波市产业与专业对接的措施,制定专业调整目标和策略,快速响应苏州产业的快速发展变化的需要。借鉴天津市、青岛市集团化办学模式,大力推进苏州职教集团的发展,使行业真正介入苏州职业教育,使专业真正适应产业需要,强化支柱产业与品牌专业无缝对接。借鉴东莞各中职校特色定位、专业错位的方法,结合苏州经济和文化传承需要,对苏州中、高职进行特色定位、专业错位发展的规划。借鉴上海中高职专业顶层设计、双向对接的思路,对苏州中高职专业点和大类进行归类和调整,并与苏州产业进行对接,实现中高职的无缝衔接。

面对职业教育规划布局方面存在的问题和不足,苏州可以先行试探、积极探索。例如,完善职业教育规划布局涉及的相关法律法规、政策制度和相关标准;进一步简政放权,给予职业院校在规划布局方面更多的自主权;设立第三方评估机构,对职业教育规划布局进行评估、监测;利用大数据,为职业教育规划布局提供调整优化的依据和策略;规划移居城镇居民的职业技能培训体系、高技能人才培训体量;支持社会力量兴办职业教育,鼓励在苏500强企业自办职业教育,支持各类主体通过合适方式参与职业教育办学。

五、规划布局的优化对策

党的十九大指出:建设教育强国是中华民族伟大复兴的基础工程,必须把教育事业放在优先位置,深化教育改革,加快教育现代化,办好人民满意的教育。早在2015年8月,苏州市政府为主动顺应供给侧结构性改革和新型城镇化建设需要,满足苏州经济转型和产业升级对职业教育的新要求,出台了《关于加快发展全市现代职业教育的实施意见》(以下简称《意见》)。《意见》中明确提出:到2020年,苏州要建成与现代产业体系相匹配的规模结构更加合理、特色更加鲜明、体系更加完备的职业教育体系,要形成一批国内一流、国际有重要影响的职业院校和专业,真正实现苏州职业教育由"高原"向"高峰"的跨越。① 为此,必须以创新发展为引领,在职业院校布局结构上,坚持优化发展;在职业院校内部,坚持协调发展;引导新升地方本科院校、独立学院,坚持转型发展;在职业院校与行业企业之间,坚持融合发展;在六区四市职业教育定位上,坚持错位发展;针对每个职业院校,坚持特色发展。通过创新职业教育发展理念,转变职业教育发展方式,按照"系统设计、分步实施、扎实推进"的思路,科学合理地调整苏州职业院校布局结构,优化职业教育资源配置,推动职业院校主动适应苏州经济发展方式转变,适应区域产业发展需求,为苏州经济转型发展提供人力支持,为争当建设"强富美高"新江苏先行军排头兵提供强大动力。

(一)增加数量,优化布局,满足经济社会发展需求

到2020年,苏州职业院校在空间布局上,达到"西园东区集聚发展、四市六区创新推动"②的理想布局形态,为此,需做好以下工作:

1. 适当增加职业院校数量

目前,苏州共有中等职业学校和技工院校33所、高职院校17所,在校生总数20万人,校均规模达到4 000人。到2020年,苏州人口总量将接近1 400万人,根据苏州经济社会发展对高技能人才的实际需要,以及国家和江苏省有关稳步增加高职招生计划的原则,全市中等职业教育和专科高等职业教育的在校生总规模达30万人以上。③ 按照校均规模达到5 000人计算,到2020年,苏州独立设置职业院校数至少应该有60所以上。而目前职业院校只有50所,需要

---

① 丁晓昌.实现从"高原"向"高峰"的跨越[N].中国教育报,2016 - 04 - 19.
② "西园"是指国际教育园,"东区"是指独墅湖科教创新区.
③ 苏州市人民政府.苏州市人民政府关于加快发展全市现代职业教育的实施意见的通知(苏府〔2015〕119号)[Z].

增加10所以上。目前,苏州拥有17个省级以上开发区,其中,国家级开发区14家。① 理论上说,每个省级以上开发区都应有一所职业院校与之配套,而这一要求也没有达到。因此,苏州一定要结合当前经济社会发展、产业结构调整、适龄人口逐年增加的实际和未来需求,统筹规划职业院校的发展,盘活存量,控制增量,适当增加职业院校数量。

2. 优化职业院校区域布局

在33所中等职业学校和技工院校中,苏州市直属(含代管)有13所,占总数的39.4%,此外,张家港市有5所(不含1所学校两块牌子一套班子),昆山市有4所,常熟市(不含1所学校两块牌子一套班子)、吴中区各有3所,吴江区有2所,工业园区、相城区、太仓市各有1所,这些市县(区)院校数量合计占总数的60.6%。根据《苏州市各类教育事业概况(2015—2016)》统计数据分析,未来几年苏州初中毕业生逐年增加,2020年较2016年将增加3.4万人,职业学校将净增加1.7万新生入学。② 现有职业教育资源的利用已接近上限,临近饱和,需要扩大数量。建议工业园区、吴江区、昆山市各新建(或改扩建)1所中等职业学校;高新区新建1所中等职业学校,以填补职业教育的空白;张家港市加速对现有资源的整合;太仓市加快太仓中专港城校区建设进度;建议太湖度假区联合吴中区加大对太湖旅游中等专业学校的投入,不断扩大其办学规模,同时在适当时机恢复吴中中专(甪直成校)的中职招生;常熟市适当提升高新园中专与滨江职校的办学规模;相城区加快相城中专二期实训场所的建设。

在现有的17所高职院校中,位于苏州市区的有11所,占总数的64.7%,此外,昆山市有3所,张家港市、太仓市、吴江区各有1所,这些市县(区)院校数量合计占总数的35.3%。从区域分布看,高职院校大部分集中在市区,基本符合向开发区、向工业园区集聚策略,但分布不均衡。常熟市虽有本科院校,还缺少高职院校这个类型或层次。从高职生源看,一方面是未来几年,苏州高中、中职毕业生数量大幅增加,加之高职院校招收中职毕业生比例提高,致使高职院校招生规模较大;另一方面,苏州高职院校生均占地面积为63 m^2,虽已达标(达标为59 m^2/生),但低于省均(69 m^2/生),现有的高职院校资源已无法满足日益增长的高职生源需要,应当适当增加高职院校数量。从办学主体看,昆山市有3

---

① 苏州市人民政府.苏州市国民经济和社会发展第十三个五年规划纲要(苏府[2016]36号)[Z].
② 苏州市教育局.苏州市各类教育事业概况(2015—2016)[Z],2017.

所高职院校,皆为民办院校;张家港市、太仓市各有1所市属院校,没有民办院校。综上所述,每个市县(区)都应集中人力、物力和财力办好1所市属高职院校,与城区职业教育资源形成功能互补。特别是常熟市、昆山市应统筹职业教育资源,争取举办1所独立设置的市属高职院校。吴江区、张家港市、太仓市要积极鼓励民间资本以多元的方式参与高职院校的兴办,进一步激发职业教育活力。

3. 平衡职业院校内部结构

到"十三五"末期,苏州人才总量达300万人左右,高层次人才占人才总量比例达8%以上,每万人拥有高层次人才数200人以上;高技能人才总量累计达60万人,占技能劳动者比例达33%;每万名劳动者中高技能人才数量达到710人以上。同时,未来五年,苏州产业结构向中高端装备制造业、现代服务业、战略性新兴产业迈进,需要大量的复合型专门人才,苏州现有高等职业教育资源供给不足、供需失衡。对比2015年GDP排名低于苏州的武汉、成都、青岛等城市,这些城市本科院校占普通高校的比例分别为55.4%、48.2%和65.0%,远高于苏州的34.6%。因此,苏州需要在优化发展中等职业教育,全面推进五年一贯制培养的同时,创新发展高等职业教育,扩大本科层次职业教育规模,大幅增加高技术高技能应用型人才供给。一方面大力引导新升地方本科院校、独立学院向应用技术型高校转型或在部分学院、专业开展高端应用型人才培养,另一方面支持发展基础较好、实力较强、有一定影响力的高职院校提升办学层次,同时积极推进在苏高职院校与市内外本科高校合作开展应用技术型本科教育(3+2;4+0),所有高职院校至少与国内一所知名院校建立稳定的合作关系。通过优化苏州职业院校的层级结构、专业结构,形成与经济社会发展相适应的人才供给体系。建议支持苏州市职业大学抓住苏州作为江苏省职业教育创新发展实验区的有利机遇,先行先试,通过股份制、混合所有制等创新发展方式,建设成为应用技术型本科高校——苏州学院;支持苏州旅游与财经高等职业技术学校利用苏州构建"具有独特魅力的国际文化旅游胜地"的契机,提档升级,升格为"苏州旅游职业学院";支持苏州评弹学校升格为专科层次的职业院校。

(二)对接产业,优化专业,服务地方经济转型发展

依据各市县(区)"十三五"发展规划中的产业发展需求,以及《中国制造2025苏州实施纲要》,结合职业院校发展现状,围绕专业对接支柱产业、战略性

新兴产业等,对苏州四市六区的职业院校的专业发展与规划提出如下建议:

1. **张家港市职教专业优化建议**

发展壮大新材料、高端装备、新能源等新兴产业;做优做强现代物流、现代商贸、电子商务、创意设计、创意金融、科技信息、休闲旅游等现代服务业;改造提升冶金、纺织、化工、物流、装备等传统产业(精密多轴数控机床和机器人产业、环保能源设备、海洋工程装备产业、石化新材料和高品质特殊钢产业、环保产业)。

引导区域内职业院校重点发展电子信息类、自动化类、新能源发电工程类、非金属材料类、健康与管理促进类、电子商务类、金融类、经济贸易类、旅游类、物流类、农业类、公共服务类等专业类。

2. **常熟市职教专业优化建议**

重点发展新能源、新材料、新一代信息技术、生物医药及高端医疗器械和节能环保产业等新兴产业,推动汽车及零部件产业提升发展层次和集聚度、装备制造产业向智能制造转型、纺织服装产业向创意时尚产业发展(主导产业)。发挥传统产业特色优势,重点对化工行业、冶金行业和轻工行业进行优化提升[①](光纤光缆产业、智能化电梯和升降机设备产业、中高端汽车及关键零部件、新能源汽车产业)。

引导区域内职业院校重点发展汽车制造类、机械设计制造类、机电设备类、自动化类、纺织服装类、健康与管理促进类、非金属材料类、新能源发电工程类、电子信息类、计算机类、农业类、电子商务类、旅游类、物流类等专业类。

3. **太仓市职教专业优化建议**

着力推进高端装备制造、新材料、生物医药等战略性新兴产业发展壮大;大力发展科技服务、金融服务等生产性服务业;促进与改善民生和提升现代农业相关的科学技术的发展;加快纺织化纤、电力、化工、造纸等传统产业技术改造,推进传统优势产业转型升级[②](中高端汽车及关键零部件、环保能源设备、海洋工程装备产业、光伏产业)。

引导区域内职业院校重点机械设计制造类类、机电设备类、非金属材料类、健康与管理促进类、生物技术类、电子商务类、金融类、旅游类、物流类、农业类、

---

① 常熟市国民经济和社会发展第十三个五年规划纲要[Z],2016.
② 太仓市国民经济和社会发展第十三个五年规划纲要[Z],2016.

公共服务类等专业类。

4. 昆山市职教专业优化建议

加快推动新一代信息技术、高端装备制造、新材料等产业发展成为新的支柱产业。不断优化服务业结构，重点发展总部经济、金融服务、现代物流、电子商务、商贸会展、文化创意、科技服务、休闲旅游、养老产业等新兴业态①(新型显示技术产业、精密多轴数控机床和机器人产业、大型工程机械和成套特种设备产业、轨道交通装备及外延设备产业、光电膜、集成电路封装和测试产业、MEMS产业)。

引导区域内职业院校重点发展自动化类、电子信息类、机电设备类、非金属材料类、城市轨道交通类、生物技术类、金融类、环境保护类、会展类、物流类、电子商务类、文化服务类、农业类、旅游类、公共服务等专业类。

5. 吴江区职教专业优化建议

大力发展智能工业，打造千亿级装备制造业，巩固提升电子信息、丝绸纺织和光缆电缆业，大力发展生态旅游文化产业，加快文化创意产业发展，创新发展金融服务业，加快发展商务服务业，大力发展互联网产业，培育壮大现代物流业，积极发展服务外包业。加快发展电商云商，推进商业体验服务、移动网络销售、提供消费解决方案、自助服务等各类新型业态的集聚；大力发展健康服务业。②

引导区域内职业院校重点发展机械设计制造类、电子信息类、自动化类、纺织服装类、生物技术类、非金属材料类、计算机类、环境保护类、经济贸易类、旅游类、物流类、农业类、文化服务类等专业类。

6. 吴中区职教专业优化建议

全面壮大主导产业。提升电子信息产品制造的规模和层次，加快装备制造业产业链延伸，重点提升机器人产业链水平。探索发展数字媒体、移动互联网、网络游戏、网络数字安全、数字化服务等产业。加快发展新兴产业，推进软件、新型平板显示、集成电路发展，整合壮大新一代信息技术产业；大力发展新能源产业，探索发展新材料产业，逐步开展纳米、超导、智能等共性基础材料研究；培育壮大节能环保服务产业，做强生物技术和新医药产业。跨越式发展现代服务

---

① 昆山市国民经济和社会发展第十三个五年规划纲要[Z],2016.
② 苏州市吴江区国民经济和社会发展第十三个五年规划纲要[Z],2016.

业,重点支持健康、养老、医疗和体育等健康产业发展①(生物医药产业)。

引导区域内职业院校重点发展电子信息类、自动化类、计算机类、新能源发电工程类、非金属材料类、生物技术类、环境保护类、电子商务类、化工技术类、房地产类、文化服务类、公共服务类等专业类。

7. 相城区职教专业优化建议

加快新一代信息技术与制造业深度融合,积极推进智能制造,重点发展高端装备制造业、新一代电子信息技术、汽车零部件、新材料、生物医药等主导产业,加快培育新能源与节能环保、车联网、物联网和智能电网等新兴产业。推动产业结构由中低端向中高端迈进、由生产型制造向服务型制造转型②(光电膜)。

引导区域内职业院校重点发展汽车制造类、机械设计制造类、生物技术类、新能源发电工程类、非金属材料类、环境保护类、电子信息类、计算机类、文化服务类、电子商务类、物流类等专业类。

8. 姑苏区职教专业优化建议

提升战略主导产业:旅游业、科技服务业、文化创意业;优化优势支柱产业:商贸业、商务业、现代物流业;培育新兴产业:金融创新服务业、健康服务业、教育培训业,努力构建"3+3+3"产业体系。③

引导区域内职业院校重点发展计算机类、金融类、电子商务类、经济贸易类、健康与管理促进类、工商管理类、物流类、文化服务类、公共服务类等专业类。

9. 工业园区职教专业优化建议

将新一代电子信息、高端装备制造、新材料、医疗器械和生物医药等产业培育成为推动园区新一轮发展优势主导产业,打造具有国际竞争力的先进制造业基地。大力发展"纳米技术应用、生物医药、云计算"等三大战略性新兴产业,大力发展金融服务业,加快发展服务外包产业,转型发展商贸业,着力发展电子商务,积极培育新兴服务业,促进房地产业持续健康发展,提升服务经济规模④(新

---

① 吴中区国民经济和社会发展第十三个五年规划纲要[Z],2016.
② 相城区国民经济和社会发展"十三五"规划纲要[Z],2016.
③ 苏州市姑苏区、苏州国家历史文化名城保护区国民经济和社会发展第十三个五年规划纲要[Z],2016.
④ 苏州工业园区经济和社会发展"十三五"(2016—2020)规划纲要[Z],2016.

型显示技术产业、大型工程机械和成套特种设备产业、微纳制造装备和图形化装备产业、半导体及光电子行业制造设备产业、纳米新材料、集成电路封装和测试产业、MEMS产业新能源汽车产业、生物医药产业[①]）。

引导区域内职业院校重点发展电子信息类、机械设计制造类、非金属材料类、生物技术类、计算机类、汽车制造类、通信类、健康与管理促进类、经济贸易类、自动化类、电子商务类、金融类、公共服务类等专业类。

10. 高新区职教专业优化建议

做大做强新一代信息技术、轨道交通、新能源、医疗器械、地理信息五大优先发展产业，提升发展电子信息、装备制造两大产业的"5+2"产业发展计划。知识产权服务、跨境电商等[②]（轨道交通装备及外延设备产业、POWER芯片、主板、服务器为核心的一体化产业生态体系、光伏产业、医疗器械产业）。

引导区域内职业院校重点发展电子信息类、计算机类、健康与管理促进类、测绘地理信息类、新能源发电工程类、城市轨道交通类、电子商务类、艺术设计类、旅游类、文化服务类、公共管理类等专业类。

（三）纵向贯通，横向融合，建立现代职业教育体系

依据苏州社会经济发展需求和学生可持续发展需求，必须对苏州现代职业教育体系框架进行系统设计，科学统筹职业教育内部的关系，实现职业教育各学段"纵向贯通"；协调职业教育与行业企业的关系，实现职业教育与行业企业的"横向融合"；统筹职业教育与普通教育和终身教育的关系、实现职业教育与普通教育、职业培训与终身教育的有机融通。满足苏州职业院校学生多样化选择、多路径成才的需要。

1. 推进普职融通发展

改革招生考试和学籍互转制度，保持普通高中与职业学校招生大体相当，推动普职学分互认，满足学生个性化发展的需求。开展普职融通和初职衔接项目实践，共享普职师资及教学资源，开设部分职业认知或职业技能类课程作为普通高中通用技术选修课，推进初职衔接课程教育基地建设。

2. 推进职教体系内部衔接贯通

支持技工院校与职业院校在人才培养、技能培训、升学就业等方面的衔接

---

① 中国制造2025苏州实施纲要[Z],2016.
② 苏州高新区（虎丘区）国民经济和社会发展第十三个五年规划纲要[Z],2016.

贯通。大力推进苏州高职高专院校联席会议及教学、学工、后勤、产教联盟等平台建设。完善中高职"3+3"、中职本科"3+4"、高职本科"3+2"等现代职教体系试点项目,稳步扩大参与院校范围和专业覆盖面。尝试推进"4+0"专本联合培养项目。到2020年,高职院校招收中职毕业生比例达到50%左右。

3. 发展应用技术型本科教育

引导有条件的在苏普通本科高校或独立学院向应用技术型高校转型,鼓励在苏高校申报省现代职教体系建设试点项目。到2020年,建成2所以上国内一流的应用技术型本科高校,应用型本科院校招收中高职毕业生占招生总数比例达30%左右。支持有条件的应用技术型本科高校开展专业学位研究生教育试点,建成一批专业硕士学位点乃至专业博士学位点。

4. 发挥行业企业和职教集团作用

加强行业、企业对职业教育工作的指导。提高行业指导能力,建立职业院校、教育主管部门及行业的联动机制,促进技术技能的积累与创新。通过职能转移、授权委托、购买服务等方式,培育和支持行业组织履行好发布行业人才需求、推进校企合作、参与指导教育教学、促进教学内容与行业技术标准最大限度地对接,实现工学结合人才培养;通过合并、控股、参股等形式打造院校、行业、企业紧密型的职教集团,共同建设专业、培养人才,提升专业与产业的吻合度,提升资源的合理配置和共享水平。

5. 完善终身教育体系建设

健全职业培训标准,完善培训政策,大力发展社会化职业培训机构,完善政府购买服务机制,推行订单式培训、定岗培训、定向培训等与就业紧密联系的培训模式,建立健全覆盖城乡全体劳动者,贯穿从学习到工作的各个阶段,职前职后一体化,适应劳动者多样化、差异化需求的终身教育体系。

(四)统筹规划,科学布局,构建职业院校调整机制

1. 建立由政府统筹规划、以市场需求为导向的职业院校布局机制

以提高质量、促进就业、服务发展为导向,发挥政府在职业教育体系建设中的统筹、引导、规范和督导作用。政府要根据苏州城镇化进程和本地产业、人口、教育实际,加强宏观规划,科学统筹中等职业学校和普通高中招生规模、高等职业教育与本科教育的规模、职业院校开展学历教育与职业培训的规模,提出职业院校布局指导(原则)意见,指导各地从实际出发逐步完善和优化职业院

校布局和专业。在布局调整过程中,苏州可借鉴香港"职业训练局"的管理体制,打破部门界限(教育部门、人社部门等)与学校类型界限,统筹各类职业教育资源,搭建资源公共化平台。同时要坚持需求导向,发挥市场配置资源的作用,增强职业教育体系适应社会主义市场经济的能力,服务产业发展需求、服务市县(区)发展需要。

2. 坚持循序渐进、动态优化的职业院校布局原则

职业院校的布局不能一劳永逸,是一个循序渐进、动态优化的过程,必须立足于苏州经济社会的发展实际和中长期目标,必须立足于产业结构的调整、适龄教育人口的数量、城镇化的进程,动态调整与优化职业院校布局。动态优化强调的是不断适应发展变化并形成科学决策,这需要专门的组织机构进行不间断的调研,需要各个部门的大力支持与协作。苏州经济社会发展迅速,职业院校的布局在微观层面上将是一个经常化、长期化的渐进过程。

3. 探索建立与区域产业和人口规模相适应的职业院校布局调控模式

职业院校布局须以一定的经济、行业基础为依托,需要综合考虑社会教育需要和人口发展趋势。职业院校的布局应发挥贴近产业和贴近行业企业一线的优势,为老百姓提供更加公平、更加便捷地获得进修、深造和学习的机会,建议建立与地区产业和人口规模相适应的职业院校布点模式,适度缩减职业教育密集区的布点及规模,并重点向职业教育缺位或相对薄弱的地区进行疏解。从区域布局来看,各市县(区)之间职业院校资源的配置差距比较大。在全市50所职业院校中,苏州市区有23所,职业院校布局较为集中,高新区还没有中等职业学校,常熟市尚无高职院校布点,昆山市也无公办高职院校。据《苏州统计年鉴2015》数据,截至2014年年末,吴江区常住人口为129.63万人,现有2所中等职业学校;常熟市常住人口为150.97万人,现有3所中等职业学校;太仓市常住人口为70.55万人,现有1所中等职业学校。① 根据每30万人口设置1所职业学校的基本要求,吴江区、常熟市、太仓市常住人口与中等职业学校数量不匹配。

4. 职业院校布局与新型城镇化建设发展同步

到2020年,苏州城镇化率要超过80%,基本实现城乡发展一体化和新型城

---

① 苏州市统计局. 苏州统计年鉴2015[M].北京:中国统计出版社,2015:163.

镇化。① 城镇化是以人为核心的城镇化建设,需要解决农村劳动力进入城镇就业的学历提升、技能提高问题,需要解决农业现代化新型职业农民培养问题,需要解决新市民的素质提升问题等。同时苏州小城镇规模较大,人口较多,据统计,截至2014年年末,50个建制镇(不含5个城关镇),合计常住人口596.98万人,镇均12万人左右,有的镇如盛泽镇,常住人口36.90万人、金港镇31.41万人、木渎镇27.66万人、黎里镇24.12万人,这些镇的体量甚至超过了中西部一个县级市,出现"小马拉大车"的现象,需要加强公共基础设施配套。因此,要高度重视职业教育在新型城镇化进程中的基础性作用,重视职业教育与城镇化推进的协同发展、相互支撑作用,做到职业院校布局与新型城镇化建设发展同步,职教与职培齐头并进,满足广大新市民对职业教育的需求,实现公共服务均等化。

5. 加快职业教育多元化发展步伐

苏州民间资本实力比较雄厚,要积极鼓励民间资本以多元的方式进入职业教育领域。将社会力量举办的职业院校纳入教育发展规划,完善鼓励社会力量办学的政策环境,大力支持民办职业院校与公办职业院校通过联合招生、互派师资、共享实验实训平台等做大做强。鼓励发展股份制、混合所有制、公助民办、民办公助等办学模式,今后政府投资新建中等职业学校可以尝试实行混合所有制办学。探索集团化办学、教育联盟合作办学、学校与产业园办学、学校与行业企业办学形式的新路径,鼓励大型企业自办职业院校。建立公开透明规范的民办(混办)职业教育准入、审批制度,全面贯彻落实《关于加快全市民办教育发展意见》,稳步扩大优质民办(混办)教育规模,形成苏州职业院校多元办学、多元发展的格局。到2018年,全市教育领域民间资本投入占教育总投入的比例提高到15%②,在职业教育领域可以更高一些。

积极推进国际化办学。在全面吸收国外先进职教经验的基础上,进行本土化实践创新。依托独墅湖高端职业教育国际化示范区和苏州国际教育园的创新发展平台,尝试将职业教育领域向外资、外商开放,扩大职业院校招收国(境)外留学生的规模。鼓励实力较强、水平较高的职业院校向国(境)外输出职业教育,助力苏州"一带一路"倡议的实施,推广苏州优质职业教育资源。"积极参与

---

① 苏州市人民政府. 苏州市国民经济和社会发展第十三个五年规划纲要(苏府〔2016〕36号)[Z].
② 苏州市人民政府. 苏州市政府关于印发苏州市供给侧结构性改革总体方案(2016—2018年)和行动计划的通知(苏府〔2016〕72号)[Z].

职业教育国际标准与规则的研究制定,开发与之对应的专业标准和课程体系,扩大国际话语权。"[①]到 2020 年,国际化合作办学实现职业院校全覆盖。

6. 完善公共财政对职业教育投入的增长机制

进一步明确地方政府对职业院校的办学主体地位、办学投入主体职责,对于新建(扩建)、优化整合的职业院校,政府应在土地、资金、人员编制等方面给予大力支持。在确保财政教育拨款的增长明显高于财政经常性收入增长的前提下,提高职业教育经费在本地区教育经费投入中的比例,地方教育附加费用于职业教育的比例不低于 30%。建立动态调整机制,完善职业院校生均教育经费、生均公用经费标准,并确保逐年增长。按职业学校岗位总数的 30% 划拨兼职教师经费,并纳入各级财政预算。设立"职业教育专项基金",支持国家优质高职院校、国家骨干专业、省级品牌特色专业、优秀教学团队、实训基地等项目的建设,建立"特色专业特别建、重点项目重点建"的财政投入保障机制。加大经费统筹力度,鼓励社会力量投入,落实相关的税收减免政策。

(五)动态调整,品牌发展,建立职业院校专业优化机制

1. 健全动态调整机制

建立由职业院校、行业、企业、研究机构和其他社会组织参与的专业建设指导委员会,加强专业布局和设置研究,帮助职业院校动态调整专业设置。教育主管部门要打破专业设置和管理条块分割的局面,定期开展专业建设与产业结构吻合度调研,加强专业布局统筹。完善专业预警、退出管理办法,依据人力资源市场和薪酬等状况开展专业评估,定期发布"红黄绿牌"专业名单。行业、企业应及时提供人才需求和预警信息。职业院校要注重产业导向,按照苏州产业结构高端化、产业结构集聚化的发展规划,调整优化专业设置,加快改造传统专业,调整落后专业。但整体看来,调整的力度有待进一步加强,与产业结构的需求还有一定的距离。职业院校要集中力量办好优势突出、特色鲜明的专业,并及时地开设出一批与苏州新兴产业、主导产业和特色产业相匹配的新专业。重点在新一代电子信息、高端装备制造、新材料、医疗器械和生物医药、现代高效农业、现代服务业等领域培育一批新的专业增长点。

2. 对接产业设置专业

职业院校设置的专业应与所在区域的主导产业对接。苏州块状经济特色

---

① 中华人民共和国教育部. 高等职业教育创新发展行动计划(2015—2018)(教职成[2015]9 号)[Z].

鲜明,每个市县(区)都有相对应的主导产业,比如园区的纳米技术应用、新一代电子信息;吴江的电线电缆、电梯;吴中的生物医药、现代高效农业;相城的物流、园艺;常熟的汽车、纺织服装;高新区的医疗器械、核雕刺绣等,因此,所在区域的职业院校要根据当地主导产业结构合理规划专业布局,实现专业特色与地方产业特色的完全契合。同时,苏州职业院校要创造条件,以强化专业对接产业、专业群对接产业链、品牌特色专业对接区域特色产业,重点提升面向新材料、新能源、节能环保、高端装备、生物技术和新医药、新一代信息技术和软件、物联网和云计算、新能源汽车、智能电网等新兴产业领域的人才培养能力[①],集中力量打造一批适应需求、特色鲜明、办学水平和就业率高的国家级、省级专业点(专业群),形成与苏州现代产业体系相匹配的职业院校专业体系。

3. 实施品牌特色战略

目前,苏州仅高职院校就有国家级重点专业39个,省级重点专业139个,省级特色专业53个。发展基础较好,但也存在一些隐性的问题。一些职业院校"同质化"现象明显,识别度不高,原因之一就在于专业设置大同小异,缺少特色。苏州可以学习东莞职业院校"特色定位、专业错位"的策略,政府制定相应的政策,鼓励职业院校实行错位发展、品牌发展、特色发展,有所为有所不为,走个性化职业院校发展之路。如除每个市县(区)设置的1~2所综合性院校外,其他院校要努力办成行业性或产业性院校;引导职业院校根据市场需求和自身优势,进一步明确自身的办学定位,控制专业大类设置的数量;加大力度实施职业院校优势专业建设项目,引导学校做强主体专业。职业院校要主动适应区域产业结构的调整,根据学校的自身特点和区域产业优势,重点打造特色专业,"人无我有,人有我优,人优我新",强化自身的优势和核心竞争力,形成自身的专业品牌,做到"一校一品"。省级以上示范院校要布局1个以上与本区域产业相适应的主干专业群,要集中力量重点建设3~5个品牌专业或特色专业。苏州要积极响应并参与教育部"高等职业教育创新发展行动计划(2015—2018年)"和江苏省高等职业教育"卓越计划",到2018年,重点建设3~4所国家优质高职院校、50~60个国家骨干专业。到2020年,苏州将创建15个以上省级高职品牌专业,评选20个市级高职优秀新专业、100门市级高职优秀新课程;创

[①] 苏州市人民政府.苏州市人民政府印发关于加快发展全市现代职业教育的实施意见的通知(苏府〔2015〕119号)[Z].

建60个以上省中等职业教育品牌、特色专业,建成一批高水平的国内一流的品牌专业群和课程群,最终形成苏州现代职教体系中的"各有特色""错落有致"的"专业生态圈"。

第三章
苏州高等职业教育的区域融合

教育一头牵着国运,一头系着民生,承载着亿万家族的期盼,也为社会发展提供了坚强的人才保障。职业教育与地方经济社会的关系紧密而直接,苏州城市发展的新定位、产业结构的转型升级、创新驱动战略的实施等,需要职业教育与城市发展形成"同频共振"。苏州高等职业教育围绕"专业与产业对接""产教深度融合""创新创业教育",加强实践探索,不断提升高职教育与区域经济的协同性和吻合度,持续提高人才供给质量。

一、专业设置对接产业发展

根植在苏州社会经济迅猛发展的沃土之中,苏州高等职业教育秉承"办出一流教育、支撑一流经济"的理念,以推进专业发展与产业建设精准对接为主要抓手,不断调整优化专业结构,促进区域内职业教育专业和产业的联动,促进职业院校通过创新引领和内涵发展,增强吸引力和办学活力,提高人才培养质量,从而提升专业对接产业、人才服务社会的能力,更好地满足经济社会发展对技术技能人才的需要及学生成长成才的需要。

(一)专业设置

1. 专业布点

通过查找和分析江苏省教育厅2015年高等职业院校状态数据,在苏16所高职院校[①]共有专业点472个,10所公办院校共设置专业302个,占比64%,6

---

① 新升格的幼儿高等师范学院2016年才开始招生,尚未列入状态数据中。

所民办院校共设置专业170个,占比36%。平均每校布点数为29.5个,略高于全国高职院校平均布点数(28个),但小于江苏省高职院校平均布点数(35.5个)。从办学性质来看,专业布点数差异不大,其中公办院校平均布点数为30.2个,民办院校均布点数为28.3个。从各高职院校个别差异来看,专业布点数差异较大,其中设置专业数最多的是苏州市职业大学,达62个;专业数低于20个的高职院校有3个,分别是苏州卫生职业技术学院、苏州工业园区服务外包职业学院和苏州港大思培科技职业学院(现已改名为苏州百年职业学院);绝大多数高职院校专业设置属于中等规模,其中专业数在20~29个、30~39个的高职院校各有6个(图3-1)。

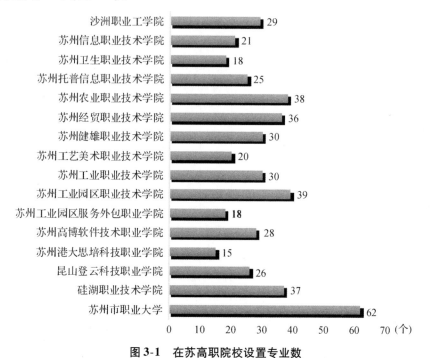

图3-1 在苏高职院校设置专业数

2. 专业覆盖面

苏州高职教育专业覆盖面较广。对照国家公布的专业大类目录①,全国设置的各专业大类相对应专业、在苏高职院校2015年开设的专业数及其在校学生数分布情况见表3-1。

---

① 专业目录已有调整,从2016年起各院校以调整后的专业目录招生。为与2015年状态数据相匹配,此处仍采用调整前的专业目录进行分析。

表 3-1 在苏高职院校设置的专业大类、专业数及其在校学生数

序号	专业大类	苏州开设专业数/个	苏州高职院校在校学生数/名
1	农林牧渔大类	7	1 923
2	交通运输大类	5	1 575
3	生化与药品大类	8	1 372
4	资源开发与测绘大类	0	0
5	材料与能源大类	3	337
6	土建大类	13	7 711
7	水利大类	1	38
8	制造大类	15	16 231
9	电子信息大类	29	16 880
10	环保、气象与安全大类	2	437
11	轻纺食品大类	10	2 472
12	财经大类	26	21 894
13	医药卫生大类	14	8 110
14	旅游大类	3	3 028
15	公共事业类	5	548
16	文化教育大类	19	4 790
17	艺术设计传媒大类	29	9 489
18	公安大类	0	0
19	法律大类	2	338
总计		191	97 173

从表 3-1 可见:苏高职院校 2015 年共开设 17 个专业大类,在全国设置的高职教育 19 个专业大类中占比接近九成,表明在苏高职院校服务经济社会的领域相对较宽,办学能力相对较强。其中,艺术设计传媒大类和电子信息大类开设专业数最多,各开设了 29 个专业,均占各大类开设专业总数的 15.18%;财经大类开设专业数排列第三,共开设 26 个专业,占开设专业总数的 13.61%;文化教育大类开设专业数排列第四,共开设 19 个专业,占开设专业总数的9.95%;制造大类开设专业数排列第五,共开设 15 个专业,占开设专业总数的 7.85%;五个大类合计开设专业 108 个,占比 56.54%,超过其余 12 个大类开设专业总数;从在校学生数量来看,财经大类排名第一,共有 21 894 名在校生,占在校学

生总数的22.53%；电子信息大类其次,共有16 880名在校生,占在校学生总数的17.37%；制造大类虽然开设专业数不算多,但学生数排列第三,共有16 231名在校生,占在校学生总数的16.70%。艺术设计传媒大类虽然布点多(与电子信息大类并列第一),但在校生数不足万名,排列第四,占在校生总数的9.77%(图3-2)。

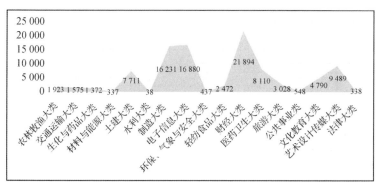

图3-2　苏州高职院校各专业大类在校学生数

财经大类、电子信息大类、制造大类专业数和在校学生数居多,从侧面反映了苏州新型城镇化建设中对新型工业化、现代服务业和信息化人才的大量需求及在苏高职院校在人才培养方面对经济社会发展的有力支撑。艺术设计传媒大类专业数多,在校学生数近万名,也从侧面反映出苏州作为一个文化名城和创新高地,在艺术人才方面的大量需求和在苏高职院校的办学活力。

3. 专业规模

在苏高职院校开设的191个专业中,物流管理、计算机网络技术、会计、机电一体化、软件技术、计算机应用技术和市场营销等7个专业开设院校在10个以上,在校学生数合计25 113人,超过在校学生总数97 173人的1/4,是开设学校和就读学生数"双多"的专业；商务英语、电子商务、酒店管理、环境艺术设计、工程造价、模具设计与制造、电气自动化技术、应用电子技术、旅游管理、数控技术、电子信息工程技术、动漫设计与制作、影视动画、商务日语、物联网应用技术15个专业开设院校也在6个以上,总计就读人数也接近在校学生总数的1/4。开设院校最多的前22个专业在校学生数总计47 532名,占在校学生总数的48.91%(表3-2)。

表 3-2 在苏高职院校开设学校最多的专业及其在校学生数

序号	专业名称	开设院校数	在校学生数	合计	占比
1	物流管理	12	3 181	25 113	25.84%
2	计算机网络技术	12	2 468		
3	会计	11	6 317		
4	机电一体化技术	11	5 529		
5	软件技术	10	2 757		
6	计算机应用技术	10	2 560		
7	市场营销	10	2 301		
8	商务英语	9	1 681	22 419	23.07%
9	电子商务	9	1 604		
10	酒店管理	9	1 203		
11	环境艺术设计	8	2 361		
12	工程造价	6	1 304		
13	模具设计与制造	8	2 295		
14	电气自动化技术	8	1 803		
15	应用电子技术	8	1 780		
16	旅游管理	8	1 692		
17	数控技术	7	2 296		
18	电子信息工程技术	7	1 267		
19	动漫设计与制作	7	999		
20	影视动画	6	846		
21	商务日语	6	781		
22	物联网应用技术	6	507		
总计			47 532		48.91%

与此形成强烈对比的是,高职院校191个专业中有99个专业仅有1个学校开设,占开设专业总数的51.56%。其中部分专业特色鲜明,如护理、药学、现代农业技术、服装表演等专业,由苏州卫生职业技术学院、苏州农业职业技术学院、苏州工艺美术职业技术学院等专门院校开设。也有部分专业属于新开设专业或被淘汰专业。从中可以管窥苏州高职教育既有普通专业又有特色专业,既有长线专业又有短线专业的专业结构特征。

在高职院校开设的191个专业中,各专业在读学生数量差异大,多则几千,少则几十。其中高职院校在校生超过千人的专业有会计、机电一体化技术、护理、物流管理、软件技术、计算机应用技术、计算机网络技术、环境艺术设计、市场营销、数控技术、模具设计与制造、电气自动化技术、应用电子技术、旅游管理、商务英语、电子商务、建筑工程技术、药学、机械制造与自动化、视觉传达艺术设计、工程造价、电子信息工程技术、通信技术、酒店管理、会计与审计、汽车检测与维修技术,共有26个(图3-3),学生数总计57 639名,占比为59.32%。

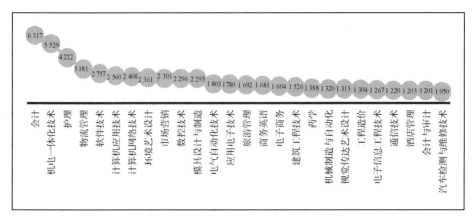

图3-3 苏州高职院校学生超过千人的专业

4. 专业优化

近年来,苏州职业教育对专业结构进行不断调整和优化。一些与重点产业相对应的长线专业,具有设置时间早、连续招生年限长、在校学生人数多的特点,与苏州地区经济社会发展过程中大量的人才需求密切相关。同时,通过专业的适度增减不断调整和优化专业设置,以响应区域产业格局的调整、产业的细分、产业的转移等变化要求。以2014年为例,在苏高职院校新增招生的专业点为46个,停止招生的专业点为20个(表3-3)。

表3-3　2014年在苏高职院校新增招生和停止招生专业情况

学校	新增招生专业	停止招生专业
苏州市职业大学	游戏软件、文化市场经营与管理、汽车检测与维修技术	国际商务
硅湖职业技术学院	数字媒体技术	
苏州港大思培科技职业学院	软件技术、网络系统管理、动漫设计与制作	
苏州高博软件技术职业学院	城市轨道交通运营管理、工程造价、无人机应用技术	
苏州工业园区职业技术学院	审计实务、广告设计与制作、市政工程技术	游戏软件、光电子技术、多媒体设计与制作、文秘
苏州工艺美术职业技术学院	雕刻艺术与工艺、应用艺术设计、雕刻艺术与家具设计、书画鉴定、数字传媒艺术、艺术设计	室内设计技术、服装工艺技术、玩具设计与制造、文物鉴定与修复、家具设计、交互媒体设计
苏州健雄职业技术学院	电子商务、国际贸易实务、酒店管理	电线电缆制造技术
苏州经贸职业技术学院	连锁经营管理、数控技术、汽车技术服务与营销、人力资源管理	针织品工艺与贸易
苏州托普信息职业技术学院	机电一体化技术、服装设计、影视广告	
苏州卫生职业技术学院	助产、口腔医学	药物制剂技术、药品经营与管理
沙洲职业工学院	工程造价、工程监理、装饰艺术设计、应用艺术设计、移动互联应用技术、机电设备维修与管理	
苏州工业职业技术学院	移动互联应用技术、汽车电子技术、旅游英语、工业机器人技术、汽车技术服务与营销、数字媒体设计与制作	生化制药技术、经济管理
苏州农业职业技术学院	法律文秘、数字媒体设计与制作、室内设计技术	作物生产技术、种子生产与经营、农业环境保护技术

将新增招生专业和停止招生专业进行归类分析,可以看出新增专业最多的为艺术设计传媒大类,其次为制造大类和电子信息大类,减少专业最明显的是生化药品大类和农林牧渔大类,这与区域人才需求变化基本吻合(表3-4)。

表3-4 在苏高职院校2014年各专业大类中专业数的变化情况

专业大类	新增招生专业数/个	停止招生专业数/个	增减数/个
农林牧渔大类	-	2	-2
交通运输大类	2	-	2
生化与药品大类	-	3	-3
资源开发与测绘大类	-	-	-
材料与能源大类	-	-	-
土建大类	5	1	4
水利大类	-	-	-
制造大类	8	2	6
电子信息大类	7	2	5
环保、气象与安全大类	-	1	-1
轻纺食品大类	1	2	-1
财经大类	4	2	2
医药卫生大类	2	-	2
旅游大类	1	-	1
公共事业类	1	-	1
文化教育大类	2	2	0
艺术设计传媒大类	12	3	9
公安大类	-	-	-
法律大类	1	-	1
总计	46	20	26

由于人才培养需要一定的周期,新专业的培育也需要一定的时间。目前,苏州职业院校在嵌入式技术与应用、物联网技术、轨道交通技术等先进制造业领域专业,电子商务、会展管理、金融管理与实务(资产评估)等现代服务业专业方面尚属起步阶段,开设学校和在校学生数相对较少,造成了"各高等院校及教育培训机构对新产业、新业态所需人才的培养存在明显的时差性滞后"[①]的窘境,如何更加及时,甚至超前做好新专业设置及建设工作,成为优化专业布局的一个重点任务。

---

① 苏州市人力资源和社会保障局.苏州市2016年度重点产业紧缺人才需求目录[Z],2016.

(二) 专业与产业的关联

1. 专业与区域特色产业的对接度

苏州高职教育专业与区域重点、特色、新兴产业对接程度较好,已初步形成与区域产业发展水平相适应的专业布局。

在苏高职院校在服务学生全面发展和可持续发展的同时,努力服务区域社会经济发展战略和产业发展需求。各院校结合学校办学特点努力开设与区域特色产业或经济发展重点产业相关的专业,如苏州工业园区服务外包职业学院的金融管理与实务(银行后台服务)和商务管理(电子商务运营)专业,苏州健雄职业技术学院的机电一体化技术(中德)专业,苏州农业职业技术学院的生态农业技术、观光农业专业等。但是,职业院校在专业设置方面也存在与当地人才需求不匹配的情况,如苏州六区四市中,除园区、新区外,其余四区四市都将财会人员列入需求小于求职的前三个职业之中(表3-5),但目前苏州在苏高职院校会计专业就读人数却排在首位。

表3-5 苏州2015年第四季度人才需求情况

地区	需求大于求职的前三个职业	需求小于求职的前三个职业
姑苏区	服务员	行政办公人员
	保洁	财会人员
	保安	收银员
新区	电子元器件制造装配工	行政办公人员
	机械制造加工	检验员
	工程技术员	仓管员
园区	电子元器件制造装配工	行政办公人员
	服务员	仓管员
	保安	品检员
吴中区	电子元器件制造装配工	行政办公人员
	裁剪缝纫工	收银员
	机械制造加工	财会人员

续表

地区	需求大于求职的前三个职业	需求小于求职的前三个职业
相城区	裁剪缝纫工	行政办公人员
	机械制造加工	财会人员
	服务员	储备干部
吴江区	裁剪缝纫工	驾驶员
	餐厅服务员	收银员
	纺织印染工	财会人员
太仓	机械制造加工	驾驶员
	电子元器件制造装配工	储备干部
	裁剪缝纫工	财会人员
昆山	纺织印染工	储备干部
	裁剪缝纫工	行政办公人员
	服务员	财会人员
常熟	机械制造加工	部门经理及管理人员
	检验员	财会人员
	电子元器件制造装配工	包装工
张家港	操作工	行政办公人员
	电子元器件制造装配工	财会人员
	纺织印染工	保安

在专业如何更好地对接区域特色产业方面,比如吴中区的新能源发电工程、环境保护、乡村旅游与现代服务业,相城区的物流、物联网,吴江区的纺织、光纤光缆、智能设备,张家港的冶金、高端装备与休闲旅游,常熟的服装、化工与生物医药及高端医疗器械,太仓的高端装备制造与现代农业,高新区的城市轨道交通、科技服务业,姑苏区的文化创意业,工业园区的金融服务业、高端装备制造等相关特色产业需要的技术技能人才都非常紧缺。[①] 如何面向区域经济和社会发展对人才的需求,对接苏州高端发展制造业、高起点发展现代服务业等构建现代产业体系要求,瞄准产业发展方向优化专业布局,有效解决区域产业飞速发展和教育成效相对滞缓的结构性矛盾,主动对接产业,进一步优化专业

---

① 杨海华.基于产业结构调整的苏州职业教育发展对策研究[J].职教通讯,2015(22).

结构,形成既有品牌优势又有区域特色的多元发展的专业布局,成为政行企校多方协同设计的重要课题。

2. 专业结构与产业结构协同度

苏州高职教育与第一产业、第二产业、第三产业对应的专业数和学生数呈现"三、二、一"的结构,专业布局与苏州产业转型升级的态势相匹配。

根据赛尔奎因-钱纳里结构变动模式的基本思想,不同经济发展水平下的国家,其就业结构与产值应保持合理的比例,超出这一比例的程度称为就业结构偏离度,借鉴赛尔奎因-钱纳里结构变动模式,提出职业教育与区域产业协同度计算公式:

协同度 C_i = (GDP 产业构成比/职业院校专业毕业生比) - 1

GDP 产业构成比 = G_i/G,职业院校专业毕业生比 = S_i/S

总协同度 $C = |C1| + |C2| + |C3|$

其中 G_i 表示第 i 产业(第一产业、第二产业、第三产业)的产值,G 表示三大产业总产值(第一产业、第二产业、第三产业产值之和)。S_i 表示第 i 产业(第一产业、第二产业、第三产业)毕业生的数量,S 表示职业院校毕业生总的毕业生数量。若 $C_i = 0$,则职业教育与区域产业是协同发展的;若 $C_i < 0$,则表示该产业职业人才供给过多;若 $C_i > 0$,则表示该产业人才供给不足。若 C_i 偏离系数变化趋向于 0,说明两个指标的协调性得到改善,是互相促进的。反之,C_i 偏离系数变化趋向于 0 越远,即正值越大、负值越小,说明两个指标间的协调程度越差。总协同度是第一产业、第二产业、第三产业协同度系数的绝对值之和,C = 0,说明职业教育与区域产业协同发展,这是一种理想状态,C 趋近于 0,说明职业教育与区域产业基本上能够协同发展,C 值越大,越说明职业教育与区域产业的结构不能相互匹配、不能满足互相的需求。

2013 年,苏州实现地区生产总值 13 015.7 亿元,第一产业、第二产业、第三产业产值分别是 214.49 亿元、6 849.59 亿元、5 951.62 亿元,第一产业、第二产业、第三产业的结构比值为 1.7∶52.6∶45.7。2014 年,苏州实现地区生产总值 13 761亿元,第一产业、第二产业、第三产业的结构比值为 1.7∶51.1∶47.2。2015 年,苏州生产总值 14 504.1 亿元,第一产业、第二产业、第三产业的结构比值为1.5∶48.6∶49.9。

2013 年,苏州高职院校毕业生第一产业、第二产业、第三产业结构的毕业生数比值为 1.47∶50.23∶48.3。2014 年,高职院校毕业生第一产业、第二产业、第三产业结构的毕业生数比值为 2.0∶51.92∶46.08。2015 年,苏州高职院校毕业生第一产业、第二产业、第三产业结构的毕业生数比值为 2.25∶50.91∶46.84[①](表 3-6)。

表 3-6 2013—2015 年三大产业人才与苏州高职教育协同度变化表

年份	第一产业 C1	第二产业 C2	第三产业 C3	总协同度
2013	0.156	0.047	−0.054	0.257
2014	−0.150	−0.016	0.024	0.190
2015	−0.333	−0.045	0.065	0.443

数据显示,从 2013 年到 2015 年,高职教育与三产协同度偏离系数趋近于 0,总协同度虽然有所波动,但都比较小。可见,高职教育毕业生专业结构与区域产业协调性较好、专业与产业发展匹配度较好,也说明了苏州高职院校能够紧扣区域经济发展"产业脉搏",对苏州区域经济反应迅速、反应灵敏,并能积极主动适应苏州区域经济发展、及时调整专业设置。苏州高职教育已经初步形成了与苏州区域产业发展水平相适应的专业结构布局。

(三)专业设置的贯通

苏州职业教育专业设置的贯通性较好,已形成了专业大类和主要专业上下呼应的局面。初中起点的高等职业教育已形成相当大的规模,现代职教体系试点项目数量大、品种多,特别是五年一贯制教育项目覆盖专业广,在校学生数多,为中职学生接受高等教育创造了条件。高职本科分段培养、普通本科与高职联合培养开始起步,为部分高职学生接受全日制普通本科教育创造了升学条件,也为专业技术人才从中等职业教育到专科层次职业教育再到本科层次职业教育的接续培养搭建了通道。

1. 高职教育和中职教育的专业贯通

在苏高等职业院校设置的前 5 个专业大类中有 4 个和中等职业学校设置的前 5 个专业大类相同,重合率达到 80%;高职和中职在招生人数前 10 个专业中也有 5 个相同,重合率为 50%,形成了专业大类和主要专业上下呼应的局面。相同专业的名称中高职有不同的表述,如中职的数控技术应用专业对应于高职的数控技术专业,中职的计算机应用专业对应于高职的计算机应用技术专业

---

① 根据 2013 年、2014 年、2015 年高等职业院校人才培养工作状态数据采集与管理平台整理。

等,也从一个侧面反映出中职偏重技能人才培养、高职偏重技术技能人才培养的差异性。

苏州高等职业教育与中等职业教育之间衔接良好。得益于苏州从2012起大力开展五年一贯制、"3+2""3+3""3+4""3+开放大学""5+2"等现代职教体系建设试点项目的实践(表3-7),2015级中等职业学校毕业生中,近一半中职学生获得升学机会,有6 619人直接就业,6 428人升入高一级学校学习。

表3-7　苏州中职校2015年现代职教体系建设试点项目情况

试点项目类别	参加学校数	专业大类数	专业数	在读学生数
五年一贯制	13	10	61	34 452
3+2	1	3	5	710
3+3	13	7	18	3 556
3+4	5	5	7	1 007
3+开放大学	3	2	3	254
5+2	2	4	5	376

现代职教体系试点项目数量大、品种多,为苏州的中职学生接受高等教育创造了有利条件。这些试点项目中,既有中职校与本科院校联合开展的"3+4""5+2"项目,也有中职校与高职院校联合开展的"3+2""3+3"项目,还有中职校与开放大学联合开展的"3+开放大学"项目,而参加学校数及受益学生数最多的还是以中职校为主体的五年一贯制项目。

五年一贯制是融中等职业教育和高等职业教育于一体的职业教育人才培养模式,是以初中毕业生为起点、以专科学历层次高素质高技能人才为培养目标的五年制高职。江苏省自1984年在全国率先进行五年制高等职业教育试点至今,经过30多年的探索创新和艰苦努力,已形成了一定的规模,显现出一定的优势,积累了一定的经验,走出了一条具有江苏特色的五年制中高职衔接发展道路。苏州共有13个中职校开展了五年一贯制教育项目,覆盖10个专业大类61个专业,目前在校学生数高达34 452名(表3-8),表明苏州初中起点的高等职业教育已形成了相当大的规模,中高职的衔接已具有相当高的水平和实力。

表 3-8 苏州中职校 2015 年五年一贯制开设专业及其在校学生数情况

序号	专业类别	开设专业数	在校学生数
1	农林牧渔类	1	470
2	资源环境类	-	-
3	能源与新能源类	-	-
4	土木水利类	6	2 766
5	加工制造类	14	9 958
6	石油化工类	1	153
7	轻纺食品类	3	559
8	交通运输类	4	1 971
9	信息技术类	15	5 144
10	医药卫生类	-	-
11	休闲保健类	-	-
12	财经商贸类	7	8 493
13	旅游服务类	4	2 064
14	文化艺术类	5	1 685
15	体育与健身类	1	161
16	教育类	2	1 189
17	司法服务类	-	-
18	公共管理与服务类	-	-
19	其他	-	-
总计		61	34 452

2. 高职教育和本科教育的专业贯通

在江苏省开展的"3+2"高职本科分段培养试点项目、"4+0"普通本科与高职联合培养项目中,在苏高职院校积极争取与本科院校进行分段培养的机会,2015年,参与"3+2"项目的在苏高职院校共计8所,对应的本科院校和专业情况见表3-9。

表 3-9 在苏高职院校 2015 年"3+2"高职本科分段培养试点项目情况

序号	高职院校	牵头本科院校	前段专业	后继专业	招生人数
1	苏州工业园区职业技术学院	常熟理工学院	机电一体化	自动化	50
		常熟理工学院	软件技术	软件工程	50
		苏州科技学院	机械设计与制造	机械设计制造及其自动化	50
2	苏州工业职业技术学院	常熟理工学院	机电一体化	机械电子工程	50
3	苏州健雄职业技术学院	常熟理工学院	机电一体化	机械电子工程	50
4	苏州经贸职业技术学院	南京财经大学	电子商务	电子商务	50
		南京财经大学	物流管理	物流管理	50
		南京审计学院	会计	会计学	50
5	苏州卫生职业技术学院	南京医科大学	护理	护理学	50
		南京医科大学	康复治疗技术	康复治疗学	50
		徐州医学院	药学	药学	50
6	苏州工艺美术职业技术学院	南京艺术学院	产品造型设计	产品设计	20
		南京艺术学院	时装设计	服装与服饰设计	20
7	苏州农业职业技术学院	苏州科技学院	生物技术及应用	生物技术	50
		苏州科技学院	社区管理与服务	社会工作	45
		扬州大学	园艺技术	园艺	50
8	苏州市职业大学	苏州科技学院	电气自动化技术	电气工程及其自动化	50
		苏州科技学院	文秘	汉语言文学	50

"3+2"高职本科分段培养涉及的专业只有 16 个,每年招生总数不足千人,"4+0"普通本科与高职联合培养项目参与学校和招生学生数更少。项目的开展取决于相关本科院校和高职院校的积极性,本、专科院校能否联合办学多为偶然、自发的行为,在政策层面上虽有激励机制但缺乏约束力,公众知情度和社会认可度差强人意,在招生录取方面"叫好不叫座"。因此,"3+2""4+0"本科职业教育尚处于起步和探索阶段,但已经为部分高职学生接受全日制普通本科

教育创造了升学条件,也为专业技术人才从中等职业教育到专科层次职业教育再到本科层次职业教育的接续培养搭建了通道。

苏州中高职教育衔接已取得骄人成绩,但主要体现在中职校自己办的初中起点的五年制高职,属于"体内循环",中职与高职、中职与本科、高职与本科间的"体外循环"式衔接培养,尚处于起步阶段。打通"中职—高职—本科"接续培养渠道,以满足经济社会发展对多样化、多类型和紧缺型人才的需求,全面提高职业教育人才培养质量和社会服务能力,势在必行。从专业贯通来看,前段专业和后继专业名称不尽相同,如前段专业为会计、后继专业为会计学,前段专业为护理、后继专业为护理学,也从一个侧面反映出高职偏重技术技能人才、本科偏重学科专业人才培养的差异性。

二、政行企校推进产教融合

校企合作、产教融合是伴随着产业的发展和调整而逐步完善的。从开始的单个校企合作到与行业的联盟,从联合办学到职教集团的形成,从产学研合作到产教协同创新中心的组建,再到近年来地方特色产业学院的兴起,职业教育每一个阶段的发展都在突破中推进,产教深度融合已成为职业教育应对新挑战、彰显新作为的最佳制度安排。习近平总书记在党的十九大报告中指出,"完善职业教育和培训体系,深化产教融合、校企合作",为职业教育在新时代加快推进内涵建设,人才培养走向高端进一步指明了方向。

(一)政策引导助力产教融合、校企合作的深化发展

政策是推动发展的重要动力。2017年12月,国务院办公厅印发了《关于深化产教融合的若干意见》以下(简称《意见》,文件包括7个方面30项政策,这是从国家层面深化产教融合的具体举措。紧接着,教育部等六部门于2018年3月又出台了《职业学校校企合作促进办法》以下(简称《办法》)。两个重要文件各有侧重,《意见》更多侧重产教融合,《办法》更多侧重校企合作,由此形成了推动职业教育提高质量,深化产教融合、校企合作的政策"组合拳"。与此同时,为更好地贯彻落实文件精神,江苏省政府办公厅于2018年6月出台《关于深化产教融合的实施意见》,文件围绕强化产教融合统筹规划、发挥企业重要主体作用、深化产教融合人才培养改革、强化产教融合教师队伍建设、加强平台载体建

设、加强政策支持和强化组织实施等8个部分,提出了30条政策措施。2019年2月,国务院颁发《国家职业教育改革实施方案》以下(简称《方案》),《方案》对职业教育提出了全方位的改革设想,这是中央深化职业教育改革的重大制度设计,是推动职业教育基本实现现代化的关键举措。《方案》把奋力办好新时代职业教育细化为具体行动,提出了进一步办好新时代职业教育的具体措施,其中促进产教融合的举措是:总结现代学徒制和企业新型学徒制经验,坚持工学结合;推动校企全面加强深度合作,打造一批高水平实训基地。2019年7月,在习近平总书记主持召开的中央全面深化改革委员会第九次会议上,直接把深化产教融合作为重大改革任务,会议审议通过了《国家产教融合建设试点实施方案》。经国务院同意,国家发展改革委员会、教育部等6部门很快印发了《国家产教融合建设试点实施方案》以下(简称《实施方案》),《实施方案》明确,通过5年左右的努力,试点布局50个左右产教融合型城市,在试点城市及其所在省域内打造一批区域特色鲜明的产教融合型行业,在全国建设培育1万家以上的产教融合型企业,建立产教融合型企业制度和组合式激励政策体系。同年,江苏省出台地方法规《江苏省职业教育校企合作促进条例》以下(简称《条例》),《条例》"将学校、企业、行业各自应该怎么做、相互之间如何合作,以及县级以上地方政府该做什么,发改、科技、工信、财政、人社等部门又该怎样配合等,都做了具体规定"[①],具有很强的可操作性。2020年3月24日,苏州市人民政府印发了全面推进职业教育改革发展的综合性文件《关于加快推进职业教育现代化的实施意见》,在文件中,专门以标题"(六)深化职业教育产教融合"的醒目形式,突出了苏州深化产教融合的具体措施。即进一步完善产教融合制度设计,建立产教融合、校企协同育人长效发展机制。积极创建产教融合试点城市。开展"产教融合型企业"等项目培育建设,给予"金融+财政+土地+信用"的组合式激励,并按规定落实相关税收政策,厚植企业承担职业教育责任的社会环境,推动职业院校和企业形成命运共同体。引导行业部门和组织对职业教育工作的指导,在主要领域成立一批行业教学指导委员会。推动职业院校和行业企业以专业为依托,围绕人才培养、招生就业、专业建设、课程教学、师资队伍建设、实训实习基地建设等方面深入合作,优化人才供给结构,精准对接市场需求。建设一批优秀企业学院和职业教育集团,充分发挥企业主体作用。

---

① 张静.职业教育"产教融合校企合作"政策落地的地方实践[J].中国职业技术教育,2020(16).

众多系列法规、文件的出台，为现代职业教育的改革发展明确了目标任务和中心工作，提供了理论依据和政策保障，为职业教育的高质量发展奠定了建设基础。同时，从中央到地方，各级政府都高度重视产教融合，把深化产教融合提升到解决当前人才供需结构性矛盾、推进人才和人力资源供给侧结构性改革一项非常迫切的任务，对新形势下全面提高教育质量、扩大就业创业、推进经济转型升级、培育经济发展新动能具有重要意义的高度来认识和实践。

（二）苏州职业教育产教融合"新双元"的实践探索

所谓产教融合是指职业学校根据所设专业，积极开办专业产业，把产业与教学密切结合，相互支持，相互促进，把学校办成集人才培养，科学研究，科技服务为一体的产业性经营实体，形成学校与企业浑然一体的办学模式。产教融合、校企合作是职业教育的基本办学模式和本质特色，是办好职业教育的关键所在，也是职业教育与其他教育类型的最大区别。可以这样认为，产教融合是产业与教育的深度合作，是院校为提高其人才培养质量而与行业企业开展的深度合作，是校企合作的升级版。教育部原副部长、中国职业技术教育学会会长鲁昕强调指出，产教融合是中国特色的"新双元"，寓意十分深刻。职业教育要高质量发展，必须深化产教融合，即在现有融合基础上实现深化和升华，形成产教之间关系更为紧密、程度更为加深、境界更为提升、效度更为显著的一种融合。产教深度融合将集教育教学、生产劳动、素质养成、技能历练、科技研发、经营管理和社会服务于一体，不但能促进高素质劳动和技术技能型人才培养，而且能将职业院校和企业的研发成果转化为现实生产力，推动企业技术进步和产业升级转型，更好地服务地方经济发展。

产教深度融合是现代职业教育发展的重要方向，是提高职业教育质量的主要途径，实现产教深度融合的必然路径是职业院校与企业（或行业）的紧密合作。近年来，苏州市积极探索校企紧密合作的新模式，通过组建市经教联席会议平台，开展订单式培养，校企共建专门实验室，设立企业奖学金、奖教金，建立专业委员会及合作成立职业教育集团，共建实训基地，教师下企业锻炼等形式，不断推进校企合作向纵深发展，努力实现专业与产业对接，课程与岗位对接，教学过程与生产过程对接，教师与企业对接，培养企业急需的高素质技能型人才，取得了令人瞩目的成效。

1. 率先出台江苏省内首个校企合作规范性文件

2014年7月，苏州市政府印发江苏省内首个校企合作规范性文件——《苏州市职业教育校企合作促进办法》(以下简称《办法》)。《办法》共有20条,主要围绕职业教育校企合作适用范围、促进原则、运行机制、职责分工、优惠扶持等方面做了明确的规定。《办法》的创新或特色之处在于通过对各类校企合作项目的政府奖励来促进和保障此项工作的深入推进。《办法》的出台有助于建立一套切实可行的规范、管理、扶持、引导校企合作发展的长效机制,也将打破长期以来影响职业教育校企合作向紧密型发展的体制性障碍,改变"学校热,企业冷"的"两张皮"现象,实现全市职业教育高位持续发展。《办法》特点鲜明,集中表现为四个"明确"。一是目标明确。旨在加快现代职业教育体系建设,深化产教融合、校企合作,培养大批高素质劳动者和技术技能型人才,增强职业教育服务地方经济和社会发展的能力。二是主体明确。职业教育校企合作,是指职业院校与相关企业在人才培养与职工培训、科技创新与技术服务、资源共享与共同发展等方面开展的合作。三是形式明确。职业教育校企合作遵循自愿协商、优势互补、利益共享的原则,坚持以市场需求和促进就业为导向,实现生产、教学、科研相结合。四是职责明确。职业教育校企合作所需资金纳入同级财政预算。政府对校企合作公共服务平台建设;职业院校校企合作实训基地建设、专业课程建设、师资队伍建设、学生就业促进;校企合作企业的职工教育、产品研发、技术改造;实习学生的实习责任保险或者学生实习期间的意外伤害保险等校企合作项目给予奖励支持和资助。此后,苏州又适时出台了《苏州市职业教育校企合作管理办法(试行)》,进一步推动了职业院校与行业、企业的规范、有序、深度合作,校企共同提升职业教育人才培养的质量。

2. 率先开通江苏省内首个校企合作专业信息化服务平台

2016年年初,江苏省首个校企合作专业信息化服务平台——苏州市校企合作服务平台(www.szsecp.com)正式发布启动。该服务平台由苏州市教育局主导,今思维软件服务有限公司负责运营。目前入驻企业近千家,院校50余所。平台致力于有效整合苏州市各大本科院校、职业类院校资源及企业资源,实现校企合作的线上线下对接,为苏州在校学生的职业发展,以及苏州学校、企业之间的交流合作提供开放便捷的信息渠道和沟通方式。网站设有三大"中心"菜单:个人中心,提供找工作、找实习、找培训、找留学、找合作等方面的服务;院校中心(主要为在苏各级各类职业院校和本科院校),提供科研转换、教师企业实践、与企业共建实训基地等全方位服务;企业中心,面向苏州大中小企业,提供岗位招聘、企业产品研发、校企共建实训室企业相关政策咨询等多种服务。除此之外，还有招聘会、公开课、论坛等信息发布，平台还链接了各院校的创新创业孵化器，同时整合相关政府机构、企业、行业协会、培训机构及院校的相关信息。经过该服务平台的牵线搭桥，苏州多所职业院校已分别与苏州璨宇光学有限公司、快捷半导体苏州有限公司、友达光电苏州有限公司等骨干型、规模型企业正式签约，成为校企合作的紧密型伙伴。

3. 全方位、多角度、宽领域开展产教融合与校企合作

在深化产教融合、校企合作的进程中，苏州及各级地方政府科学施策，多措并举，精准发力，竭力做大、做强、做优职业教育。苏州高职高专院校联席会议下设的产教联盟牵头遴选建设了 34 个校企合作示范组合，53 个定点实习企业。吴中区与企业共建的"新火花实训实验室"承担国家"863"计划子项目研究。被称为"德企之乡"的太仓市，通过出台相关政策，支持企业以独资、合资、合作等方式建设"双元制"培训中心、教学工厂、实训基地，堪为本土化的典范。苏州健雄职业技术学院和太仓中等专业学校充分利用所在地区德资企业聚集的优势，其"双元制"本土化相关研究和实践成果获两项江苏省职业教育教学成果一等奖和两项国家职业教育教学成果二等奖，"德国工商业联合会（IHK）苏州培训及考试中心"和"德国手工业行会考试认证基地"分别落户太仓市等，有力地推动了校企双主体协同育人。特别值得一提的是太仓市在"标准化 + 职业教育"融合方面率先在全国进行了实践，他们依托区域内的德企资源，遵循借鉴、吸收、创新的发展路径，经过近 20 年的探索与实践，为苏州建成从中专到大专再到本科的完整的双元制职业教育体系，形成本土化的双元制职业教育模式，推动区域内人才培养和产业发展做出了突出的贡献。

（三）苏州高职教育在产教深度融合上的着力点和侧重点

苏州职业教育与时俱进，创新发展，主动践行产教深度融合理念的路径十分清晰，即在推行现代学徒制试点、职业院校企业学院建设、职业教育集团（联盟）办学等关键内容和重点方面所做的有益探索上，从中积极寻求产教深度融合的"最大公约数"。

1. 现代学徒制全面推行

现代学徒制是产教融合的基本制度载体和有效实现形式。自 2014 年 8 月教育部印发《关于开展现代学徒制试点工作的意见》，以及其后的江苏省教育厅《关于推进现代学徒制试点工作的通知》发布以来，苏州的教育行政主管部门主

动作为,积极鼓励苏州各职业院校大胆试、大胆闯、大胆做,从线到片,以点带面,在开展现代学徒制试点的职业院校逐步形成燎原之势的基础上,及时出台了《关于全面推行现代学徒制的实施意见》,提出了六个重点任务:一是校企双方共同开展学徒选拔;二是校企双方共同制定培养方案;三是校企双方共同开发课程资源;四是校企双方共同建设教学平台;五是校企双方共同实施人才培养;六是校企双方共同组织考核评价。从实践层面看,江苏省常熟中等专业学校(江苏联合职技院常熟分院)紧抓机遇,勇于开拓,与奇瑞捷豹路虎汽车有限公司深层次合作的中英现代学徒制试点项目自2014年启动以来,积极探索现代学徒制的"常熟模式",开启了"中英现代学徒制"人才培养模式创新实践的新篇章。

(1) 决策创新,探索校企共育保障机制

构建"协同创新、合作共赢"的校企深度合作机制。江苏省教育厅、英国总领事馆文化教育处、奇瑞捷豹路虎汽车有限公司签署了奇瑞捷豹路虎中英现代学徒制项目合作备忘录,学校和英国沃里克郡学院签署战略合作备忘录,达成基于学徒制的全面合作;与英国EAL签署合作协议,帮助学徒中心获取认证;与英国领事馆文化教育处合作,为项目申请英国政府"文化繁荣基金"项目。同时,学校和企业签订了长期合作协议、中英现代学徒制试点项目联合培养协议等系列合作文件。在协议中明确,所有人才培养工作都由校企双方合作承担,联合组建团队、联合开发教学文件、联合组织教学,由学校教师和企业工程技术人员分别在学校和企业实施教学。文件中双方明确分工、明确职责,创建了校企专业共建、人才共育、过程共管、成果共享、责任共担的紧密型现代学徒制校企合作机制。

实施"政府推动、行业指导、学校企业双主体"的运行机制。江苏省教育厅推动,英国领事馆文化教育处负责联系英国行业协会SEMTA(科学、工程、制造技术联盟)为本项目提供技术支持;SEMTA为该项目提供英国学徒制政策和动态、英国学徒培训的框架和标准、试点项目的师资培训/认证、试点项目的定期质量外审、试点项目学徒的认证等;学校成立"奇瑞捷豹路虎中英现代学徒制试点"项目领导小组,下设项目办公室、教学管理小组、教材开发小组、实验室建设小组等工作组;企业组建"项目筹划指导委员会",下设技术小组、协调小组、推动小组,派出代表常驻学校,共同构成校企共育运行机制。

探索"行业技术指导、校企联合驱动"的实践机制。学徒制师资包括专职学徒教师、内审员、外审员和评估员，全部通过英国行业学会认证，依照英国学徒制国家标准和企业要求开发的课程得到三方认可，学校专业教师和企业工程师形成"点对点"工作关系，学校邀请企业工程师来校实地调研了学校现有的教学、实训设施和资源，工程师们则给出了企业各车间实际的技术要求，在SEMTA给出的学徒制框架和论证下，结合省厅对高职教学的要求，确定教学计划、教材教案，送英国SEMTA审核，最后把审核的材料用于教学。

建立"双评价体系、多元评价主体、多证书"的评价机制。现代学徒制评价体系、评价指标的选择体现现代学徒制教学的特色，突出对岗位、技能、师徒及企业运行制度方面的评价，现代学徒制教学评价则形成多方评价的架构，主体由徒弟、师傅、指导教师、学校、企业、行业专家及教学督导员组成；评价客体的确定上，通过对岗位、技能项目、师傅、徒弟考核，形成现代学徒制教学效果的评价。

（2）模式创新，实施校企共育人才培养质量提升战略

通过"协同创新、校企共育"的人才培养模式，解决职业教育培养的人才与经济社会需求的人才不匹配问题。企业和学校成立了专门的项目管理团队和教学团队，通过校企间"协同创新、校企共育"的人才培养模式，解决职业教育培养的人才和经济社会需求的人才不匹配的问题。在协作上，学校和企业联合成立团队，联合制订教学计划，联合开发课程标准和教学内容，联合开展教学和评价，共同为人才质量的提升发挥主体作用。在分工上，学校主要承担文化基础课、专业理论课、基本技能课的教学，企业主要承担企业制度文化类课程和专门化技能课的教学；学校主要承担学生在校期间的管理和教学工作，企业主要承担在企业期间的跟岗培训。另外，作为学徒，企业需要保障学徒的经济待遇和其他相关的经济权益。

通过"对接岗位、合创共享"的课程资源开发，解决课堂教学内容与岗位知识技能脱节，课程知识结构和岗位知识技能构成脱节的难题。在SEMTA的全程指导下，学校和奇瑞捷豹路虎汽车有限公司参照英国行业标准，共同制订学徒制课程体系、课程标准和教学内容。在对引进的英国NVQ（National Vocational Qualification，国家职业认证）中的2级、3级学徒制EUC（雇主能力单元）课程标准进行研究、掌握的基础上，学校教师和企业工程技术人员联合研究、制定符合学历教育要求和岗位知识技能要求的课程标准和教学内容，以得到企业认可和英方专家的论证。具体而言，重建学习载体，实现课程体系的重构、课程内容

的重组。从英国国家职业标准大纲中精心挑选出课程组成课程框架。其中,技能课程:2级EUC(雇主能力单元)13门,3级8门;BTEC(商业与技术教育委员会)理论课程2级、3级共20门课程。构建了EUC理实一体课程、BTEC理论课程加上江苏省五年制高职需要的基础课程三大板块的学徒制课程框架。学校和企业联合开发了EUC2级的13门课程教材和评估材料,实现了"对接岗位、合创共享"的课程资源开发模式,实现了课堂教学内容和岗位知识技能的对接。

通过"双重导师、合作共教"的教育教学模式,解决教师对企业缺乏了解、学生知识脱离企业实际的问题。针对学徒的双重身份,通过"学校导师""企业导师"双重导师,掌握学员的思想动态、学习情绪,实现学校学生角色向企业员工角色的顺利转换。同时,在教学过程中,通过分工合作,实现共同育人。EUC2级课程由学校专业教师教授;BTEC理论知识由学校教师教授,部分课程由企业工程师教授;EUC3级课程由企业导师教授。企业遴选了32位经验丰富的技师,进行教学、评估和课程开发培训,在OJT(On the Job Training,在岗培训)阶段,在真实工作场景中,一对一对学徒进行培训。同时学校派出专业教师担任工作场所管理经理,对OJT中的管理、教学和评估进行全面把控。在寒暑假以及企业的设备维护期,学徒还有机会下企业接受实地培训。

通过"对接生产、合资共建"的学徒实训基地建设,解决实训基地环境与企业生产现场不匹配、基地管理与企业管理脱节、基地设施设备落后企业生产设备的难题。在SEMTA的指导下,学校和企业共同出资,联合在校内建设"中英现代学徒培训中心"。中心设置机械加工、机电维护、电气安装、电子装配、焊接、工业机器人、PLC、信息中心等各大功能区域,全面覆盖英国机电维护技师学徒制的理论和基础技能课程标准,为每一名学徒提供充足的实训和评估机会。现代学徒培训中心的建设,引进了英国学徒培训中心管理和运行标准,购置了与企业生产相匹配的先进生产设施设备,按照企业真实的生产环境进行设置和建设,仿真企业的运行管理模式和安全生产标准。现代学徒中心将成为国内首个获得英国权威机构认证的学徒培训中心,具有教师和学徒培训、发证的资格,将承担起对外辐射的功能。

通过"注重发展、合力共评"的全过程、多元化评价体系,解决评价主体单一、评价方式单调、评价缺乏过程性的评价难题。一是全面借鉴英国学徒制课程中完整的评价体系和质量保证体系;通过教评分离、课程考核、质量审核等措施,确保人才培养质量优异。二是行为评价体系:学徒制学员必须遵守学校的各类学生守则以及校企双方拟定的《学徒管理手册》。根据校纪校规和企业人力资源管理标准,双方共同开发了《学徒高绩效行为评估材料》对学徒的行为进行评价。

通过"校企联姻、合培共聘"的教学团队构建,解决教学团队来源单一、教师知识技能与行业技术技能脱节、教学内容与岗位需求缺少针对性的问题。根据学校特色、依托学徒制项目平台,实施校企合作平台的师资双向流动共聘机制,打造出一支持续保持技术成长、产教高度对接的优秀教学团队。通过共建学徒项目师资队伍,完善项目团队工作机制和沟通机制,畅通培训途径,确保团队教师获取专门的英国学徒制师资资格;同时,在日常教学中,理论知识和基础性专业课程由学校教师在学校的"学徒实训中心"进行教授,辅以企业导师的指导。岗位所需要的专业知识和技能通过跟岗培训,由企业工程技术人员一对一"师傅带徒弟"来完成。

(3) 实现共赢,凸显校企共育成果效应

企业受益:人才培养质量和企业品牌得到社会高度肯定。项目发展至今,学徒班共招收了3届6个班88名学徒。其中,2014级28名学徒已经进入奇瑞捷豹路虎汽车有限公司常熟工厂的冲压、焊装、涂装和总装四大车间进行了OJB在岗培训。学徒的素质和技能得到极大提升,涌现出了一大批技能尖兵,其中有国家级技能大赛金牌选手和省级学生技能标兵,有42人次在国家、省、市级各类技能大赛获奖。未来的各届学徒也将在学徒中心完成英国国家职业标准NVQ2级和3级的学徒认证工作,通过打造过硬的技能,为企业的发展贡献力量。

学校发展:教师职业能力和内涵建设得到显著提升。请进来:邀请英国EAL(工程制造技术联盟认证有限公司)来校对校企联合项目团队进行学徒制师资培训,邀请英国学徒制培训机构的学徒制专家来校做教材开发的专门培训;邀请英国沃里克郡学院派资深学徒制评估员来校对校企团队进行评估材料使用和评估方法的专门培训。走出去:已经派12名团队成员赴英国EAL和沃里克郡学院等学徒制机构进行评估和内部质量审核的实操培训,目前首批成员已获得EAL的评估员、内部质量审核员理论认证。学徒项目的产教融合,与现代企业最新技术的高度对接,催生了项目团队的一大批优秀专业教师。近几年来,他们在各级各类技能、教学大赛中共获国家级奖项4人次,江苏省级奖项14人次,苏州市级10奖项多人次。另外,学校在"模式构建、基地建设、资源开发、团队建设、评价转型"等内涵建设方面取得了显著成效,学生就业率为98%以上,企业满意度为98%以上。

成果辐射:现代学徒制的"常熟模式"得到推广。学校的现代学徒制项目以其先进的理念、鲜明的特色在江苏省乃至全国产生了重大影响,其做法和经验在同类学校中逐步得到推广,受到教育界和全社会的一致好评。常熟市电台、电视台及《常熟日报》等当地主流媒体,以及各大网站均从不同角度对项目成果进行了报道;《江苏教育》杂志开设专栏介绍了学校的学徒制项目;省教育厅领导多次来校调研和指导工作。另外,不断有省内外同行来校参观和了解学徒制项目,学校和项目负责人也受邀外出交流,参加学徒制发展研讨,项目负责人多次在江苏省骨干教师培训班介绍学徒制试点项目取得的成果;学校领导受邀到江苏省内职业院校,广西、新疆等职业院校介绍校企共育人才培养模式取得的实践经验。2016年,学校的学徒制项目被列入常熟市政府教育系统的十大实事工程之一,以本学徒制项目为主要组成部分的"常熟市现代学徒制试点项目"被列为江苏省现代学徒制试点单位。

目前,学校在此试点项目的基础上,正在积极推进本土化学徒制试点工作,让现代学徒制"常熟模式"更加多姿多彩、绚丽夺目,真正成为全面推广的经验样本。可期的是现代学徒制作为一种自上而下的职业教育人才培养模式改革的顶层设计,随着三轮试点的不断推进,一定会逐步由区域性的探索行为,发展成为全国范围内稳定的职业教育人才培养模式。

2. 职业院校企业学院全覆盖

职业院校企业学院是中、高等职业院校与知名企业以相关专业(群)为依托,围绕共同育人、合作研究、共建机构、共享资源等内容合作共建的校企紧密合作模式。近年来,苏州市域内职业院校开拓创新,勇于实践,为全市职业教育产教融合、校企合作做出了积极贡献。企业学院已成为助推产教融合型企业建设,推动构建校企命运共同体,服务地方经济发展的一项重要举措。苏州市教育局及时出台了《关于推进苏州市职业院校企业学院建设的意见》(苏教高职〔2018〕9号,以下简称《意见》),《意见》明确提出,"到2020年,职业院校创建企业学院全覆盖,校企深度合作、协同育人的格局基本建立,形成具有苏州特色的产教融合典型模式"。根据《意见》,职业院校创建企业学院的过程中,将与企业共同开发课程教材,引进先进的行业企业标准、优质资源和经验做法共同推进教学改革。同时,校企双方将在企业学院联合共建实验室、生产性实训基地、创业孵化基地、企业技术研发中心等,对企业员工开展继续教育和职业培训,联合开展技术改造、产品研发和科技攻关,加快成果转移转化。迄今为止,苏州的校级企业学院建设取得了很大进展,各个职业院校都分别建立了紧密型的企业学院,实现了职业院校创建企业学院的全覆盖。现以颇具创新价值和实践成效的苏州工业职业技术学院的做法为例加以说明。

苏州工业职业技术学院深入实践产教结合、校企合作的现代职业教育发展理念,利用苏州地区区域经济发展的优势,在政府主导、行业指导、企业参与的办学机制下,系统探索适合国情和校情的校企合作创新模式,突破原有单一校企合作模式,以学生发展为本,打造深度融合的校企共建"三级企业学院",创新本土化校企合作办学模式,培养区域经济发展适用的高技能人才。具体概括为这样三个步骤层面:

一是成立四方合作理事会,实现校企合作保障有力。2013年,以"政府搭台,行会牵线,校企合作,四方联动"为宗旨,成立了理事会,由市委常委担任理事长,学院党委书记、院长为副理事长,苏州市发改委、吴中区人民政府等政府有关部门为副理事长单位,创元集团等知名企业为理事单位。2015年,学院牵头成立了苏州市现代电子信息职业教育集团,通过一系列的体制创新,校企合作办学得到广泛支持和有效保障,巩固了企业学院的建设和运作。

二是推进"十百千"工程,实施校企合作路径多样化。2013年,学院积极推行校企合作"十百千"工程,即在学院层面与十个以上高新技术开发区(产业园、科技城)或行业协会建立全面战略合作关系,为学院发展提供决策依据;各系(院)分别与百个以上的企业建立长期紧密的校企合作关系,为专业建设、人才培养、课程改革等提供服务和帮助;学院每位教师至少对接两家以上企业,与企业开展千个以上具体合作项目。

三是构建三级企业学院,建立校企合作机制新常态。构建学校、系(院)以及专业三个层面的企业学院。学院层面校企共建企业学院,重在推进办学体制机制的创新实践;系(院)层面校企共建二级企业学院,重心在系(院),重点把校企合作育人的主线落实到人才培养全过程;专业层面的校企共建三级企业学院,出发点和落脚点在专业(群),活力在专业人才培养模式的不断创新,专业群及其群内的每一个专业、每一门课程(群)、每一本教材、每一个实训项目、每一项大赛、每一个社团等,每一位专业教师至少承担其中一项及以上的校企合作项目,并携手合作企业和企业导师真正把它做细、做亮、做出特色。三级企业学院构建了"专业+企业"的新型合作模式,为专业建设和人才培养提供全面支撑,真正实现"企业即学校、学校即企业""进校即进企、学生即学徒、入学即入职、毕业即就业",形成"师生企联合育人"和三级企业学院所追求的卓越目标。2016年,学院出台《关于推进三级企业学院(厂中校)建设的若干意见》,将三级企业学院(厂中校)建设作为未来三年重点打造的校企合作特色项目。在《光明日报》2018年教师节对江苏职业教育的专题报道《40年首创多个"全国第一",江苏职业教育是如何领跑全国的?》中,这样介绍苏州工业职业技术学院的企业学院:该校根据不同学院的专业特性,已与相关企业分别合作建立了昂拓精密制造学院、科伯瑞机器人学院、菱欧自动化学院等23个"企业学院",构建起以"企业学院"为特色的合作育人载体……设有6个"校中厂"、2个省级产教融合实训平台和"国家技能大师工作室"专业教师全员实现校企"双聘",校企合作建设课程与教材118门(部)。

苏州工业职业技术学院与四方合作理事会的常务理事单位、苏州地标型企业——苏州创元(集团)有限公司联合组建"创元学院",创元集团旗下企业与苏州工业职业技术学院各院系展开全方位、深层次、宽领域的合作。运行一年多便基本实现了"校企互动,协同育人,初步形成复合培养新模式;资源互补,产教融合,初步构架校企合作新体系;构建机制,深度合作,初步探索持续发展新路子"三方面的"新",其探索资源深度整合、校企深度合作的新课题,合力打造校企合作升级版的做法在省内外产生了一定的影响,国家主流媒体《光明日报》和"中国高校之窗"网站都做了相应报道。苏州工业职业技术学院的研究成果《"企业学院":协同育人的实践创新与理论探索》获苏州市教育教学成果特等奖,《基于"一本四联"的生产与教学深度融合共同体构建与实施》获得江苏省教育教学成果一等奖。

需要指出的是,苏州市教育局积极为企业学院的建设铺路搭桥,为产教深度融合推波助澜,组织开展了全市职业院校优秀企业学院遴选建设工作,经各院校申报推荐、专家评审、社会公示和市教育局审定,评选出两批20个优秀企业学院,如创元学院、三星工科大学、海瑞恩(太仓)数控技术应用学院、苏州市职业大学博众·凡赛斯自动化学院、通鼎企业学院、汇博机器人学院、奇瑞捷豹路虎中英现代学徒培训学院、苏州园林工匠学院、中德企业学院、永钢企业学院等,以先进性带动广泛性,推动产教全方位融合,促进校企合作内涵式发展。

3. 职业教育集团蓬勃发展

产教深度融合是国家层面对职业教育办学提出的一种目标诉求。职业教育集团化办学正是对这个诉求的一种回应方式,是创新职业教育体制机制,激发职业教育办学活力的有效途径。推动职业教育实现集团化、联盟式办学,既是推进职业教育产教融合、校企合作的重要载体,也是实现职业教育融合发展、"双元"育人的重要途径,更是办好新时代职业教育的重要举措。2015年6月底,《教育部关于深入推进职业教育集团化办学的意见》正式出台,为职业教育集团化办学指明了方向。进入21世纪,教育部于2019年10月发布了《关于开展示范性职业教育集团(联盟)建设的通知》,提出到2020年年初步形成300个左右的示范性职业教育集团(联盟)。经过20多年的探索实践,苏州职业教育集团化办学在区域内得到快速发展,态势良好,形成了一批有特色、成规模、效果明显、影响广泛的职业教育集团,在资源共享、优势互补、合作育人、合作发展上的优势逐步显现。现已建成以行业为纽带的市级专业性职教集团17个,涉及行业协会19家、企业会员231家,覆盖专业近百个,影响力不断扩大,促进了多校、多企业集群式合作。具体来看,可归纳为以下5个亮点。

其一,积极举办各级各类的技能大赛,各职教集团乘势而为。比如,苏州市现代光电职业教育集团组织中职、高职院校参加职业类院校学生技能大赛,以赛促学,提升集团办学高效益;苏州市现代电梯职业教育集团举办"远志杯"电梯维修与保养技能竞赛,邀请企业及院校参加技能比武,共同促进企业员工与学校学生电梯维修与保养技能水平的提升;苏州生物医药集团组织系列学生、教师层面的技能比赛,提升了学生操作技能和集团师资对学生指导实训技能;苏州市服务外包职教集团创新创业大赛自2017年成功举办第一届以来,已经成为集团品牌活动,选拔了一批优质创新创业项目,助力职业教育人才培养质量的提升;苏州市汽车职教集团协助BASF集团、吴中维修协会等企业举办技能比赛多次等。

其二,积极发展职业教育集团的规模,提高集团办学的深广度。比如,扬子江职教集团发展了学校新成员8所、企业新成员单位7家,成员单位的规模总数达87家,从而使扬子江职教集团的交流平台更加开放多元;苏州生物医药集团根据苏州地方医药行业对大量创新型医药技术人才需要,启动了药学卓越教改工程,吸纳了苏州市药品检验检测中心、吴中医药集团、苏州大学附属第一医院等5个集团成员单位参加,同时进行课程改革,建设高职药学专业"金课",立足培养高素质技能型药学人才,为苏州医药产业发展提供人力保障等。

其三,积极探索校企协同育人新模式,着力培养符合行业企业发展需求的高素质技术技能型人才。比如,苏州市现代电子信息职教集团依托集团行业企业的多种优质资源,集团院校全面推进校企合作、工学结合、顶岗实习人才培养模式的改革,不断满足企业多元化人才发展需求,为集团成员企业输送对接性满足企业需求的电信类专业合格人才,较好地实现了学生、学校、企业、社会的共赢;苏州市创意职教集团开展了就业实习巡展、校企文化交流等活动。

其四,校企共商共研紧密协作,精准定位人才培养目标。比如,苏州市生物医药职教集团围绕地域医药卫生事业发展,做好医药人才培养的需求调研、结构分析、合作培养等工作。举办了药学专业和中药学专业研讨会,修订了课程标准和人才培养方案,改进并加强校企合作育人的思路,使人才培养定位更符合地域医药产业发展的需要;苏州光伏职教集团主要成员单位完成了江苏省光伏技术专业的人才培养方案和核心课程标准;苏州物流及商务职教集团组织专家对物流管理、电子商务、商务英语、商务日语专业人才培养方案修订进行研讨等。

其五,利用新媒体营造氛围,全面宣传职教集团发展动态。比如,苏州市外包职业教育集团加强推进以《外包资讯》为载体,建立、完善为职教集团成员服务的信息参考与咨询服务体系。自2015年以来,已向集团会员单位推送《外包资讯》电子期刊20期;苏州市庆典礼仪与形象设计职教集团开发微课48节,上挂集团网站,实现集团成员单位资源共享;苏州市装备制造集团在集团成立之初就建立了集团网站,网站保持持续的动态更新。

2020年教师节前夕,教育部公布了第一批示范性职业教育集团(联盟)培育单位名单,共有150个职业教育集团,涉及149所职业院校入选,其中,以苏州工艺美术职业技术学院为牵头单位的江苏省艺术设计职业教育集团和苏州经贸职业技术学院为牵头单位的江苏电子商务职业教育集团两个省级职业教育集团入选,由此也折射出苏州的高职院校在全省乃至全国的影响力。

三、聚焦转型深化"双创"教育

职业教育作为国民教育体系和人力资源开发的重要组成部分,肩负着培养多样化人才、传承技术技能、促进就业创业的重要职责,是广大青年打开通往成功成才大门的重要途径。在"大众创业、万众创新"的时代背景下,苏州职业院校应顺应"苏州制造"向"苏州创造"转型的大趋势,加大创新创业型人才的培养,更好地服务地方经济社会的转型升级、创新驱动。

(一)创新创业教育发展背景

创新创业教育最早兴起于美国,1947年迈勒斯·梅斯在哈佛大学商学院开设"新企业管理"课程,标志着美国高校创业教育的开始。1989年,联合国教科文组织召开的"面向21世纪教育国际研讨会"提出创新创业教育是以培养创新创业精神和能力为核心的一种教育模式。1991年,东京创业创新教育国际会议从广义上把"创新创业教育"定义为:培养最具有开创性个性的人,包括首创精神、冒险精神、创业能力、独立工作能力,以及技术、社交和管理技能的培养。其根本目的是转变人才的类型,即将就业型人才转变为创新创业型人才。我国创新创业教育起步较晚,最初以"创新教育"和"创业教育"分开并存的形式出现在我国的教育政策中,随着中国经济社会和教育活动的发展,推动了创业教育和创新教育的融合。2009年,《CC中国大学创新创业教育发展报告》[①]从广义和狭义上对"创新创业教育"进行了内涵界定;2010年,"创新创业教育"一词在教育部出台的第一个推进创新创业教育的全局性、纲领性文件《关于大力推进高等学校创新创业教育和大学生自主创业工作的意见》[②]中被正式提出,文件明确把"创新创业教育"定义为"适应经济社会和国家发展战略需要而产生的一种教学理念与模式"。至此,创新创业教育成为新时期科学引领高等教育改革与发展方向的全新教育理念和模式。

(二)创新创业教育发展阶段

1. 全国创新创业教育发展

从1990年原国家教育委员会正式进行创业教育实验研究至今,创新创业教育在我国已经整整走过了25年的发展历程,经历三大阶段:起步阶段(1990—2002年)、试点阶段(2002—2008年)和全面推进阶段(2009—至今)

一是起步阶段(1990—2002年)。这一阶段"创新教育"和"创业教育"及其

[①] 曹胜利,雷家骕,林苞,等.CC中国大学创新创业教育发展报告[C].沈阳:万卷出版公司,2011:6.
[②] 教育部.教育部关于大力推进高等学校创新创业教育和大学生自主创业工作的意见(教办〔2010〕3号)[Z].

相关提法开始出现在部分相关文件中,但并未进入实践阶段。1990年,原国家教育委员会基础教育司在基础教育阶段推行"提高青少年创业能力教育联合革新项目",进行创业教育试点。1998年,清华大学在创业教育实践方面进行了积极尝试,发起了首届"清华大学创业计划大赛",后演化为"挑战杯"系列竞赛延续至今。1999年,我国先后发布了《面向21世纪教育振兴行动计划》《中共中央国务院关于深化教育改革全面推进素质教育的决定》,提出"加强对教师和学生的创业教育""高等教育要重视培养大学生的创新能力、实践能力和创业精神"。至此,创业教育被纳入国家发展战略考虑。

二是试点阶段(2002—2008年)。这一阶段国家对于创新创业的重视程度显著提高,创业教育内容被初步明确,创新创业教育在高校中的实践范围不断扩大。国家颁布的重要文件中均加入创新创业内容,把创新与建设创新型国家紧密相连,把创业与就业的民生大事紧密相连。2002年,教育部高教司发布《创业教育试点工作座谈会纪要》,确定将包括中国人民大学、清华大学、南京财经大学在内的9所高校作为"创业教育试点",拉开了创新创业教育在高校试点的实践;2003年,《中共中央关于完善社会主义市场经济体制若干问题的决定》指出要"全面推进素质教育,增强国民的就业能力、创新能力、创业能力";2004年,劳动和社会保障部、教育部联合在全国37所高校开展SYB创业教育试点试验;2007年,在党的十七大报告中提出"实施扩大就业发展战略,促进以创业带动就业""完善支持自主创业、自谋职业政策,加强教育观念教育,使更多劳动者成为创业者";同年,教育部出台了《大学生职业发展与就业指导课程教学要求》,具体明确了创业教育的教学目标和教学内容。

三是全面推进阶段(2009—至今)。这一阶段,国家出台的开展创新创业教育政策的内容更加明确、具体,创新创业也被提升到了国家战略高度。2009年,我国成立了中国高等教育学会创新创业教育分会,标志着高校创新创业教育的发展有了专门的学会组织;2010年,教育部颁布首个推进创新创业教育的全局性文件——《关于大力推进高等学校创新创业教育和大学生自主创业工作的意见》,提出了创新创业教育的顶层设计;《国家中长期教育改革和发展规划纲要(2010—2020年)》中明确提出"加强就业创业教育和就业指导服务,提高人才培养质量""鼓励高校在知识创新、技术创新、国防科技创新中做出贡献";2012年,出台《普通本科学校创业教育教学基本要求(试行)》,对高等学校创业教育教学做出规范要求,并要求本科将创业教育作为必修课,至此,创新创业教育课程内容得到了深度开发,各高校逐渐形成各自的创业教育特色;2015年,党的十八届五中全会提出,创新是引领发展的第一动力,李克强总理在政府工作报告中首次提出"大众创业、万众创新",国务院办公厅发布了《关于深化高等学校创新创业教育改革的实施意见》,明确了深化高等学校创新创业教育改革的指导思想、基本原则、总体目标,为高校开展和改革创新创业教育指明了方向。至此,创新创业教育进入全面推进、快速发展轨道。

2. 江苏省创新创业教育发展

江苏省创新创业教育研究起步于20世纪90年代,早在1990年就参与了联合国教科文组织的"提高青少年创业能力的教育联合革新项目",开始了理论研究。1990年至1995年,江苏省又开展了创业教育理论与实验①研究,在如东、通州、泰兴、如皋、江宁5个县(市),16个乡镇的27所中小学,12所中职校,12所成人教育中心校开展创业教育实验研究,涉及基础教育、职业教育、成人教育等领域。基于研究构建了创业教育的理论模型、创业的基本素质模型、创业实践活动模型、创业教育的实施模型等,为江苏省创新创业教育理论和实践研究奠定了坚实的基础。

2007年,为落实中央提出的"实施扩大就业的发展战略,以创业带动就业",江苏省出台《关于促进以创业带动就业工作的实施意见》鼓励自主创业。在《江苏省国民经济和社会发展第十二个五年规划纲要》中,将"创新驱动"作为"六大战略"之首,把"自主创新""产业结构调整和升级"作为"八项工程"推动的主要工作,给江苏高校创新创业教育注入巨大活力。2015年年底,江苏省政府办公厅出台《江苏省深化高等学校创新创业教育改革实施方案》,提出到2020年左右,全省高校将基本形成融课堂教学、自主学习、强化实践、指导帮扶、文化引领于一体的创新创业教育体系。同年,省高等学校教学管理研究会专门成立了江苏省高等学校教学管理研究会创新创业教育工作委员会,从组织机构上,保障江苏省高校创新创业教育事业的健康持续发展。目前,全省已重点建设了12所国家级深化创新创业教育改革示范校,实施省级大学生创新创业训练计划5.6万项;全省及各高校制定创新创业教育相关政策512件,投入专项经费近30万元;全省高校开设创新创业课程2 254门,编写教材570部,聘请双

---

① 毛家瑞,彭钢."创业教育的理论与实验"课题研究报告[J].教育研究,1996(5).

创专职教师1 400余人,兼职导师6 600余人[①],彰显了创新创业教育对教育教学质量的提升效应、对学生健康成长的促进效应、对毕业生充分就业的倍增效应。

3. 苏州市创新创业教育发展

苏州作为江苏经济发展的领头羊,创新创业始终得到政府的重视,发展迅速。苏州早在2006年就提出打造创新型城市;2008年,制定了《关于鼓励市民创业促进就业的意见》鼓励自主创业;2014年,印发《苏州市大学生创业引领计划》,实施"创业素质提升、创业政策扶持、创业孵化推进、创业服务优化"四大工程,增强大学生创业意识,提高大学生创业能力,完善政策措施;2015年,苏州市政府印发了《关于进一步做好新形势下创业就业工作的实施意见》,明确"支持各在苏高校设立创业教育管理机构,指导高校开设职业生涯规划和创业教育课程,并纳入学分管理。加强与高校的联动协作,采取政府购买服务的方式,引入社会化培训机构等资源,建立专业化就业指导队伍"。到2016年,苏州已有拥有3所省级大学生创业教育示范校、7个省级大学生创业示范基地。2017年2月,苏州出台《苏州市国民经济和社会发展第十三个五年规划纲要》(以下简称《纲要》),提出:"创新劳动者自主择业、市场调节就业、政府促进就业和鼓励创业的新机制,着力培育大众创业、万众创新的新引擎,实施更加积极的就业政策,以创业创新带动就业,努力实现充分就业和高质量就业。"《纲要》从体系、机制、平台建设等多个方面对创新创业提出了新的要求,为苏州各院校深化创新创业教育明确了新的目标。

(三)苏州职业院校创新创业教育现状分析

2016年,课题组对苏州25所职业院校2 429名学生进行了问卷调查、深度走访和实地考场,综合分析了苏州职业院校创新创业教育现状。

1. 苏州职业院校创新创业教育问卷调研分析

(1)对创新创业教育的理解和态度

一是学校对创新创业教育的重视程度。调查显示,苏州职业院校创新创业教育起步早,受重视程度高。25所被访职业院校均有专门负责创新创业的部门,17所学校成立了独立的创新创业教育领导机构或指导委员会,全面负责学生创新创业教育工作。在创业场所建设方面,24所院校已建成创业孵化基地、

---

① 王成斌.构建双创协同育人新生态[J].群众(思想理论版).2020(11).

众创空间、创业园、创业苗圃、创业中心等多种形式的学生创业场所,其建立时间较早,大多集中在2009—2011年(图3-4)。

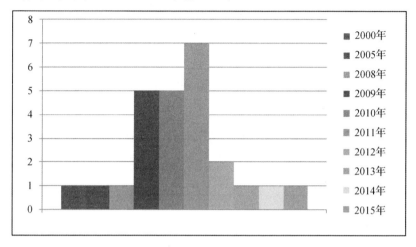

图3-4　学校创建创业场所的时间和数量

在"推动创新创业教育发展主导因素"这个问题上,根据多选题答案分析,各院校认为,推动创新创业教育发展主要有四个因素:学生发展需要(23所,92%)、学校领导重视(20所,80%)、经济社会发展需要(17所,68%)、政府重视(17所,68%)(图3-5)。反映出苏州职业院校重视创新创业教育,注重以学生的发展需要为出发点,并结合当地经济社会的发展需要来开展。

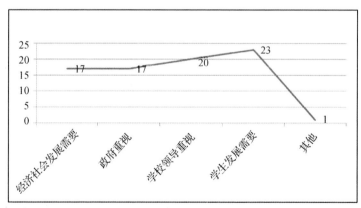

图3-5　推进创新创业教育发展主导因素

调查还显示,大多数职业院校认为创新创业课程应面向全体学生,而不仅仅是毕业班学生,16所院校选择创新创业课程面向全体学生,选择面向感兴趣的学生为8所院校,仅有1所院校选择面向即将毕业的学生(图3-6)。

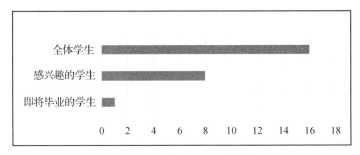

图 3-6　创新创业课程面向对象

二是学生对创新创业教育的认识和关注度。调查显示,绝大多数学生关注创新创业教育 845 名(34.79%)学生表示对创新创业非常关心 1386 名(57.06%)学生表示偶尔关心,仅有 198 名(8.15%)学生表示对创新创业没有兴趣(图3-7)。

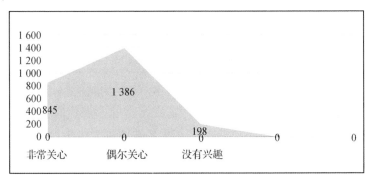

图 3-7　职业院校学生对创新创业的关心程度

与创新创业教育相关联的职业院校学生的创新能力,在学生的心目中并不乐观,认为当前职业院校学生创新能力很高的 220 人(9.05%)和较高 543 人(22.35%)的不足 1/3;认为创新能力一般的 1357 人(55.87%)的占调查人数的一半以上(图 3-8)。

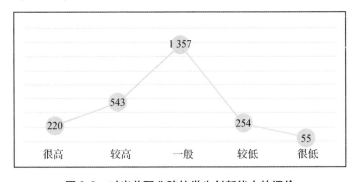

图 3-8　对当前职业院校学生创新能力的评价

而对于创业,绝大多数学生尚未认真思考过,仅有17.62%的受访学生表示毕业后一定要创业,9.14%的学生表示毕业后不打算创业,约3/4的学生(73.24%)持随便的态度,表示是否创业将视情况而定(图3-9)。究其原因,绝大多数学生对自己的职业规划并不十分明确,仅有22.03%的学生对职业规划有思考且很明确,约2/3的学生(66.82%)对职业规划有思考但感到迷茫,8.11%的学生认为没必要思考,顺其自然,3.04%的学生认为思考也没用,受限制太多(图3-10)。

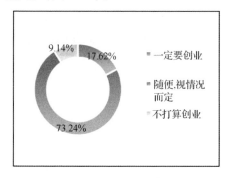 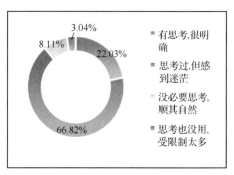

图3-9　毕业后是否打算创业　　　图3-10　对职业规划的思考

对于学校为什么要开设创新创业课程,在多选题中排列前三的原因分别为提高创新能力、促进就业和帮助创业。2429名被调查学生中,有超过七成的学生选择了学校开设创新创业课程的原因是提高创新创业能力(72.29%),这显示学生对自身创新创业能力的关注,也从侧面反映了学生对提高创新创业能力的渴求。此外,超过六成的学生选择学校开设创新创业课程的原因是促进创业(62.45%)和帮助就业(62.20%)(图3-11)。

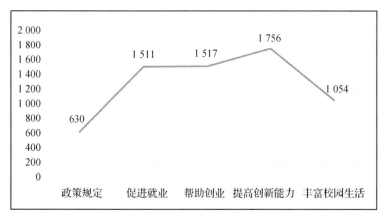

图3-11　开设创新创业课程的原因(学生数)

对于什么样的活动最有利于培养创新创业能力,有一半的学生认为是专业实践(50.10%),其次是课外实践活动(26.77%),再次是研究性学习(14.82%),最后才是课堂教学(9.06%),反映出学生对实践性教学活动,尤其是对专业实践的渴望(图 3-12)。

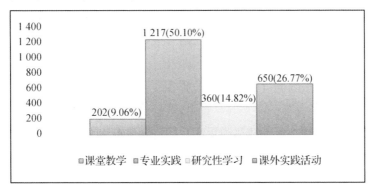

图 3-12　最有利于培养创新创业能力的活动

(2) 创新创业教育现有措施及评价

一是创新创业教育形式。调查表明,苏州职业院校开展的创新创业教育形式多样。根据多选结果,创新创业教育形式主要有建设创新创业实践基地(63.36%)、开设课程(58.17%)、开设专题讲座(55.54%)和开展创新创业竞赛(52.57%)等(图 3-13),反映了苏州职业院校开展的创新创业教育课内课外相结合、集中分散相补充的特点。

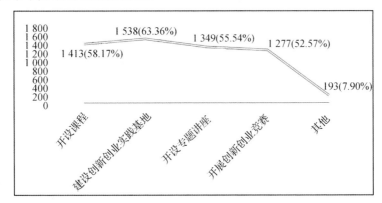

图 3-13　学校创业教育形式

值得关注的是,学校开展的创新创业活动形式虽然多样,但受益学生相对较少,仅有 18.07% 的受访学生表示曾经参加过学校组织的创新创业活动或竞赛,而 81.93% 的受访学生表示没有参加过学校组织的创新创业活动或竞赛。

二是创新创业教育课程建设。绝大多数学校开设了创新创业类课程,但是创新创业课程体系尚未建立。调查显示,72%的院校已建立或正在推进建立创新创业类必修课,12%的院校开设了选修课,尚未建立的为16%(图3-14)。但是,各院校创新创业负责部门较多,团委、学工处、就业服务中心、学生发展中心、教务处等多个部门均对学生进行创新创业类课程教育,而这些部门对外的对口部门也很广泛,如团委对口共青团系统进行 KAB 的创业培训,学工处对口省教育厅学生处进行第二课堂,学生发展中心、就业服务中心对接省教育厅招就部门,以及人社系统进行大学生创业模拟实训及 SYB 的培训,教务处对接省教育厅教务部门进行第一课堂的设置等,这在一定程度上导致创新创业课程的整体规划不强,课程的系统性和逻辑性有待提高(图3-15)。

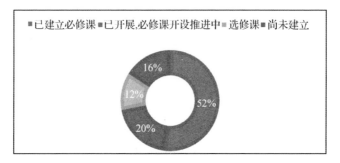

图 3-14　创新创业类课程建立情况

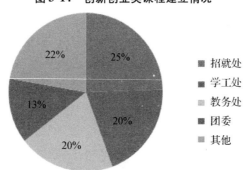

图 3-15　职业院校创新创业负责部门

在创新创业课程方面,调查发现,绝大多数学生认为职业院校有必要开设创新创业课程,并且认为目前开设的创新创业课程对今后的就业和自主创业是有帮助的(图3-16、图3-17)。

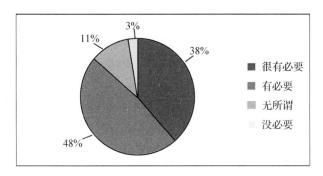

图 3-16　创新创业课程开设的必要性

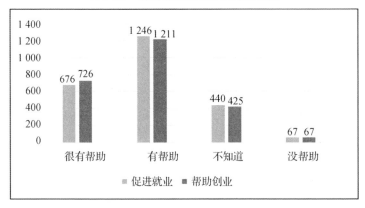

图 3-17　创新创业课程对今后的就业和自主创业是否有帮助

值得关注的是仅有一半的学生(50.39%)认为所在学校开设了创新创业课程;1/4 的学生(25.24%)认为所在学校并没有开设创新创业课程;另有约 1/4 的学生(24.37%)对所在学校是否开设创新创业课程表示并不清楚。可见,苏州职业院校创新创业课程开设的广度和深度有待提高(图 3-18)。

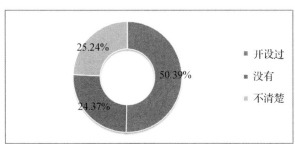

图 3-18　学校是否开设创新创业课程

三是创新创业教育师资队伍建设。调查显示,承担创新创业课程的教师主要是负责团委或学生工作的老师(34.04%)、经济管理专业教师(21.27%)、德育课教师(21.27%)、创业人士(14.89%),反映了苏州职业院校创新创业教育的师资队伍注重专兼结合,做到了校内校外相结合,专业教师与管理人员相配合(图3-19)。在创新创业教育教师教育能力提升方面,苏州职业院校重视程度较高,92%的学校制订了创新创业教师培训计划。

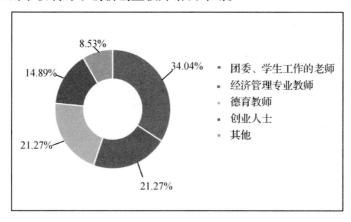

图3-19 创新创业教育师资

对于创新创业教育师资队伍力量是否满足创新创业教育的需要,绝大多数学生持肯定态度,调查显示,认为基本满足达62%,完全满足为11%,不满足为27%(图3-20)。而对于"应聘请哪些人来讲授创新创业课程"的多选题回答,96%的院校选择了创业成功人士,88%选择了企业管理专家,44%选择了专业课教师,28%选择了学校管理人员(图3-21)。可见,目前苏州职业院校创新创业教育师资队伍虽然已基本满足了创新创业教育的需要,但其结构有待优化。

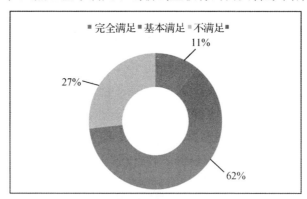

图3-20 创新创业教育师资力量

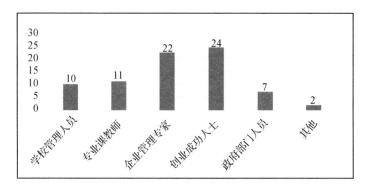

图 3-21 讲授创新创业课程教师

四是创新创业教育实践平台建设。调查显示,苏州职业院校绝大多数建立了创业实践场所,其运营管理方式主要是学校职能部门或学校职能部门与社会第三方专业团队共同管理(76%),其余为学生团队或指导老师自行管理(24%)。这些实践场所提供的服务主要有创办企业咨询及代理、场地租用及物业服务、培训咨询服务等方面,而针对项目运转及发展的投融资服务、技术转移及孵化的高科技项目服务明显欠缺(图3-22)。

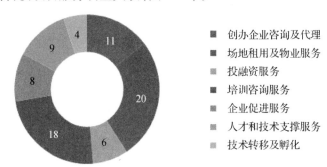

图 3-22 学校创业场所提供的服务

对于学校现有实践条件,绝大多数学生持基本肯定的态度,但仅有24%的学生表示对现有的创新创业教育实践条件非常满意,可见虽然绝大多数苏州职业院校已建立了创新创业实践平台,不断优化实践场所条件,但管理及服务仍有待加强(图3-23)。

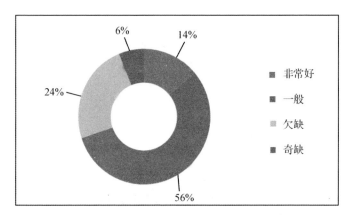

图 3-23 创新创业教育实践条件

五是创新创业教育经费投入。调查显示,苏州职业院校创新创业教育经费来源主要为学校拨款和地方政府资助;创业实践场所经费的主要来源同样为学校投入和政府补贴,且经费投入绝大多数在 50 万元以内。可见,苏州职业院校利用各种资源积极拓宽创新创业教育的资金收入渠道,不断加大对创新创业的经费投入,但其构成仍然相对单一(图 3-24、图 3-25)。

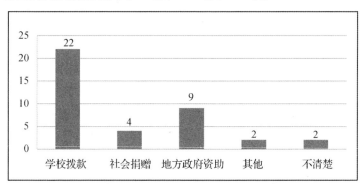

图 3-24 创新创业教育经费来源

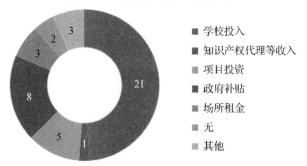

图 3-25 学校创业场所的运营经费和盈利来源

在学生创业投资融资方面,苏州职业院校为其多渠道提供支持服务,多选题结果显示,各院校的主要做法为自设创业基金12所(48%);协助学生申报获得政府创业基金16所(56%);利用学校资源为学生募得相关投资11所(44%)及帮助学生完善创业计划,联系投资公司11所(44%);学校与企业或机构联合设立创业基金6所(24%)(图3-26)。

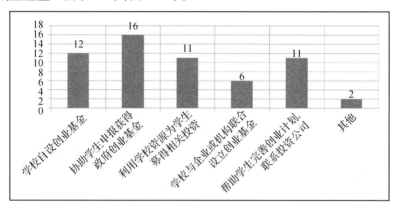

图3-26 学校为学生创业投资融资提供的服务支持

(3) 创新创业教育发展瓶颈及需求

一是创新创业教育发展瓶颈。对于创新创业教育存在的主要问题(多选),25所受访学校中,认为主要是师资不足(76%)、经费紧张(48%)、缺乏实践场所(40%)、途径方法单一(36%)等(图3-27)。

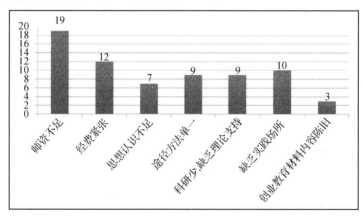

图3-27 创新创业教育存在的主要问题

在创新创业教育的发展瓶颈上(多选),调查显示,25所院校中,认为主要是缺少师资(68%)、学生需求不高(60%)、经费短缺(56%)、政策扶持不够(52%)等(图3-28)。

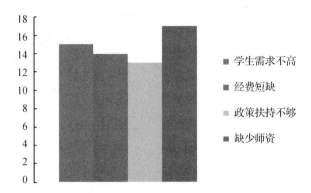

图 3-28　阻碍学校创新创业教育发展的瓶颈

对于学校开展创新创业教育的主要障碍（多选）2429 名受访学生中，认为首先是缺场所（58.09%），其次是缺课程（52.86%），再次是缺师资（50.92%），最后是缺政策（47.26%），以及缺乏时间安排、适宜的活动组织等其他原因（5.89%）（图 3-29）。

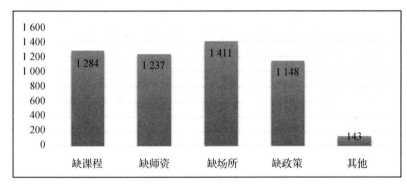

图 3-29　开展创新创业教育的主要障碍

二是创新创业教育发展需求。调查显示，学校对"最希望获得政府哪方面支持"的回答（多选），排在第一的是设立创业专项基金，其次是创业政策的免费培训，接下来是完善法律体系、规范法律执行，倾斜税收政策、放宽审批手续、加强知识产权保护等（图 3-30）。

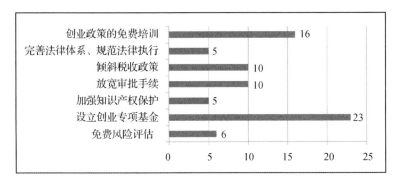

图 3-30　希望获得政府提供的支持

在回答"希望通过怎样的途径获得创业方面的帮助"的多选题中,受访学生选择第一的是创业实践,其次为创业课程,接下来依次为专家指导、资金支持和政策帮扶(图 3-31)。

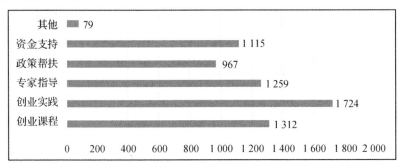

图 3-31　希望获得创业帮助的途径

针对创新创业教育课程应该如何设置(多选题),受访学生认为排在首位的是课程应该与实践教学相结合,其次是在公共选修课程中开设,再次是融入专业课程中,然后是在基础课中开设,从侧面可以看出学生对创新创业教育课程理论实践相结合、增加选择性、与专业教育相融合等诉求(图 3-32)。

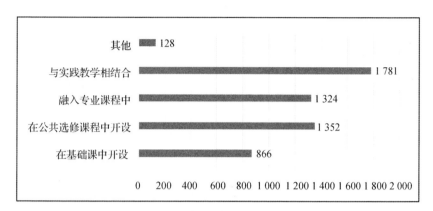

图 3-32 创新创业教育课程如何设置

针对课程开设的对象,认为职业院校应当面向全体学生开设创新创业课程的占 45.49%,应当面向感兴趣的学生开设创新创业课程的占 39.98%,应当面向即将毕业的学生开设创新创业课程的占 12.89%,但也有 1.64% 的学生对此不置可否。

针对课程开设的频度,认为应该每周一次的排在首位,其次为每月一次、每学期一次、每学年一次,但也有极少数的学生表示随便(图 3-33)。

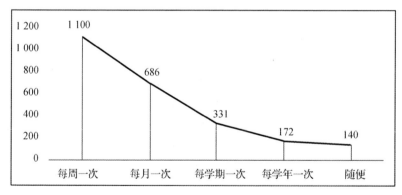

图 3-33 课程开设的频度

对于创业类课程(多选),学生最希望学校开设的是创业实务类课程(68.75%),其次是市场营销类课程(59.20%)和企业管理类课程(52.78%)。与之相匹配的是,学生最希望学校聘请来讲授创新创业课程的人员(多选)依次为创业成功人士(78.34%)、企业管理专家(66.49%)、专业课教师(49.98%)、政府部门人员(25.20%)、学校管理人员(9.88%)及其他人员(2.51%)。

2. 苏州高职院校创新创业教育实践分析

(1)建立组织机构,加强制度建设

苏州高职院校对创新创业教育十分重视,尤其是近几年在"大众创业、万众创新"的背景下,各院校为了更好地推进学校创新创业教育各项工作的顺利开展,纷纷加强学校创新创业教育组织建构建设,成立专门组织机构,全面负责学生创新创业教育工作,进一步规范和促进创新创业教育工作,出台了推进创新创业教育工作,引导和鼓励学生创新创业的政策。苏州市职业大学成立创新创业工作领导小组,由学校党委书记担任第一组长、校长担任组长,分管学生工作和教学工作的副校长担任副组长,成员由教务处、学生工作处、科技处、团委、财务处、创新创业学院、太湖众创和二级学院主要负责人组成,统筹规划全校创新创业工作,形成了"一把手"主抓,创新创业学院统筹协调,多部门齐抓共管的创新创业工作联动协调机制;昆山登云科技职业学院成立大学生创新创业教育工作领导小组,组长由分管院长担任,成员包括院办、学生处、就业指导中心、教务处、产学合作拓展处等部门负责人,协调和开展创新创业教育的教学、实习、实践、研究、咨询、指导和服务工作;苏州经贸职业技术学院成立创业工作领导小组、大学生创业园管理委员会,加强大学生创业园的建设,制定了《大学生创业园管理办法》《创业资金实施办法》《创业园入驻企业管理办法》等规章制度;硅湖职业技术学院成立了创业教育研究中心,制定了系列创新创业教育的管理规定和制度,在教师的指导下,学生自主进行课题研究和探索。

(2)构建课题体系,加强教学实践

苏州高职院校以培养创新创业人才为目标,积极构建多层次、立体化的创新创业教育课程体系,在课程内容上,将专业教学、实训实践相结合,在课程设置上,将公共必修课、公共选修课和专业任选课相融合。根据行业的最新动态和企业对人才需求的变化,开发调整创新创业教育课程内容,更新教材内容。在实践载体上,将第一课堂与第二课堂融合,设立创业孵化基地、众创空间、创业园、创业苗圃、创业中心等多种孵化器,构建从教育教学、实习实训、职场体验、竞技竞赛到创新创业的循序渐进的培育路径。苏州市职业大学构建"知识、实训、实战、拓展、评估"五位一体的创业教育课程实现途径,每学期组织有创业愿望的在校大学生参加创业模拟实训,熟悉公司各岗位的职责,体验真实的商业环境和行为,有效提升学员整体素质,提高其参与市场竞争的综合能力,为自身就创业打下坚实基础;苏州工业职业技术学院依托"创业模拟"模块课程、苏州市高校就业创业指导站和学院大学生创业园,构建"意识培养、实训培训、实践孵化"的创业教育体系,深入推进创业教育;沙洲职业工学院以课堂教学和课外实践、能力拓展和素质深化相结合,将职业综合素质内容融入各专业课程标准,形成了具有专业特色的职业素质培养方案;昆山登云科技职业学院以全面育人为目标,将创新创业教育有效纳入专业教育和文化素质教育教学计划和学分体系,面向全院学生开设就业指导、生涯规划、创业教育等必修课程,积极推进人才培养模式、教学内容和课程体系改革;苏州工业园区服务外包职业学院结合学校学科特点和专业优势,建设具有本校特色的"全员教育—重点指导—精英培训"三段式创业教育体系。

（3）搭建实践平台,强化指导帮扶

苏州高职院校积极搭建以政府为主导,企业和学校共同参与的创新创业实战平台,通过多渠道多资源共建大学科技园、大学生创业园、创业孵化基地和小微企业创业基地等形式,为学生提供创意创业的工作空间、网络空间、社交空间和资源共享空间,实现创新与创意创业相结合、线上与线下相结合、虚拟与实体相结合、孵化与成长相结合,促进职业院校人才培养质量和学生创业水平的双提升。建立健全学生创新创业指导服务专门机构,保证"机构、人员、场地、经费"到位,为自助创业学生提供持续帮扶、全程指导、一站式的全程服务。苏州经贸职业技术学院建立大学生创业园,以公益性、专业性、科研型、示范性为特点,成为集创业教育及指导、创业模拟及实践和创业服务及研究等功能于一体的创业孵化平台,目前已初步形成了以文化创意、电子商务、服务贸易为重点的学生创业企业集群;苏州市职业大学与苏州市政府共建"太湖众创·苏州市大学生众创空间",携手科研机构、大中型企业,为大学生创新创业提供智力、技术和资金等服务,组建由创业成功人士、行业专家能手、创业投资家、孵化器的管理专家和政府职能部门人员等组成的"创业导师团",为入驻创业团队提供跟踪指导、上门咨询、专家门诊等服务,及时帮助解决经营、管理、技术、市场等各类创业困难;苏州工业职业技术学院依托江苏省科技厅机器人与智能制造众创空间、江苏省大学生创业示范基地、苏州市级校园大学生创业孵化基地、苏州市电商孵化平台等,建立大学生创业实践平台,孵化大学生创业项目,加强创业培训师资和专家志愿团建设,聘请企业拥有丰富创业经历的专家和本校开办公司的教师担任创业培训师,打造一支创新创业师资队伍,解决大学生创业过程中的实际问题;苏州工艺美术职业学院与胥口镇政府、一箭河文化发展有限公司三方合作建立的一箭河文化科技特色创新创业园区成为学院开展创新创业教育、学生进行创新创业实践的重要基地;苏州工业园区服务外包职业学院构建"二级学院孵育-创业苗圃孵化-孵化基地提升"的立体式创业孵化平台,实现"细化管理—重视考核—加强交流"开放式项目孵化格局,提升学生创业能力,培养一批"实用型外包创业人才"。

总体来看,苏州职业院校在开展创新创业教育方面已取得了一定的成绩,突出表现为:组织机构比较健全、管理制度不断完善,创新创业意识培养深入、教育形式多样,新创业课程不断创新、注重实践,实践平台建设较早、条件较好。苏州职业院校创新创业教育各具特色、各有优势,发展势头良好,对提升学校职业教育质量和推动苏州地方经济发展起到了积极的作用。但是,创新创业教育在以下几个方面也遇到了瓶颈:创新创业教育课程体系欠完备,与专业教育结合度不够;创新创业教育师资队伍结构有待优化,教师指导创新创业的能力有待提高;创新创业教育的体系化建设有待提升和完善。这在一定程度上阻碍了创新创业教育的发展广度和深度,制约了苏州职业院校创新创业教育水平的进一步提升和发展。

(四) 苏州职业院校创新创业教育发展对策

推进大众创业、万众创新是深入实施创新驱动发展战略的重要支撑、深入推进供给侧结构性改革的重要途径。近年来,大众创业、万众创新持续向更大范围、更高层次和更深程度推进,创新创业与经济社会发展深度融合,对推动新旧动能转换和经济结构升级、扩大就业等发挥了重要作用,为促进经济增长提供了有力支撑。习近平总书记在党的十九大报告指出,"创新是引领发展的第一动力,是建设现代化经济体系的战略支撑"。2018 年,《国务院关于推动创新创业高质量发展,打造"双创"升级版的意见》指出:我国经济已由高速增长阶段转向高质量发展阶段,对推动大众创业、万众创新提出了新的更高要求,并就推动创新创业高质量发展、打造"双创"升级版提出了总体要求和八条具体举措。近些年,苏州大力实施创新驱动发展战略,创新创业环境逐渐优化。2018 年,苏州政府出台了《关于构建一流创新生态建设创新创业名城的若干政策措施》等一系列创新创业政策,指出要加快构建一流创新生态,推动各类创新创业载体、平台和创业投资机构蓬勃发展及创新创业人才聚集,持续推进创新型城市建设。打造"双创"升级版,推动创新创业高质量发展,构建创新创业新格局,对苏州职业院校创新创业教育发展提出了更高的要求。苏州经济发展离不开大量创新创业人才、高技能人才的支撑,苏州职业院校既要与苏州产业结构调整、转型升级紧密结合,又要与市场需求密切吻合,加强创新创业内涵式发展功力,积极构建创新创业发展"生态体系",科学规范引领创新创业的健康发展,突破制约其发展的瓶颈,提升学校创新创业教育质量和人才培养质量。

1. 加强组织领导,强化保障服务

创新创业教育是一个复杂的系统工程,需要政府、企业、学校、家庭、学生多方协同,合力完成。政府应发挥其在创新创业中的统筹协调职能,构建政府、高校、市场三方利益共同体的紧密协作、资源共享、实时协同和互惠互利的长效机制;制定和完善相关扶持和鼓励政策,出台相关标准,解决资金投入、基金设立、项目经费等财政问题;加大政策督导落实和宣传引导力度,分层次对高校创新创业教育进行系统评价。职业院校在创新创业教育的组织实施中应充分发挥其主体作用,建立健全创新创业教育的组织机构,自上而下系统地构建创新创业人才培养体系,从制度保障、组织协调、经费投入、文化营造、资源共享、监督评价等层面整体推进创新创业教育的有序发展。要充分考虑市场的需求和苏州经济发展方向,搭建苏州百强企业、市级职业教育集团和高职院校联席会议三大平台,为创新创业项目设立和实施把好脉、搭好桥,为创新创业实战训练提供仿真场所和实践基地,保证人才培养的有的放矢。

2. 夯实支撑体系,保证发展动力

支撑体系是保证创新创业发展水平的重要组成部分,组织模式、课程、师资[①]是支撑创新创业发展的三大支柱。组织模式对创新创业发展有效实施起着至关重要的作用,从苏州当前政策、经济发展特点来看,多元化的组织模式有利于创新创业不同维度的全面发展,苏州职业院校要健全政府、企业、学校三方合作的组织模式,以政府为主导,突破框架,进行资源整合,组织创业学院、混合所有制学院、众创空间等模式,协同开展创新创业各项活动。课程体系是创新创业发展的关键核心部分,课程体系的构建既要体现职业教育的特点和要求,又要贴近苏州重点支持产业和地方经济发展需求,同时要渗透和嵌入具体的教学体系中,将创新创业教育融入学校教育各环节中,重视学生的职业素养和人文素养的培养,重视学生实际技能和能力的架构。创新创业教育师资是衡量创新创业发展的重要影响因子,学校应当聘请国内外成功企业家、风险投资商、律师等不同领域的专家担任专职培训导师;对有扎实理论功底的教师,通过下企业、

---

① 徐小洲,梅伟惠.高校创业教育体系建设战略研究[M].杭州:浙江教育出版社,2015:11.

办实体、自身创新创业,提升实际的实践能力和综合能力;通过专门培训机构或学位机构,搭建培训平台,培养高质量的专职创新创业指导导师;在聘任制度、考评机制、激励机制、评价机制等相应配套政策上给予支持和完善。

3. 完善培育体系,提升发展质量

创新创业人才培养体系目标是培养学生创新创业精神和能力,核心是提高创新创业人才培养质量。主要包括保障机制、知识学习、技能训练、人文素养培育、个性化指导、评估评价等环节。首先要从机制体制、政策、资金上保证体系的正常运行,探索政府、高校、企业"多元协同"培养创新创业人才机制;其次要积极引入国际创新创业教育先进理念与资源,将创新创业教育与学校教学课堂进行无缝对接、相互融合,推行跨专业、交叉专业培养方案,强化专业基础知识和实训实践的教学;再则,要加强地方文化和人文素养教育,加强全覆盖培养教育和精英个性化指导培育,对人才培养的全过程进行全程评估,实时评价,及时调整和优化培养体系。

4. 优化环境体系,植根发展环境

政府层面出台政策、统筹、资金、服务等方面的鼓励措施,学校层面开通专业、课程、学分、支持方面的鼓励通道;企业搭建实战、协同、防控、扶持方面的鼓励平台,三方共同营造"适宜"创新创业发展的大环境。将创新创业教育与素质教育融合、与专业教育融合,利用创新创业"求新、求变、求发展"文化价值,重点培养学生创新创业精神和综合素质,培养学生社会责任意识和担当意识,让学生获得工匠精神和人文素养的滋养。通过教学实践,科研实践提高学生学术体验,通过各级各类创新创业大赛活动提高学生实践体验,通过"创客空间"提高学生创意体验,通过"众创空间"成就学生创新创业体验。在鼓励学生创新创业的同时,要特别关注失败者,要有相关政策和措施,为他们提供修复、重新起航的机会,保护他们创新创业的信心和信念。

5. 建立科学评价,促进发展规范

建立健全评价机制,制定多元化评价制度、常态化监测机制,确定评价标准、指标、方法、流程、机构;科学构建包括环境评价、过程评价和价值评价在内的评价体系;选取有效评价工具、研发评价管理系统,利用现代化信息技术,提高评价的高效性、规范性和精准度,减少人为操纵机会。有序组织实施评价,保证评价过程公正、公平、科学,保证评价数据真实、准确、有效。加强数据分析,形成有价值的分析报告和改进意见,为进一步规范科学发展创新创业提供辅助决策参考依据。

　　创新创业教育是一项长期的系统工程,受诸多因素影响,只有从顶层构建一个"合力共推、适应需要、长效科学"的创新创业发展"生态体系",营造培育创新创业人才的"宜居"生态环境,才能促进和保障创新创业在良性循环的环境中健康和持久发展,提升创新创业的质量和规模、层次和水平,为苏州地方经济的转型发展提供大量优质创新创业人才、高端技能人才和复合型人才。

第四章
苏州高等职业教育的协同发展

区域高等职业教育的协同发展是一项涉及多维度、多层面的系统工程,要实现区域高职教育的协同发展,需要重点处理好政府、高职院校和行业企业三者的关系。苏州高职院校在数量上超过本科院校,形成了区域高职教育的规模化发展,如何有效推进高职教育的协同发展,从而更好地产生"聚核效应"已经成为苏州高职教育面临的现实问题。苏州通过政府主办、院校结盟、校企联动等多种形式,先后搭建了促进区域高等职业教育协同发展的多个平台。2002年,启动建设高等职业院校集聚的"苏州国际教育园",聚焦政府公共资源与校际资源的共享,探索构建富有苏州特色的园地合作模式。2006年,以政府为主导、院校为主体,组建了"苏州高职高专院校联席会议",推进高职院校之间的协同发展。

一、高职教育集聚发展平台

针对地方经济社会发展对技术技能型人才、应用型人才和创新性人才的需求,由政府主导建设了高等教育和职业教育集聚的两大教育区。一是在城东工业园区建设独墅湖高教区,作为苏州独墅湖科教创新区重要的功能区域之一,按照现代化、国际化高等教育办学标准,借鉴国外高等教育市镇的成功经验,采用基础设施共享、校区相互开放融合的城市规划方式进行开发建设(又称"东区")。二是在古城西南建立以职业教育为主体的苏州国际教育园,聚焦现代职业教育体系建设的实践探索,着力构建区域职业教育资源共享、统筹协调和共同发展的创新平台(又称"西园")。

(一) 政府推动,创建苏州国际教育园

2002年7月,为适应苏州经济社会的发展需要,创建国际新兴科技城市、最适宜人居与创业城市和学习型城市,早日实现富民强市和"两个率先"的奋斗目标,苏州市委、市政府决定,进一步加快推进本市高等教育和职业教育的发展,优化职业教育结构,调整职业教育的布局结构,扩大教育规模,构筑人才高地,创建了"苏州国际教育园"(以下简称"国际教育园"),使之成为全国最早建立的职业教育集聚区之一。

1. 空间布局

国际教育园选址在苏州古城西南上方山国家森林公园、石湖风景区内,地理位置上处在苏州"西育太湖"战略的核心区域和重要节点。北临国家高新技术开发区,南连吴中区,东接姑苏区,西眺太湖国家旅游度假区,交通十分便利,在空间上具有极大的地理优势。园内历史人文资源丰富,风景十分优美,南朝史学家顾野王文化遗址、宋代著名爱国诗人范成大的农圃堂故址彰显出厚重的文化底蕴。园域内地跨两大国家级经济开发区,苏州高新区、吴中区及吴中区所辖的苏州太湖国家旅游度假区经济基础好,产业结构优化。苏州高新区规划面积258平方千米,在产业结构与人才需求上,电子通信行业就业的人员占60%,约10万人;精密机械业占20%,约3.6万人;生物医药、精细化工等其他产业约占20%。吴中区陆地面积742平方千米,辖区内有苏州太湖国家旅游度假区,形成了以精密机械制造、电子及IT、生物医药和精细化工、新型材料等为特色的产业集聚;拥有医药研发、软件开发、现代物流、动漫制作和创意设计等现代新型产业。苏州太湖国家旅游度假区以旅游度假产业带动文化创新产业、传统手工业和特色农业的发展。这些产业的集聚发展是职业院校专业设置的重要依据,成为学校制订人才培养方案及对接地方经济、对接产业转型、对接行业企业的现实基础。国际教育园的选址符合"把学校建在开发区、把专业建在产业链上"的建设思路,十分有利于高等职业院校的专业建设、协同创新、产教融合和校企合作。

2. 功能定位

国际教育园在规划编制上,深入考虑了与自然山水的融合、协调,与周边的石湖、上方山相映生辉、融为一体,有利于建成教育、科技、文化及旅游协调发展的山水大学城。国际教育园的基本功能定位是以高等职业教育为主,成为高素

质、应用型人才的培养基地；着力构建形成开放办学、资源共享的教育实验区，国际融合、中外合作办学的示范区，现代教育与山水人文一体的文化旅游区。

3. 开发建设

国际教育园的开发建设实行"政府主导、多元化投资、属地化管理、产业化运作、社会化服务"的运作模式。为保障开发建设的顺利实施，苏州市政府积极探索了政府统筹、多元投资、民企开发的运作机制，制定了"特事特办、急事急办"的基本原则和"能免则免、能减则减"的税费政策，在建设资金、规划用地、拆迁补偿和税费规费等方面推出了一系列专项举措。在开发建设上，采用了"多元投入、市场运作、多渠道筹措"的方式，开发建设启动资金由市财政给予一定的支持，南、北两区的基础设施建设分别由苏州市教育投资有限公司和苏州高新中锐科教发展有限公司两个开发主体负责。入驻院校的校园建设主要通过老校区的土地拍卖置换、银行贷款、后勤社会化等方式投入资金，由院校自行建设或代建的形式组织工程实施。在办学方面，由各院校按照上级主管部门的相关标准和要求自行办学。在规划设计方面，采取国际招标的形式引入美国龙安公司负责整体设计，按照自然山水、苏州特色、人文校园、持续发展的理念，以石湖景区自然山水为主体、以吴越史迹等人文景观为导线进行设计，使之具有浓郁的江南风光特色。建筑设计体现"灰白黑、淡素雅"的苏州特色，在设计中充分考虑整体建筑风格布局与周围景观和谐统一，与自然山水相协调，各入驻院校的校园风格、单体建筑、整体色调、风格都与教育园的整体设计协调统一。

4. 组织机构

苏州市委、市政府高度重视国际教育园的规划、建设和管理，国际教育园的开发建设被列入苏州市重点实事工程。2002年8月，成立了由市长任组长、相关分管副市长为副组长的领导小组，领导小组下设苏州国际教育园建设指挥部，由分管教育的副市长任总指挥，出台了建园工作意见，制定了全园概念规划和启动区详规，为教育园的建设发展描绘了宏伟蓝图。2004年，成立苏州国际教育园管理办公室（设在市教育局），它作为日常办事机构，具体负责协调教育园的规划、建设和管理中的协调、监管工作。

2002年10月18日，国际教育园举行奠基仪式；2003年3月24日，国际教育园正式进入开工建设。2003年秋季，首批2 000余名新生入园学习，实现了"当年开工、当年招生、当年入园"的重要目标。

(二) 十年探索,聚集效应得到彰显

围绕积极探索现代职业教育体系建设,早日建成苏州市高等职业教育人才的培养基地的目标,国际教育园自2003年开工建设到2013年,经过十年的实践探索,以高职教育为主体、其他教育类型协调发展的办园格局基本形成,办学层次多样化、办学主体多元化成为国际教育园的鲜明特色。

1. 院校入驻

国际教育园规划面积10.66平方千米,从2003年3月开工建设,到2009年实际开发6.7平方千米,分为南、北两个区,其中南区3.2平方千米、北区3.5平方千米。至2008年秋季,13所院校全部入驻,其中南区8所、北区5所。入驻院校中,本科院校2所,分别为苏州科技大学(时为苏州科技学院)、苏州大学文正学院;高等职业院校(含五年制高职学校)7所,分别为苏州工艺美术职业技术学院、苏州经贸职业技术学院、苏州卫生职业技术学院、苏州市职业大学、苏州工业职业技术学院、苏州旅游与财经高等职业技术学校、苏州建设交通高等职业技术学校;普通学校2所,分别为东吴外国语高等师范学校、苏州蓝缨学校;中等职业学校1所,即苏州技师学院;培训机构1所,即江苏省邮政职工教育培训中心。入驻的高等职业院校中,有1所国家级骨干高职院校、3所省级示范性高职院校。国际教育园涵盖了研究生、本科、专科、中专、普通教育和成人培训等多种办学层次和类型。从行政隶属关系看,公办院校分别由省教育厅、省卫健委、省邮政局、市政府、市教育局、市人社局、吴中区教育局主管,民办院校由社会力量兴办,呈现出以职业教育为主、多种类型教育共同发展的特点,以及政府、行业、社会力量多元化的办学格局。

2. 属地管理

苏州市政府在2004年成立苏州国际教育管理办公室,具体负责国际教育园的规划、建设、管理、协调与监管工作。国际教育园南、北两个区分别在2008年、2009年划分给吴中区、高新区进行属地化管理。属地化管理后,教育园的社区规划、建设、管理,公共设施的日常维护及行政执法全部由属地政府接手管理。南区由吴中区越溪街道负责,北区由高新区横塘街道负责;教育园内的社区规划、建设、安全、卫生、公共设施的日常维护与管理等得到全面落实。教育园管理办公室负责统筹协调、服务监管工作;通过与街道及院校建立公共环境问题联席会议制度,建立工作联系单制度等方式推进教育园公共环境的改善与提升,在重大问题的处理协调上通过发函给属地区政府和向市政府汇报等方式,请求协调解决。基本形成了教育园管理办公室统筹管理、属地政府配合管理、院校自主管理的管理体系。

3. 落成仪式

2008年,国际教育园南区体育中心落成并开馆,作为资源开放共享的一个平台,体育中心占地面积7 079平方米,建筑面积24 332平方米,总投资1亿多元。体育中心的落成,正式宣告了国际教育雷锋南区的全面建成。同年9月9日,苏州市委、市政府在国际教育园南区共享区广场隆重举行了"苏州国际教育园南区全面建成暨体育中心落成仪式"。作为全省乃至全国率先创建的以高等职业教育为主体的国际教育园,自2003年3月24日破土动工以来,按照高起点整体规划、高质量加快建设、高要求开放共享和高水平推进发展的目标要求,全面推进各项建设任务。这期间,各入驻院校全面启动新校区建设,创造了年均2所院校入园的建设速度。入驻院校13所,园内师生达9.5万人。竣工总面积超过252万平方米,道路场地122.39万平方米,河道30.89万平方米,绿化景观98.31万平方米,完成动迁1 423户、企业225家,总投资近80亿元。国际教育园体育中心的落成,标志着以职业教育为主,实行资源共享、开放办学的国际教育南区全面建成,标志着苏州职业教育的发展进入了新的阶段,也标志着苏州在教育现代化进程中实现了新跨越。根据建设规划,国际教育园在2010年整体建成。

4. 聚焦效应

国际教育园的建成,标志着苏州市职业教育布局调整的基本完成,形成了以国际教育园为龙头、每个县市区都有1~3所主体型示范性职业院校的崭新格局。一座现代职教新城崛起,为院校聚焦发展、协同发展和开放共享奠定了坚实的基础,有力地推动了苏州高等教育和职业教育的发展。

一是专业建设。园内院校依据地方经济社会产业发展需要,合理调整专业,使专业与地方支柱产业和新兴产业实现对接,开设了主要培养机电、信息、金融、建筑、环保、商贸、旅游、交通、艺术、护理等方面技术技能型人才和应用创新型人才的各类专业295个,占教育部指导性专业目录数的近60%,其中省级以上精品专业、品牌专业、示范专业、特色专业、重点专业(群)达100多个。设有各类职业技能鉴定和考试论证培训中心36个;建有实验实训室1 036个,在企业中建立校外实训基地1 381个。

二是师资队伍。园内院校将新校区建设作为转型升级的重要契机,通过内培外引等大力提升师资队伍的水平。师资队伍力量雄厚,具有正高职称的教师280余人、副高职称以上的教师1 300多人,具有博士研究生学历的达320人。高层次人才的占比逐年增多,为国际教育园推进各院校间的协同发展奠定了坚实的基础。

三是人才培养。国际教育园成立以来,园内院校积极构建现代职教体系,开展了中高职衔接项目的探索研究,搭建人才成长的立交桥;培养硕士研究生1 124人,本科以下毕业生45 145人,高职毕业生数达到80 219人,中职毕业生数20 513人。学生就业率始终保持在97%以上,专业对口率、企业满意度不断攀升,职业教育吸引力日益凸显。园内院校学生参加各种技能大赛,获得国家级奖项328项、省级奖项2 500多项。每年输出各类人才约2.7万人和一大批科研成果,为地方经济社会发展提供了有力的人才支持和科技支撑。

四是校企合作。园内院校牢固树立为企业服务的意识,与本地区的政府、行业、企业广泛开展合作,积极探索产教深度融合、校企深度合作的模式,形成了职教集团、企业大学(企业学院)、引企入校、学校办企等多种模式,仅是与苏州区域内合作的企业就多达1 272家。

五是服务经济。园内院校积极顺应经济转型升级和城乡一体化发展需要,依托学校专业和人才优势,为地方经济社会的发展服务。各院校入围以来,完成国家自然科学基金项目为主的省级以上科研项目4 261项,获批专利919个,产学研成果突破1 000项。面向企业的社会培训超过18万人,职业院校服务行业企业的能力不断增强。教育园建立了校企合作信息管理平台,加强与辖区内的吴中区和高校区在人才需求、就业资讯、专业调整等方面的信息互通,为企业人才需求和院校就业资讯的联系架设桥梁,提供实时服务。各院校积极搭建学校和用人单位之间相互交流与沟通的平台,每年定期举办毕业生校园招聘会,为企业输送大批高素质的技能型、技术技能型和应用型人才。

六是资源共享。依托资源共享,建设了"国际教育园图文信息中心",藏书达到138万册、中外文期刊1 251种、中外文报纸76种,数据存储容量达到99.2T,拥有各类数据库23个,3 590个阅览座位,为各院校的师生提供共享服务。国际教育园体育中心设有游泳馆、台球馆、乒乓球馆、健身馆等场馆。成立了江苏省内首个课程共享联盟,园内的10所院校签约加入,推出近50门慕课课程,首期选课人数超过14 000人,较好地满足了广大师生对优质课程的需求,通过"学分银行"实现园内院校的"课程互选、学分互认"。

七是国际合作。国防教育园管理办公室与教育部教育发展研究中心培训中心联合成立了"国际教育中心",与美国、英国、德国、法国、澳大利亚、日本、新加坡、中国台湾等20多个国家和地区建立合作关系。国际合作项目在教育园呈现出蓬勃发展的态势,有联合培养、交换学生、国外升学、海外实习、国际课程班、招收海外学生等合作培养项目100多个,培养国际化专业人才6 000多人。园内院校师生互访、出国培训、合作研究、讲学授课等对外交流达4 000多人次,不仅提高了师生的国际交往能力,而且提升了院校的办学水准和社会信誉。

八是学生创业。教育园内各院校把创业教育和创业实践作为人才培养的重要内容,广泛开展创业教育和培训,在学生中普遍开设SIYB(创业培训),举办了多期SIYB创业模拟班,全面普及创业知识。组建了由行业专家组成的国际教育园创业导师团,开展创业项目的规划设计和实训指导。举办大学生创业高端培训班,组织发动学生参加省、市大学生创新创意创业大赛,激发学生的创业热情,提高学生的创业能力。在已有的几十家大学生自主创业实体中,涉及了信息技术、节能环保、百货零售、文化创意、电子商务、餐饮业(服务)等多个行业,涌现了一批创业典型,带动了一大批学生的就业。

九是文化打造。定期举办石湖讲坛,邀请国内外专家、名人讲课,丰富多彩的讲座开阔了大学生的视野,优化了知识结构,提升了综合素质,繁荣了校园文化,万余名师生积极参与。组建国际教育园大学生艺术团,为广大师生和社区巡回演出,营造了良好的文化氛围,扩大了国际教育园的影响。组建大学生龙舟队,弘扬石湖水文化,培养学生团结奋进、坚毅果敢的拼搏精神。举办"文化体育节""科学技能节"丰富师生的文化体育活动,培养了科学意识,提高了科学技能,提升了国际教育园的形象,促进了各院校的和谐发展。园内院校的583个学生社团活动,极大地丰富了学生的校园文化娱乐生活。充分汲取吴文化的养分,将教育园的特色融入学生的全面发展中,初步形成了"致能"的文化品牌。

十是党建引领。国际教育园成立的党员服务中心(区域党建工作站),充分利用教育园高校集聚、人才众多的优势,开展了各类党务工作咨询服务、党员教育培训、志愿者服务、心理咨询疏导、毕业生流动党员管理和党建成果展示等多项活动,创建了学生闲置用品交易中心和学生快递中心,组建了国际教育园党员志愿服务团等专门的学生服务群体,在统筹、协调园内的党建和志愿服务的同时,积极辐射周边党群组织,与其同频共振,和谐共进,区域党建品牌效应逐步显现。

（三）提档升级，规划引领新一轮发展

苏州国际教育园作为全省乃至全国率先建立的以高等职业教育为主体的教育集聚区，其本身具有很强的探索性质。立足实际、强化实践与注重借鉴、提档升级成为国际教育园在新一轮发展中的重要课题。2013年，国际教育园在探索实践的基础上，对国内外教育集聚区进行了深入的分析比较，确定了新一轮发展的目标任务、办园理念、功能定位和建设工程，形成了《苏州国际教育园发展规划（2013—2020）》。国际教育园进入了转型升级、崭新发展的新局面。

1. 发展目标

到2020年，把苏州国际教育园建成全国示范、世界知名的高等教育和职业教育园区。努力实现从教育为主向产教一体的转变，从个体发展向集群发展的转变，从留学输出地向留学输入地的转变，成为中高职有机衔接的现代职教示范园、数字化技术与教育教学深度融合的现代信息智慧园、国际交流合作优势明显的现代国际留学园、协同创新形式多样的现代科技创业园、区域特色与本土文化交相辉映的现代旅游文化园。

2. 办园理念

确立了"开放、共享、服务、创新"办园理念的内涵。开放：破除学校与学校、学校与社会的壁垒，让文化、师资、技术、课程等资源充分流动、充分融合，在整合中发展，在融合中提高。共享：教育资源共建共用，社会资源有效利用，实现效益的最大化、最优化，在共享共赢中推进教育发展和社会进步。服务：园地联动，产教融合，校企合作，服务产业，服务院校，服务师生。创新：创新体制机制，创新发展方式，激发发展活力，实现园区发展的国际化、集约化和品牌化。明确了高职为主、能力为重的应用人才培养区；开放办学、资源共享的创新发展实验区；产教一体、国际融合的合作交流示范区；自然山水、历史人文的文化教育旅游区的"四大功能定位"。

3. 主要任务

明确了构建现代职教体系、创建共享智慧平台、打造国际合作品牌、建立协同创新机制和筑造旅游文化特色五大任务。

一是构建现代职教体系。搭建人才成长立交桥。依据区域经济社会转型发展的形势，优化园内职业教育资源配置，合理布局职业院校专业，试点本科和本科层次以上职业教育,构建中等、专科、本科、专业硕士、专业博士职业教育系列,形成中级、高级和专家级技术技能人才的系统化培养体系。积极探索普通学校与职业院校之间的转学、升学、师资、课程等衔接的通道,形成职业教育与普通教育的贯通。充分发挥高等院校、职业院校和培训机构的教育培训功能,为终身学习提供有力支撑。提高人才培养质量。深化产教融合、校企合作,深化招生考试制度改革和人才培养模式创新,深化基础能力建设,打造师德高尚、业务精湛的优秀教学团队,建设专兼结合的"双师型"共享教师资源库。突出以诚信敬业为重点的职业道德教育。加强和改革职业教育创业与就业服务,推进创新创业教育。建立健全人才培养质量评价体系,吸收行业、企业、社会人员参与质量评价。把毕业生的职业道德、职业能力、就业质量和用人单位满意度作为评价人才培养质量的主要指标。建立教育园质量年度报告发布制度。

二是创建共享智慧平台。大力推进信息化建设。以信息化引领教育园教育现代化和资源共享化,建设感知、协同、控制一体,智能化、系统化、综合化的"智慧教育园"。提升信息化基础能力,所有院校建设标准化数字校园,做到1 000M到校、100M到桌面,网络信息点覆盖所有教育、教学、实训及生活场所,实现无线网络覆盖。院校95%以上的教学场所具备多媒体互动教学功能,建设一批理、实一体的数字实训场所。建设教育园统一的数字化网络共享平台公共数字化技能实训室、虚拟仿真实训环境和共享的数字化资源库。建成面向教学、科研、学生、后勤管理的各类应用系统,实现工作、学习、生活智慧化。提升开放共享水平。建立教育园资源共享机制,统筹推进入驻院校在人才培养、社会服务、国际交流、素质教育等资源的开放与共享。创新信息化环境下的技术技能人才培养模式,全面提高学生通用信息技术职业能力、数字化学习能力和综合信息素养。建立教育园与高新区、吴中区、石湖景区等地区相互协作的资源共享服务网络,完善人才需求、就业预警、专业调整等方面的信息分析和服务,积极探索信息化环境下产教融合、工学结合、校企合作、顶岗实习的新模式。到2020年,建成100门优秀共享课程、50个优秀共享专业、5个大型共享实训基地。

三是打造国际合作品牌。推动职业教育国际合作。将教育园际化作为教育园的重要使命,开展全方位、多层次、宽领域的国际合作与交流,提升教育园国际竞争力。注重区域特色和错位发展,实现从一般的国际交流活动向实质性国际合作与交流的战略转变。根据区域产业发展需要,引进发达国家职业资格认证体系、人才培养标准、专业课程和教材体系等优质教育资源。到2020年，引进国外优质职业资格证书项目10个以上。鼓励本科院校和骨干职业院校开设海外分校，积极输出我国职业教育理念和人才培养模式。建立同各国（地区）、国际组织和区域性组织的职业教育对话机制，办好一批中外合作项目，加快职业教育国际化进程。建立国际留学输入基地。把招收国际留学生作为教育园国际化的重要标志，积极鼓励和支持园内院校通过多种形式招收国际留学生。加大职业教育对外宣传的力度，让更多的外国留学生了解中国的职业教育。扩大园内院校与国外教育机构的教师交流和学生交换，重点吸引东南亚等发展中国家的留学生来教育园深造。到2020年，园内院校招收留学生的比例达到30%以上，留学生总数力争超过1 000人。

四是建立协同创新机制。推进园部合作。建立教育园与苏州市相关部委办局的联系机制，形成"专线直通"交流方式。引导入驻院校科研力量组成联合团队，针对政府职能开展专项社会调研与对策研究，发挥教育园对地方区域发展的"智库"作用。推动各政府职能部门对入驻院校办学发展的支持，合作共建产学研基地、重点实验室、科技创新平台和公共服务平台，助推区域技术创新和社会服务能力的提高。实施产学研合作项目重点资助政策，根据产业发展需要，每年设立10项以上产学研重点推进项目，产生协同创新的整体效应。推进园地合作。根据"实施战略合作，深化整合对接，实现共同发展"的整体思路，与吴中区、高新区、石湖景区等建立战略合作伙伴关系，在园地资源共享、人才培养、政产学研协同创新、学生就业创业、职业技能培训与鉴定、继续教育、特色旅游开发、文化交流与品牌创建和社会管理创新等领域开展全面合作。成立园地合作领导小组或合作工作委员会，建立联席会议制度，落实具体的合作项目，研究解决困难和问题，共同推进双方的转型发展，实现园地相互支持、优势互补、资源共享、合作双赢的发展格局。

五是筑造旅游文化特色。改善园区硬件和育人环境。解决教育园遗留的拆迁问题，推进教育园内及周边道路建设和改造，完善教育道路系统。优化公交行驶路线，实现公共汽车与轻轨交通的无缝对接，为师生出行提供便利。开展河道治理，优化河道系统。加强教育园治安管理，提高师生安全感。通过设计制作标志性雕塑、人文艺术小品等，整体优化教育园的育人环境。启动文化交流和生态旅游。充分挖掘园内吴文化历史遗迹，积极传承和弘扬吴文化内涵。创立"石湖讲坛"，定期举办"教育园大学生艺术团"演出活动，提升学生文化艺术品位。开展"文化体育节"和"科学技能节"活动,举办"大学生石湖龙舟比赛""环石湖马拉松比赛"等,提升教育园的对外文化影响力。加强与旅游部门、石湖景区和吴中五星旅游区的合作,开发教育园特色旅游项目。挖掘教育园的旅游功能,设计校园游项目,将人文游、景观游、休闲游与上方山石湖生态旅游有机结合起来。

4. 重点工程

确定了现代职教示范园、现代信息智慧园、现代国际留学园、现代科技创业园、现代旅游文化园五大工程。

一是现代职教示范园工程。开展中职、高职衔接试点。积极争取省教育厅和市教育局的政策支持,在教育园实施中高职"3+2"或"3+3",中职与普通本科"3+4"或"5+2",高职与普通本科分段培养、联合培养、专本硕连读等形式多样的中高职衔接项目,实现招生考试制度、学制、专业设置、课程体系、教学过程、校际合作、教师培养培训、实训装备、行业指导、质量评价等方面全面衔接。推动高职院校考试招生制度改革,大胆探索单独招生、对口单招、注册入学和技能拔尖人才免试等政策,为学生接受高等职业教育提供多样化入学形式。到2020年,所有职业院校都有省级试点项目,成为苏南地区、全省现代职教体系改革探索的先行区和全国职教发展的示范园。构建开放融通的大职教格局。鼓励园内普通学校增设职业教育教学内容或实施综合实践内容,推进普职院校教育资源的共享,促进职业教育与普通教育的开放衔接。鼓励职业院校积极开展非学历职业教育,搭建多样化的社会培训平台,积极推动学校、企业和社会职业教育的相互沟通,促进学历职业教育与非学历职业教育的开放衔接。制定教育园"学分银行"管理办法,允许学生根据个人需要跨校和跨专业选修共享课程,打破不同学校层次的界限,充分发挥学生的潜能和特长。试行职业院校与园内外普通高校、成人高校之间的学分转换,将教育园打造成为吴中区、高新区市民接受终身技能培训的第一品牌基地。

二是现代信息智慧园工程。建立数字化信息资源中心。整合各院校网络资源,建设统一的数字化信息资源中心,实现教育园人才预测、就业预警和人才培养信息资源的快速交换和高度共享。通过项目申报、择优遴选、评估验收和专项奖励的方式,建设精品共享课程、网络课程、名师视频公开课、资源共享课、微课程、慕课等多种形式的数字化资源。到2020年,职业院校教学资源库班级应用覆盖率达到100%,数字化教学资源共享率达到50%以上。建立虚拟仿真实训中心。建设与真实企业环境一致的虚拟工厂和车间，集中开发采购大量的虚拟仿真实训软件资源，全面对接教育园招生就业量大、布点覆盖面广的专业岗位技能要求，为入驻院校提供全新的虚拟仿真实训学习环境，有效降低实训成本。对技能证书的考核环境及操作进行虚拟仿真，提高职业院校学生的技能证书通过率。到2020年，虚拟仿真实训软件的专业覆盖率达到园内专业布点总数的50%以上。

三是现代国际留学园工程。引进国外职业资格证书。充分利用苏州作为全省外向型经济最具活力城市的地域特点，根据国际知名跨国企业对本地紧缺型人力资源的迫切需求，积极主动与国外教育机构合作，引进一批具有一流水准、满足本市企业人才需要的职业资格证书。通过国外职业资格证书的引进，促进园内高职院校改革课程教材体系，更新教学内容，改进课堂教学和评价模式，建立与国际职业技术标准相对接的课程质量标准，加快教育园人才培养的国际化进程。实施海外留学生学习项目。积极争取省、市职能部门的支持，设计长期和中短期海外留学生学习项目，设立教育园留学生奖学金，吸引海外留学生入园学习和交流，扩大教育园的国际化影响。建立教育园留学生中心，配备专职管理服务人员，负责各类学习项目的开发、宣传、招生和师资聘请，做好后勤保障和院校协同工作，为海外留学生提供学习、生活等各种咨询服务。建立外籍人员培养基地。面向本市外籍人及其家人，通过课堂、论坛、表演等方式开展针对性培训服务，使其更好地熟悉苏州的历史文化、提高中文口语表达和阅读能力、掌握日常简单的苏州话、学习苏帮菜的烹饪方法、欣赏昆曲的艺术魅力、了解苏州非物质文化遗产的特征等，提高教育园的涉外文化交流和服务能力。

四是现代科技创业园工程。建立技术创新中心，依托教育园省级以上重点实验室和技术研发中心的师资力量，吸引吴中区、高新区等地区企业的高端人才，建立教育园技术创新中心。根据属地政府的高科技企业和中小民营公司需求，面向先进制造业和现代服务业领域，联合开展技术攻关和技术合作服务。与吴中区、高新区、上方山石湖景区等签署全面合作协议，重点开展项目招标及技术攻关，加快技术孵化和企业孵化，使科研成果加快进入市场运作环节，有效服务区域社会经济的迫切需求。建立公共创业中心。新建大学生公共创业中心，创业中心为各院校学生提供公共创业场所。公共创业中心将整合、优化园内各院校现有创业资源，为园内学生提供创业政策咨询、创业培训、市场论证和创业孵化等综合服务职能,同时利用苏州市、吴中区和高新区高新技术创业中心的优惠政策,开辟更多的绿色通道,为大学生提供全面的创业指导和孵化服务。积极争取省教育厅的政策支持,将大学生公共创业中心打造成为江苏省大学生创业示范基地,成为苏南地区大学生创业孵化的一流基地。到2020年,大学生公共创业中心争取培育不少于200家学生创业公司。

五是现代旅游文化园工程。建立吴文化与传统工艺美术研习基地。依托苏州市职业大学和苏州工艺美术职业技术学院,建立吴文化与传统工艺美术研习基地。整合园内和社会其他相关资源,挖掘园内吴文化资源,开发吴文化校本课程,定期举办苏州话学习班,研究具有吴门特色的书画、语言、工艺、园林、戏曲、美食、风俗和习俗。众多特色活动和实践,让教育园师生得到吴文化熏陶,传承和研习本土特色的文化艺术和传统工艺,促进教育园现代旅游文化的繁荣发展。开发教育园旅游项目。改善教育园道路交通和河流水系环境,修整花卉树木绿化景观,点缀人文艺术雕塑小品,依托吴越山水风光建造一批旅客服务场所,全面对接上方山石湖生态园的旅游大市场。精心设计和开发"教育园观光游"路线,将苏州市职业大学"顾野王文化遗迹"、苏州科技大学石湖校区"师陶园"、苏州工艺美术职业技术学院"桃花坞木刻年画社"、苏州经贸职业技术学院"半湖观鱼"、苏州大学文正学院"图书馆"、苏州旅游与财经高等职业技术学校"茶艺馆"和"苏扇制作和传习中心"、苏州卫生职业技术学院"护理模拟病区"等科教文化旅游景点,精心衔嵌在上方山石湖生态园的整体旅游路线中,形成教育园和生态园"伴生辉映、双园双赢"的合作发展态势。积极探索院校教育教学场所对外开放的形式,让旅游者更多地了解现代工业文明、信息文明和服务文明,了解院校人文精神。建立教育园党员服务中心。坚持"标准化建设、项目化管理、社会化服务"的理念,优化整合区域内的党建资源,建立党员服务中心。党员服务中心立足教育园基层党组织、党员、入学积极分子和广大师生的实际需求,辐射带动周边各类党群组织同频共进,常态化开展党建方面的各项工作和各类活动。通过建设,党员服务中心成为党建指导、政策宣传的阵地,党员教育培训、志愿服务的平台,学习研讨、业务咨询的纽带,典型示范、风采展示的窗口,服务师生、便民惠民的基地。

5. 品牌推进,深化开放共享理念

按照新一轮规划确定的发展目标,国际教育园围绕"开放、共享、服务、创新"的办园理念,结合五大建设工程,在党建工作、课程建设、校地合作、创新创业、国际合作、文化品牌、高职研究等多个方面,深化开放共享理念,致力协同创新发展,打造特色、创建品牌。

一是全面推进区域党建工作。以教育园党员服务中心成为市委组织授权的标准化培训点为契机,提升服务功能。通过区域内院校、社区党组织的互联互动和资源共享,形成了区域党建工作的优势互补;充分发挥教育园党员服务中心的党建资源和人才优势,积极开展党建课题研究、党建教育培训、政策法规宣讲等活动,不断丰富区域党建工作的内涵;组织协调南北区各院校党组织与属地街道的党员服务中心结对共建,引导学生走进社区,开展与社区的共建活动,引领院校教学、科研、社会服务向社会延伸,为各院校探索实践育人工作新途径提供服务;加强对大学生意识形态的引导和宣传,将培育和践行社会主义核心价值观教育融入日常活动中。2016年,为进一步优化整合区域党建资源,助推教育园区域党建工作跨越式发展,成立了"苏州国际教育园党建联盟",联盟积极顺应当前党情世情的变化,秉承"搭建平台、借智借力、整合资源、厚植基础、同频共进"的理念,构建区域党建的学习平台、不同隶属关系党组织的沟通交流平台和区域党建工作协同发展的联动平台。以优秀区域党建项目评选为引领,组织各院校党组织以实质性党建项目服务周边、惠及民生;实施"创业梦之帆"行动,大力推动党建带团建;建立党建专家师资库,开展党建专题培训;打造"云党建联盟"网上学习平台;加强对教育园内发展对象和新党员的标准化培训,培训质量和效果不断提升。

二是深化园地产教融合。国际教育园与属地吴中经济开发区签订了全面合作协议,与吴中区人社局签订了《园地人才合作协议书》,在实施大学生"创业引领计划"、联合开展校企技能比赛、推动校企合作、加强信息互联互通等方面广泛开展合作。自2014年以来,以校企技能比赛为抓手,在真实的企业环境中进行校企之间的技能比赛,使学生在参赛过程中更能直观地了解企业,不断增强对未来工作岗位的感受与认知;校企技能比赛特邀行业企业的专家担任评委,对于操作技能与理论水平均合格的选手颁发行业高级工职业资格证书;赛后组织开展技能型人才创业能力提升培训班,帮助有意向自主创业的学生开拓创业思路、提升创业能力。校企之间的技能比赛对于各院校及时优化调整教学标准和人才培养方案,推动产业与教育的深度整合具有重要意义;园地合作促成了相关院校与属地企业间合作项目的落地,初步形成了政、校、企三方支持、互惠互利、合作共赢的发展格局。

三是创建课程共享联盟。2014 年,成立了"国际教育园课程共享联盟",联盟成员对入驻院校实现了全覆盖。联盟秉承"让更多的学生享受更好的课程,给学生更多选择"的核心理念,以"课程共享、学分互认、教师互聘、信息互通、设施互用"为目标,把课程质量作为"第一生命线",在引进高质量课程的同时,依托园内师资资源自建课程,通过院校、企业、社区等多方协同创新,全面提升自建课程的品质,对引领教育园各院校在信息化时代的教学理念更新、教学内容和教学方法改革起到了重要的推动作用。2015 年,对首批 9 门自建课程进行重新修订,对课程 1/3 以上的内容进行了更新完善;完成了第二批 11 门自建课程的建设;当年共享课程超过 100 门,其中自建课程达到 20 门,全年累计选课学生达到 3.5 万人,学生对课程的满意率达到 95%;联盟平台服务商上海卓越公司将 20 门自建课程纳入以北京大学为首的东西部课程联盟平台,自建课程向园外 100 所院校的 12 万学生直播授课,从而使园内名师走出学校、走向全国成为现实,有效提升了国际教育园的知名度和影响力。2016 年,自建课程达到 30 门,园内选课人数超过 5.6 万人次;自建课程在园外选课人数将近 17 万人,全年累计受益超过 30 万人次。2017 年,全年开设自建课程 31 门,引进各类课程 83 门,园内选课人数超过 7.4 万人次,自建课程在园外选课人数将近 33 万人,全年累计受益超过 40 万人次。在硬件设施的保障上,依托相关院校,国际教育园先后分 4 批,在南、北两个区建成了线上与线下相结合的"混合式教学"跨校直播互动教室,全面覆盖各成员院校的教学需求;启动了实验实训资源共享工作的调研,初步确立了涉及 7 个院校 6 个供需配对的实验实训资源共享项目。开放课程共享平台让各院校更多高水平、有特色、受欢迎的精品课程向联盟成员开放共享,有效提升了课程共享的服务水平。

四是构建创新创业联盟。在"大众创业、万众创新"的背景下,国际教育园以构建符合教育园特质的创新创业生态体系为目标,于 2015 年成立了"苏州国际教育园众创联盟"。通过对国内著名创业孵化平台的调研,联盟确定了整合资源、集成落实政策、精准对接服务、培育创新创业文化等主要任务。几年来,围绕创业理论研究、创业师资培训、创新创业竞赛、创新资讯平台建设等内容,系列开展大学生创业培训班、创新创业竞赛、创新创业训练营、结合专业的专项赛事、创业导师能力提升研修班、"互联网+"创新创业大赛等,有效促进了各院校创新创业教育的协同发展。与此同时,国际教育园引进创业信息平台,在创业资讯、政策咨询、投融资对接、专家指导等方面构建了信息互动平台。众创联盟依托南区苏州市职业大学的"苏州市大学生众创空间"和北区苏州经贸职业技术学院的"产业园"两大创业载体,打造了国际教育园南、北区"两翼一体"的创新创业资源服务体系,横向上实现了院校优质创新创业资源的共享与互联互通,纵向上实现了与市、区各相关部门及创投、风投在业务办理、政策、资金对接的全链条,通过联盟调动全社会创新创业要素的力量,为园内大学生创新创业实践提供了精准服务,累计直接受惠学生超过千人。众创联盟充分发挥了国际教育园的整体合力,有效激发了园内大学生创新创业的热情和智慧,在大学生创业带动就业方面进行了积极探索,从整体上促进了园内各级各类院校创新创业教育的提升。

五是拓展国际合作交流。为不断提升国际教育园的国际化水平,扩大国际影响力,深入推进各院校国际合作交流,2015年7月,由江苏省教育厅、"中国—东盟中心"主办、东南亚教育部长组织合作举办的首届"中国—东盟职业教育校长高峰会"在国际教育园隆重举行。会议围绕"一带一路"建设与区域职业教育合作的主题,就学生流动、就业与创业、实训基地建设、教师培训合作等核心专题展开研讨,交流分享了中国与东盟国家在职业教育领域的经验,宣传展示了苏州职业教育的发展成果,达成了多项合作共识,共签署了70多份合作意向或协议。通过苏州与东南亚教育部长组织开放学习区域中心签订的全面合作协议,有望整体性推动教育园各院校与东盟国家职业院校在人才培养、教师培训、优质教育资源共享及学分互认等方面进行有力探索,推进深入交流,走出一条具有苏州特色的职业教育国际合作发展之路。2015年10月,江苏省教育厅国际处专程到国际教育园,全面推进落实"留学江苏"行动计划和东盟会议的各项合作协议,为进一步推进教育园的国际合作迈上新高度奠定了基础。2015年,国际教育园促成了英国、澳大利亚相关学校及教育集团与三所园内学校的合作项目落地;2016年率园内6所院校走访东盟相关国家,推进并深化园内院校与东盟国家院校的教育合作,园内相关院校开展国际合作交流进入实质性阶段。为助推各院校国际交流合作,国际教育园制定了《国际教育园留学生奖学金实施办法》等文件,鼓励支持院校招收留学生来园学习。

六是打造文化育人品牌。国际教育园围绕内涵建设,在文化艺术、体育竞技、创新创业等方面,以丰富多彩的活动为载体,先后组建了教育园语言文化社团联盟、大学生龙舟队、大学生艺术团等组织,开展大学生辩论赛、龙舟对抗赛、教职工乒乓球赛、羽毛球赛、大学生篮球赛、心理剧大赛、读书月、创新高端培训等。逐步形成了一批参与程度高、影响力大的特色项目,其中,大学生艺术团、大学生龙舟队、石湖讲坛品牌影响力不断凸显。大学生艺术团参与首届苏州市"繁星奖"合唱比赛获得金奖第一名,成功举办教育园艺术节合唱音乐会;参加合唱交响乐《战争与和平》等巡回演出,荣获第三届江苏紫金合唱节优秀奖。大学生龙舟队继2015年获得金鸡湖端午节龙舟赛亚军、第十届中国苏州"太湖杯"龙舟赛第四名、中国龙舟公开赛丽水站学生亚军、"世贸杯"首届中国石湖国际龙舟邀请赛冠军后,2016年又取得了中国南京龙舟公开赛高校部大学生组第三名,长三角龙舟邀请赛第五名,金鸡湖龙舟赛12人组男子冠军、女子亚军等好成绩;2017年男子龙舟队卫冕金鸡湖龙舟赛冠军,女子龙舟队走出苏州参加厦门"嘉庚杯""敬贤杯"龙舟赛并获青少年组第四名。石湖讲坛围绕院校和社会热点和师生需求,采取院校申办、特色引领、合作共赢的新模式,以年度为单位开展系列主题活动,一批国内各领域著名专家、学者前来演讲,多场讲坛出现一票难求的盛况。文化品牌活动有效提升了国际教育园的文化品位和内外影响力。

七是加强高职教育研究。2014年,为有效推进区域高职教育的协同创新发展,国际教育园专门成立了"苏州高等职业教育研究所";研究所聘请入驻院校领导和专家担任特约研究员,聚焦苏州高等职业教育开展系列实践研究和探索。研究所邀请省内外专家来园做专题学术报告,不定期召开苏州市高职院校教育科研工作会议,举办苏州市高职院校优秀教育教学论文评比活动;定期出版《苏州高等职业教育》季刊供全市各高职院校学习参考。以课题研究为抓手,在苏州大市开展苏州市教育科学"十三五"规划(高职高专类)课题的申报评审,主持研究的江苏省教育科学"十二五"规划2015年度重点课题《苏州国际教育园旅游资源开发和利用的实践研究》顺利结题;承担了苏州教育改革和发展战略性与政策性课题《苏州职业教育服务地方经济发展的策略研究》,研究成果形成专著《攻坚与转型:苏州现代职业教育实证研究》并正式出版,获得苏州市第十四次哲学社会科学优秀成果三等奖。研究所撰写的《以改革创新为驱动、积极推进校企深度融合》被教育部《职业教育改革动态》录用,《推动苏州职业教育高质量发展的建议》被苏州市人民政府研究室《调研通报》录用,成为课题研究的重要成果。研究所作为苏州市发改委牵头的苏州智库联盟首批会员单位,立足苏州实际开展的系列研究,为各个院校提供了有效的科研指导和信息咨询服务,同时也发挥了特有的政府"智囊"作用。

6. 建设成效

国外教育集聚区建立得较早,国内教育集聚区起步较晚,但发展迅速。国外教育集聚区有比较明显的"孵化产业集聚区、创新要素集聚区、体制创新实验区"等特征;国内教育集聚区显现出"教育资源先集聚后优化、人才培养上优先服务于本地经济社会、管理机制边实践边完善"等特点。国际教育园在充分借鉴国内外教育集聚区先进经验的基础上,立足苏州教育实际,尤其是针对现代职业教育体系的建设,依托实践创新,深化开放共享,取得了明显成效。

一是有力地带动了市、区职业教育布局调整。带动了全市职业教育布局调整。市、区职业教育的布局调整与教育园的建设同步启动、同步实施。教育园的建设为有效开展市区职业学校合并重组创造了先决条件,搭建了重要平台。目前,苏州市职业教育已经形成了以教育园为龙头、每个县市区都有1~3所主体型示范性职业院校的崭新格局。

二是有力地推动了古城西南城市化进程。经过十多年建设,一座现代职教新城崛起,带动了周边地区的繁荣,彻底改变了古城西南片区落后、破旧的面貌。在教育园建设的推动下,周边区域快速发展,吴中经济开发区晋升为国家级开发区,吴中越溪城市副中心提前建成。古城西南片区落后面貌彻底改观。生态环境、基础设施、生活配套和公共服务明显改善。

三是有力地推动了入驻院校办学水平的提高。各入驻院校紧抓国际教育园建设的重要机遇,大力开展新校区的建设,办学条件得到明显改善。通过科学规划、完善功能、重点投入,院校的办学水平和服务经济社会的能力大大提升。实施高等教育的院校(含本科和专科)招生规模平均增加了2~3倍,招生专业达到300多个,基本覆盖了先进制造业和现代服务业的所有行业,建有100多个骨干、品牌、重点和特色专业,累计培养毕业生20多万人,学生当年就业率达98%以上。

四是有力地增强了院校服务地方经济社会发展的能力。教育园各院校以服务区域经济和社会发展为重点,为区域的经济和产业发展提供大量的高技术技能型人才支撑。此外,各院校还积极探索与行业企业、科研院所、地方政府协同创新发展机制。近年来,各院校与当地重点企业或产业化基地深度融合,积极开展职业技能鉴定和社会培训,主动服务企业进行技术推广和技术改造,促进产学研成果转化,是苏州整体推进产教融合、校企合作的重要样板,已然成为促进苏州社会经济发展的重要生力军。

五是有力地扩大了苏州教育的影响。建园以来,教育园承接了大批中央、部省、各地党政领导和中外教育参观考察团队。作为整体的职教园区在各级技能竞赛活动中斩获大量国家、省级荣誉。国际交流合作日趋活跃,先后与澳大利亚、新西兰、美国、加拿大、德国、法国等国家开展中外合作办学项目。2008年5月,时任中共中央政治局委员、国务委员的刘延东同志亲自莅临教育园视察,对教育园的规划建设、实践探索和发展成果给予了充分肯定。

二、高职院校协同发展平台

从区域经济社会视角来看,相对于高等职业院校的个体发展,区域高等职业院校的整体、协调和均衡发展,对于服务和支撑经济社会发展的意义更为重大而深远。地方高等职业教育在发展到一定规模后,能否顺应地方经济社会的改革发展创新,形成内驱合力,从而以整体推进、协同发展的姿态,不断提高人才支持和智力支撑的成效,不断提升服务地方经济社会的能力,对高职院校自身的可持续发展影响重大。

(一)苏州高职教育的建设基础

从整体发展的视角分析,苏州高职院校在建设发展过程中,有着以下特点:

1. 院校数量形成规模效应

苏州高等职业教育起步于20世纪80年代初。自1981年苏州建成首个高等职业院校——苏州市职业大学以来,经过30多年的建设发展,伴随着地方经济社会的持续快速发展,高等职业院校的规模数量不断壮大,到2016年已建成17所高职院校,实现了高等职业教育的规模化发展。在苏州高等教育中,高等职业教育在数量上已超过"半壁江山",成为苏州高等教育的一支重要力量。在江苏省13个城市中,苏州高等职业院校的数量占比接近1/5。在全国地级城市中,苏州高等职业院校的数量位居第一。

2. 院校建设城乡一体发展

苏州经济社会的发展,先后抓住了农村改革,乡镇企业发展,浦东开发开放,中、新两国合作等重大的历史机遇,对区域高等职业教育的快速发展和院校布局产生了重大影响。在政府高度重视并有力推进下,在县域经济、外向型经济和民营经济的共同推动下,苏州的高职教育呈现出持续发展的状态,从2003

年到2005年,三年内苏州新增高职院校达到了7所,平均每年新增高职院校超过2所,经济快速发展的昆山市建成了3所高职院校。全国第1所县办大学、全省唯一中外合作高等职业学院等院校的创建,也体现出苏州经济发展的特点。早在2002年,苏州就率先在全省、全国实现了全大市高等职业院校的全覆盖,基本形成了城乡一体发展、市市有高校的格局。

3. 院校管理隶属关系复杂

苏州高等职业教育的发展得益于县域经济、民间经济及外向型经济的快速发展,多元办学既是苏州高职教育的一大特色,同时也带来了发展的不均衡。高等职业院校的主管体系上,既有省属、市属的,也有县属的,虽在业务上主要隶属于江苏省教育厅,但管理上形成多头管理;苏州高等职业院校中有多所民办和中外合作院校,多元办学为苏州高职教育的发展注入了活力;但民办院校虽然在法律上与公办院校享有同样的地位,办学特色也十分鲜明,但与公办院校相比,其自身发展存在一系列的瓶颈,生存空间受到挤压。在苏州高等职业院校协同发展问题上,管理体制多样,政出多门、职责交叉、标准不一;隶属关系复杂,人事和经费渠道不一;办学水平差距比较明显,需要支持和帮助的既有共性问题也有个性问题。

(二)院校协同的早期探索

苏州高职教育在规模不断扩张、分布日益广泛的同时,受管理体制、运行机制等影响,发展不均衡问题比较突出;苏州各高职院校在积极谋求自身发展的同时,携手共进、共同发展的意愿也十分强烈;同时,苏州在经济快速发展的过程中,一直坚持一流城市要有一流教育的发展理念,始终将打造一流的职业教育强市、率先实现职业教育现代化为目标。正是这种主、客观条件的共同作用,催生了苏州高职教育界打造协同发展平台的强大动力。

1. 联席会议的成立

2006年,苏州以政府为主导、院校为主体,组建了以院校为主体构建协同发展平台——"苏州高职高专院校联席会议"(简称"联席会议"),致力于探索符合地方经济社会发展需要、满足高等职业院校发展需求的协同发展模式。

2006年4月12日,举行"苏州高职高专院校联席会议"成立大会。共有15所院校成为成员单位,分别为苏州大学应用技术学院、苏州工艺美术职业技术学院、苏州农业职业技术学院、苏州经贸职业技术学院、苏州卫生职业技术学院、苏州市职业大学、苏州工业职业技术学院、苏州工业园区职业技术学院、沙洲职业工学院、健雄职业技术学院、硅湖职业技术学院、苏州托普信息职业技术学院、昆山登云科技职业学院、苏州港大思培科技职业学院、南京邮电大学吴江职业技术学院。在15所院校中,有1所独立学院、13所高职院校和1所二级学院。会议推荐产生了联席会的主席单位和副主席单位,主席单位为苏州经贸职业技术学院,副主席单位为苏州大学应用技术学院、苏州市职业大学和苏州工业园区职业技术学院。为有效推进各项工作,成立了由苏州市教育局高职教处处长与四个主席单位办公室主任组成的"联席会议秘书处",组织了联络员队伍,负责具体工作的落实。

联席会议成立后,编印了《苏州高职》宣传册,以"苏州高职高专院校联席会议成立记"的方式介绍了成立的背景,提出了会议的宗旨、目的、性质和形式,对15个成员单位进行了介绍。

苏州高职高专院校联席会议成立记[①]:改革开放以来,苏州高等职业教育成绩斐然,实现了教育改革和发展的历史性跨越:一是高等职业教育的规模迅速扩张,到2005年,举办高等职业教育的院校已达15所(含中外合作办学性质的院校、独立学院、二级学院),占苏州高校数量的65%以上;在校学生50 000余名,占全市高等学校在校生的50%以上,成为苏州高等教育不可或缺的重要组成部分;二是高等职业教育的办学水平不断提高,多所院校获得了国家级高职师资培训基地,高职教育实训基地等建设项目,高职高专院校的师资质量和水平、育人质量和水平、实训基地的质量和水平都有了显著的提高。然而,苏州的高等职业教育也面临着新的严峻挑战。一是经济社会的发展对高等职业教育提出了新的需求。随着我市外向型经济、民营经济的飞速发展,生产第一线急需既懂得现代设计又熟悉现代技术与工艺的技术应用型人才,而苏州的高等职业教育还缺乏能适应地方经济社会发展需求的合理体制和运行机制。二是教育的国际化竞争日趋激烈,发达国家的优质高等职业教育逐渐渗入,对本土高等职业教育发展形成新的挑战。三是长期形成的高等教育求学观念使人们对高等职业教育缺乏正确的认识等。面对这些挑战,我们必须冲破传统观念的束缚,坚持政府统筹、面向社会、地方为主、依靠企业发展高等职业教育的原则,通过省、市政府教育主管部门的指导和协调,相互沟通、相互交流、资源共享、经验

---

① 摘自苏州高职高专院校联席会议。

共享,在体制创新和制度创新上再创新绩,把苏州高等职业教育整体做大做强。在这种背景下,我们成立了"苏州高职高专院校联席会议"。

会议宗旨:坚持政府统筹、面向社会为主,依靠企业发展职业教育的原则,以成员单位为主体,密切配合国家、省、市实施的各项教育改革重大工程,起到连接政府、学校与社会的桥梁作用,积极推进苏州高职职业教育的改革与发展。

会议目的:交流高等职业教育教学经验,实现错位发展、互补发展、资源共享,促进在苏高职高专院校人才培养与苏州经济社会发展相协调;沟通信息、提高质量,共同进步、共同发展,在输出各校自身特色的基础上,打造高等职业教育集团,提高高职高专教育的整体实力,提升苏州高等职业教育在国内外的影响力和知名度。

会议性质:联席会议是在苏州市委、市政府,以及地方教育行政部门的支持下、在苏高职高专院校之间自发形成的不具备法人资格的民间组织。

会议形式:全体成员大会:会议由主席单位负责召集,于每年第四季度召开,主要总结当年工作情况,围绕大会议题进行研讨,并选举下届主席单位,确定下届会议议题,协调解决各个院校之间及院校和企业之间的重大问题。联络员会议:在每年联席会议全体成员大会召开后,由联席会议秘书处负责召开联络员会议。联络员会议具体落实联席会议精神,交流各成员单位人才培养与地方产业发展的有关情况。

《苏州日报》于2006年4月13日对联席会议的成立进行了题为《高职高专建立联席会议》的新闻报道:"这是由我市15所高职高专院校共同打造的互谋发展的平台,意在合力提升苏州职业教育的水平,为苏州培养更多更优秀的高素质应用型人才。""联席会议的成立,就是要缩短校际距离,强调沟通协作,共享各类教育资源,在错位发展、特色发展的基础上形成合力,推进职教改革,整体提高苏州职教在国内外的综合竞争力。联席会议虽是民间组织,但获得了苏州市委、市政府和市教育局的合力支持,在今后的运作中,它将借助政府的统筹力量开展工作。"[①]

2. 联席会议的探索

高校结成联盟性质的组织,实质上是一种开放的办学形式,是一种校际的合作。在发达国家,类似的组织不少,如1836年成立的英国"伦敦大学联盟",

---

① 《苏州日报》,2006-04-13.

1956年由美国哈佛大学等八所名校组成的"常春藤联盟",1997年成立的具有全球性的"环太平洋大学联盟"等;国内高校的校际合作,主要是从20世纪90年代起开始的,与高职教育相关的主要是2002年成立的"全国高职高专校长联席会议"。由地级城市内的高职院校为主体成立联席会议或相类似的协同发展组织,这在全国还没有先例。从这个意义上讲,苏州在2006年成立的联席会议,既是对全国高职高专联席会议的借鉴,又具有自身的创新意义。两者之间的关系,一个注重全国高职院校的共同发展,具有"顶天"之意,一个注重城市内高职院校的协同发展,具有鲜明的"立地"色彩。

职业教育与地方经济社会的发展关系密切而直接。在高职教育大发展的时代背景下,地方高职院校在数量上形成规模,自身的办学规模也迅速扩大,高职院校发展所需要的资源和机会获取成为发展的重要因素。校际的合作,不仅能够有效避免校际的恶性竞争和同质化发展,而且能够使教育资源不断趋向优化配置,有利于区域高职院校实现差异化办学和可持续发展,从而以整体发展的姿态有效地应对竞争和参与竞争,促进教育教学质量、科研水平和办学效益的共同提高。联席会议在成立之初,便明确:按照错位发展、互补发展和资源共享,促进在苏高等职业院校人才培养与苏州经济社会发展相协调;以沟通信息、提高质量、共同发展,提高苏州高等职业院校的整体实力,提升苏州高等职业教育在国内外的影响力和知名度。可以说,联席会议的初心便是提升在苏各高职院校的内聚力,在主动融入苏州经济社会中实现苏州高职教育的整体协同发展。从2006年联席会议成立,到2013年的7年间,联席会议围绕自身的"初心使命",开展了富有成效的实践探索。早期的活动开展,主要聚焦在加强成员单位之间的交流沟通、高职教育理念的学习培训、校际资源的开放共享、先进经验的借鉴交流等方面。

为推动全省高等职业教育发展迈上新台阶,努力办好人民满意的高等职业教育,江苏省教育厅于2004年启动开展首轮高职高专院校人才培养工作水平评估,并明确了"以评估为契机,引导学校准确定位,坚持以服务为宗旨,以就业为导向,走产学研结合的道路,加强教学基本建设,深化高等职业教育教学改革,全面提升我省高等职业教育的办学水平和教学质量,更好地为江苏经济社会发展服务"的评估工作指导思想。评估的结论分为优秀、良好、合格、不合格四种。首轮评估对各高职院校而言,是举办高等职业教育以来的一次检验、一次"大考",也是深化高等职业教育理念的一次"洗礼"。2005—2007年,苏州有

9所高职院校参加了首轮评估。联席会议先后邀请了省评估院领导、人才培养工作评估专家等为各成员单位做专题指导,请示范性高职院校建设单位进行经验交流,开展人才培养工作的交流研讨,有效地助推了苏州各高职院校的内涵建设。在首轮评估中,苏州多所院校获得了优秀等级。

  苏州在高职教育的建设上,既有基于高等教育改革建立起来的职业大学,也有从优秀中职学校中升格为高职院校的,还有不少新创建的高职院校,其中民办院校的数量在全省各地级市最多,如何推进高等职业教育以服务为宗旨、以就业为导向,走产学研结合发展道路这一理念,也成为当时苏州各高职院校间最为关注的话题。联席会议在首轮评估之后,结合国家、江苏省《中长期教育改革与发展规划纲要》的出台,以国家教育体制改革试点、江苏省高等教育综合改革试验区建设、地方政府促进高职教育改革综合发展试点等工作为契机,以新一轮高职评估为抓手,围绕高职教育教学热点、难点问题,邀请了杨应崧教授、姜大源研究员等专家为成员单位领导和相关教师解读《国家中长期教育改革与发展规划纲要》,做人才培养工作、教学课程改革等方面的专题报告。围绕示范校建设、人才培养特色等对开展对外交流考察,了解省外兄弟高校的办学基本情况和成功办学经验、先进职教理念、科学管理方法,与国家示范、省示范高职院校进行专题研讨,对各院校开拓视野、提升理念、提高办学质量和推进特色办学起到了重要作用。

  为帮助各院校提高师资队伍和管理干部水平,解决各院校因计划培训人数少而难以单独组团培训的困惑,联席会议先后三次组织成员单位的一线骨干教师和相关管理干部赴新加坡南洋理工学院开始专题研修培训,通过集中讲授、参观教学设施和专业交流,分享南洋理工学院的职业技术教育开发和管理经验、独特的办学理念及教学管理等方面的实际经验,使培训人员受益匪浅。同时,通过特邀新加坡南洋理工学院机器人技术研发团队前来苏州介绍"机器鼠"项目的研发情况,举办机器人技术研讨会、精品课程培训班、校企合作成果展和论坛、"第二届全国民办职业教育高峰论坛"等多种形式,以相关成员单位承办、各成员单位资源共享的方式,扩大覆盖面,提升参与度。

  联席会议在实践推进的过程中,始终注重自身的可持续发展。在苏州市教育局的鼎力支持和直接指导下,联席会议构建了相关工作平台,建立了定期交流研讨机制,各成员踊跃参与到联席会议的各项活动中,主动承担联席会议的相关工作任务,每年的联席会议总结会也成为苏州高职院校间"领导到会最齐、参会人员最多"的盛会,影响力和吸引力不断提升。2010年,联席会议正式吸纳苏州旅游与财经高等职业学校和苏州建设交通高等职业学校两所学校成为成员单位,联席会议的成员单位数量也进入了逐步壮大的阶段。与此同时,联席会议推出了以弘扬"建好高职院校,培养高技能人才,为地方经济服务"为主题的"苏州高职品牌"十大媒体采访活动,进一步提高自身的社会影响力。

(三) 联席会议的机制创新

联席会议的早期实践,主要建立在校际层面,聚焦各个院校面临的发展需求,针对各个院校建设发展中存在的共性问题,加强相互交流沟通,发挥成员单位优势,推进资源共享,助力各个院校在错位发展、特色发展的基础上形成合力。作为民间组织,联席会议的凝聚力不断提升,影响力也不断增强,吸引力不断扩大,这为联席会议的进一步发展奠定了坚实的基础。也正是在这种情况下,催生了联席会议构建四个联盟的设想。

2013年起,为使联席会议更好服务各院校发展、更好集聚教育教学的热点难点问题、更好推进苏州高职院校的整体协同发展,先后构建了下属的"教学联盟""学工联盟""后勤联盟""产教联盟"四个联盟。联盟的成立,使联席会议在工作中形成了"一体四翼"的运行架构,是联席会议运行机制上的一次重大创新;基于项目化运行的各个联盟,有效激发了各成员单位的积极性、主动性和创造性。各联盟制定了章程、成立了机构、构建了队伍,按照项目运作,实行绩效考核。

1. "教学联盟"

成立于2013年11月,主任单位是苏州工业园区职业技术学院,副主任单位是苏州经贸职业技术学院、苏州工业职业技术学院。该联盟聚焦教学领域,紧紧抓住苏州产业发展需求,以苏州市优秀新专业、新课程、优秀教学团队和教学资源共享平台建设等为载体,深化教学改革,打造内涵品牌。一是聚焦课程和专业建设。以课程和专业建设为突破口,拟定了苏州市优秀新课程评审的指标体系,积极推进苏州市优秀新专业的建设,开展了《苏州市职业院校专业与产业吻合度调研及专业调整对策建设》的课题研究。截至2017年年底,共遴选出苏州市高职院校优秀新专业20个、苏州市高职院校优秀新课程48门,遴选建设了200门微课资源,16门课程获得江苏省省级在线开放课程立项,约占全省高职院校立项数量的15%;建设了"苏州市高职院校资源共享平台",2018年首批 10 个苏州市高职院校品牌专业培育立项建设。二是加强团队建设和成果培育。立项培养苏州市高职院校优秀教学成果奖 10 个，苏州市高职院校优秀教学团队 10 个；在 2017 年江苏省教育成果奖（高等教育类）评比中，苏州获得各类奖项 28 项，占全省高职院校奖项的 20% 左右，特等奖 3 项，占全省高职院校特等奖的 30%。三是推进重点课题建设。开展了课题研究，于 2015 年完成并出版《苏州市职业院校人才培养质量年度报告》，至今已连续出版 5 期；同时，该联盟结合高等教育发展和高等职业教育的创新发展，先后邀请了多位国内知名专家学者做专题辅导报告，使各成员单位的管理干部、教学人员受益匪浅。

"教学联盟"打造了一批含苏州市"优秀新专业""优秀新课程""微课""教学成果奖"培育项目在内的一系列市级质量工程建设项目；《苏州市高职院校人才培养质量年度报告》被认为是区域高职院校人才培养质量报告的全国首例。

2. "学工联盟"

成立于 2013 年 11 月，主任单位是苏州市职业大学，副主任单位是苏州工艺美术职业技术学院、苏州工业园区服务外包职业学院。该联盟聚焦学生管理，强化"以生为本、服务为先、能力为重"的理念，通过专题培训、技能竞赛、生涯规划、课题研究等多种途径，聚焦辅导员和学生工作队伍建设，提升专业化和职业化水平。一是加强队伍建设。针对学生工作的管理队伍建设，举办了系列的学生管理工作能力提升市级研修班，开拓视野、提升理念、提高能力；针对一线辅导员队伍建设，先后开展了辅导员职业规划能力提升专题培训、职业生涯规划师培训，组织管理干部和辅导员参加"全国第三届高职辅导员高峰论坛"，通过多层次的系列学习培训活动，提升辅导员理论水平和专业素养。二是强化能力培养。从 2014 年起，开展辅导员职业技能大赛，集中展现辅导员队伍的工作活力、创新精神和敬业奉献的良好精神面貌，成为辅导员互相学习、提升能力的优质平台；从联盟推选出的优秀辅导员在 2016 年江苏省苏南片区高职院校辅导员职业技能竞赛中，苏州高职院校包揽了前 5 名，以赛促建的成效明显；积极探索新形势下大学生思想政治教育的特点、规律和途径，策划开展了大学生思想政治教育工作案例征集、辅导员工作案例评比等活动；以课题为抓手推进学生工作理论与实践的结合，通过持续推动，2017 年以来的课题申报数量迅速增加到 63 项，课题申报的质量也明显提升，形成了良性发展的趋势。三是聚焦需求导向。从成就学生的视角来看，从育人和学生需求出发，推出了"在苏高校大学生原创诗歌朗诵大赛""苏州高职院校大学生职业规划大赛""苏州高职院校大学生就业创社团评选"等系列活动,深受大学生的喜爱。

"学工联盟"以队伍建设为重点、以学生需求为导向,推出多项系列活动,有效激发了各成员单位学工人员的积极性和创新性,辅导员职业技能大赛形成名牌活动项目;2015年出版的《苏州高职院校毕业生就业创业年度质量报告》在全省属于首创。

3."后勤联盟"

成立于2013年11月,主任单位是苏州卫生职业技术学院,副主任单位是苏州健雄职业技术学院、苏州农业职业技术学院。该联盟聚焦后勤管理,以"服务、质量、安全"为中心,引进优质资源、推广创新举措、加强岗位培训,提升各院校的后勤管理水平。一是提升业务素质。积极探索研究联盟高校共性问题和难点问题,加强对外学习交流,提升后勤管理理念;从2104年起,每年开展"岗位技能比赛",从烹饪技能到中式面点,从维修技能到插花艺术、急救技能,为各院校提供了良好的展示平台,有效地激发各成员单位的参赛热情,选拔出了一批业务尖子,在后勤联盟成员单位内建立了标杆。与此同时,针对后勤研究的短板问题,积极推进理论研究,提升后勤人员理论指导实践的能力。二是提高服务质量。开展节约型校园建设,以校园路灯改造为试点,分项目开展节能产品的试用和推广;依托成员单位的优势,尝试与一些有亮点、特色的农业企业实行"农校对接";通过食品安全培训、知识竞赛、农校对接推广等系列活动,开展食品安全普及行动,让广大后勤员工都能参与其中,掌握食品卫生安全知识,提高服务技能。三是加强经验交流。围绕总结、推广后勤管理经验,提升后勤服务与管理成效,开展联盟优秀案例的评选,并将优秀案例刻录成光盘,发放到各成员单位;围绕建设一支队伍稳定、结构合理、梯队完备的后勤队伍,开展了优秀管理者和服务明星的评选活动,展示后勤风采、弘扬正能量,激发后勤职工的使命感、责任感和成就感。另外,通过举办苏州高职院校的教工乒乓球、羽毛球赛等,加强院校交流、提升活力。

"后勤联盟"切入后勤管理服务的热点难点,有效地激发了成员单位后勤工作的活力,每年举行的岗位技能比赛产生重大影响,《苏州日报》、光明网、苏州教育电视台等媒体多次进行报道。

4."产教联盟"

成立于2014年12月,主任单位是沙洲职业工学院,副主任单位是苏州工业园区职业技术学院、苏州农业职业技术学院。该联盟是联席会议积极响应国家有关职业教育"深化产教融合、校企合作,加快现代职业教育体系建设"方针的具体体现。该联盟围绕苏州经济转型,以实现"教师实践与企业项目对接、学生培养与职业标准对接、专业建设与产业发展对接"三对接为目标,开展探索实践。一是激发创新活力。以遴选苏州高职院校优秀科技创新服务团队、优秀科技服务贡献项目等为抓手,引导各成员单位围绕苏州经济转型升级的需要,构建与产业相适应的科技服务团队和项目。二是推进创新创业教育。先后组织举办了数字建模与 3D 打印比赛、Makeblock 机器人创客大赛,评选了优秀创新创业平台建设项目,开展了提升自主创新能力、强化知识产权意识的"创新创业与知识产权"沙龙,大力推进各院校培养具有创新精神、创业能力和创新创业实践能力的创新型技术技能人才。三是提升校企深度融合。深化"产教融合、校企合作",组织开展评选苏州市现代职业教育定点企业及校企合作示范项目,推动以政府为主导、行业为指导、企业与学校共同参与的校企合作运行机制建设。

"产教联盟"为各成员单位提供了一个开展校际合作、产教融合、校企合作,院校与行业协会、科研机构合作的良好平台,在优化资源配置、实现资源共享、突出专业特色、充分发挥群体优势和规模效应等方面起到了良好作用,形成了有力的支撑。

四个联盟的工作开展,聚焦于各自领域,同时又构成了一个系统,通过一个个专项项目的开展,对于各个成员单位在深化推进教育教学改革、学生成长成才、后勤管理服务和校企深度合作等方面,发挥了重要的平台作用。各联盟工作重心虽有不同、各有侧重,活动开展的组织形式也各具特点,但在组织推进上又呈现出许多相似之处。一是组织推进规范有序。章程的建设、组织机制的完善、运行程序的规范,为各个联盟的工作开展奠定了坚实的基础。二是吸引力不断提升。从最初联盟建立时的 17 个成员单位,到 2018 年发展到 24 个成员单位,一批优质中职学校纷纷加入联席会议中;各个联盟组织开展的活动,得到了成员单位的积极呼应,各院校主动承接承办任务,各项活动总体参与接近 90%。三是品牌活动逐渐形成。各联盟注重项目延续性,形成以多个长线项目为主、适时增加新项目的项目运行特点,新增的项目又与高职教育的发展需求紧密结合,有效地提升了项目开展的针对性,也体现了各联盟的项目建设理念。

依托四个联盟,以项目化方式运行,切入高等职业院校的内涵建设,联盟项目的供给与院校建设需求形成高度匹配。2013—2018 年,四个联盟在实践推进中不断发展壮大,被称为"四大联盟"。

(三) 联席会议的成效和启示

1. 联席会议的建设成效

从 2006 年至今,苏州以高职院校为主体成立的"联席会议",经历早期的探索实践,通过运行机制改革创新,走向了可持续发展的良性轨道,建设成效十分明显。

一是有效促进了"聚合发展"。"联席会议"从最初的 15 个成员单位,发展到现今的 24 家成员单位,成员对苏州 17 所高职院校形成了全覆盖,还包括 1 所应用型本科院校、6 所中等职业技术学校(江苏省联合职业技术学院分院),对推进现代职业教育体系建设,加强本科、高职院校、中职学校之间的联动衔接与协调发展提供了坚实的基础;对苏州职业学校从高职院校甚至本科院校的内部管理、学科专业建设、师资队伍建设、科研、校企合作、学生管理和后勤管理等多个方面得到借鉴,同时中职学校在办学过程中形成的特色、亮点和创新做法对高职院校的建设发展也提供了有益的启发。近年来,苏州中职、高职衔接及中职本科分段培养试点项目稳步增加,到 2018 年"3+3 中高职衔接项目"和"3+4 中职本科衔接项目"突破 100 项,招生规模不断扩大,招生质量稳步提升,有力促进了苏州推进现代职业教育体系的建设。

二是形成了"特色品牌"项目。"联席会议"依托四个联盟开展项目推进,项目的产生汇聚了各方智慧,既关注了职业教育特别是高等职业教育的发展趋势,又切入各个院校的内部实际需求,在组织推进上重视视野开阔、理念提升与实践能力培养的有效结合,有效地激发了各成员单位的参与积极性,联盟的活力不断提升,项目的内涵质量水平也在持续推进的过程得到不断提高,涌现出了一批具有联席会议特色、影响力和辐射力大的"品牌项目"。例如,"教学联盟"通过推进教学五项建设工程,提炼形成的《苏州市职业院校人才培养质量年度报告》属全省乃至全国首创,并每年在联席会议总结大会上向各成员单位进行解读分析,对了解苏州高职院校人才培养的整体水平、推进各院校的具体发展产生了重要推动作用。"学工联盟"持续开展的辅导员技能比赛,在赛制、内容上不断根据新形势、新要求而推陈出新,成为各成员单位辅导员展示才华、相互交流、共同发展的重要平台,一批批辅导员通过该平台的锻炼,不仅在各类比赛中取得优异成绩,获奖层次不断提高,同时在校内更好地担负起学生健康成长引路人的角色;"学工联盟"形成的《苏州高职院校毕业生就业创业年度质量报告》在全省属首创。"后勤联盟"每年举办的岗位技能比赛,聚焦了后勤人员实践技能的培养,内容上持续提升拓展,极大地激发了后勤人员的使命感、责任感和成就感,对提升校园后勤管理的品质、美化校园环境等起到重要的推动作用,多家媒体对此开展了持续报道,形成了品牌效应。"产教联盟"构建了政府、行业、企业和院校多方对话与合作的便捷途径,以项目为抓手,搭建了学生创新创业能力的培养、教师科技服务能力的提升和产教融合、校企合作深入推进的平台,组织开展的"苏州市现代职业教育定点实习企业及校企合作示范组合"对推进校企深度合作、激发院校和企业的积极性产生了明显的推进作用。

三是服务能力显著提升。在区域高等职业教育不断发展壮大的前提下,高职院校间的协同发展,对于破解高职教育领域的发展"不充分、不平衡"具有重要的现实价值。"联席会议"在成立初,便明确了通过整体推进"积极推进苏州高等职业教育的改革与发展"的会议宗旨。在近15年的探索实践中,"联席会议"既关注自身的内部建设,并通过机制创新,以四个联盟为基础凝聚各方、推动院校建设,有效地提升了联席会议的凝聚力、向心力和创造力,各个联盟的工作直接服务于各院校改革发展创新,其产生的相关成果和建设成效有效助推了苏州高职教育的发展。与此同时,"联席会议"始终将自身的建设与苏州高等职业教育的发展改革发展紧密连接在一起,为苏州推进高职发展出谋划策、贡献智慧。历年来,"联席会议"密切关注国家高等职业教育的改革发展动向,组织召开苏州高等职业教育改革发展研讨会,先后举办了12场国内高职教育专家的专题报告会;积极参与苏州职业教育创新发展实验区建设、名城名校融合发展战略、地方政府促进职业教育发展综合改革试点等项目,提供建设案例、提出建设意见、参与方案制定,有效推进了苏州高等职业教育的改革与发展。与此同时,"联席会议"与苏州市近10个行业协会、20多家企业建立了密切合作关系,构建了"政校企共搭平台、产学研合作创新"的工作模式。

"联席会议"自成立以来,以搭建平台、资源共享、打造特色、提高质量、服务社会为宗旨,在人才培养、科技创新、校企合作、后勤保障等方面均取得了显著成效,为苏州高职教育创新发展、名城名校战略建设做出积极的贡献。"联席会议"在运行机制上注重创新,在项目运作上体现特色,在服务发展上强化协同,形成了鲜明的风格和特色。苏州高等职业院校依托"联席会议",持续、深入地推进各职业院校间的整体协同发展,所形成的整体发展态势、良好的互动协作关系和体制机制上的创新实践,在全省乃至全国都具有一定的独特性和典型性,形成了区域高职教育协同发展的"苏州样本"。

2. 高职教育区域协同的启示

一是强化政府职能,发挥聚合功能。对于区域经济社会的发展而言,区域高等职业教育的整体发展水平和综合实力,才是支撑经济社会发展的坚实基础和可靠保障;区域职业教育需要从整体发展的视角,强化与地方经济社会的协同发展、融合发展。在推进区域高等职业院校协同发展过程中,从政府的职能和其特殊的地位来看,只有政府才有能力在发展高等职业教育中发挥好引领作用,这是任何一个部门或行业都难以做到的。特别是经济社会步入高质量发展的时代,作为经济发达地区,尤其是高等职业教育已经形成规模化办学的地区,地方政府要将重心更多地转移到如何推进区域内高等职业教育的整体优质和均衡发展上来,构建区域高等职业教育的整体发展观,在发挥聚合功能上主动作为,引领和指导区域高等职业教育与地方经济社会发展相匹配、相适应、相融合。

二是打造合作平台,提升协同动能。高等职业教育具有教育特性和职业特性,同时也是一项民生工程,这已经成为各高等职业院校的共识。但对高等职业教育所应具备的区域性,各高等职院校的认识大多偏重于院校自身发展上,注重从自身个体发展视角打造特色、构建品牌、提升核心竞争力,促进个体的生存和发展。在现有的高等职业院校办学格局下,依托院校的自身发展,往往造成发展的不充分、不均衡及同质化现象;特别是民办院校在发展过程中面临诸多瓶颈,对于融入区域高等职业教育的协同发展需求十分迫切。需要政府从地方经济社会对高等职业教育的需求和区域内各高等职业院校的建设实际出发,搭建目标明确、机制完善、项目落地、保障有力、促进共赢的合作平台,激发各类院校的协作动能,在统筹区域高等职业教育的发展过程中,缩小区域内各高等院校的发展差距,实现区域高等职业教育优势互补、协调发展,形成彼此间相互合作、相互支持、共同发展的高等职业教育整体发展格局。

三是优化运行模式,注重项目驱动。职业院校以联席会议或联盟的方式形成缔结,推进共同发展,在全国城市中并非个案,但苏州的实践探索具有创新意义。"联席会议"组织架构完备、运行管理规范;下属的四个联盟均建立了各自的章程,目标任务的指向清晰,主任、副主任单位和成员之间的职责明确,运行管理规范。由四个联盟以项目化方式推进,是"联席会议"自身内涵发展、提升发展的一项创新之举。联盟年度各项目的产生汇集了各成员单位的共同智慧,项目供给与院校需求形成匹配,项目驱动有效地提升了各成员单位的内生动力,在保持各校特色发展的同时,有效地促进了优势互补、协同发展。"联席会议"成员单位在不断扩充的情况下,各联盟项目开展始终保持着高参与率,联盟活力由此可见一斑。

四是加强多方协作,提供资源保障。"联席会议"在性质上属于民间组织,在其运行推进过程中,如得不到相关政府职能部门切实的支持和支撑,往往会陷于相互沟通、增进了解、交流分享的低层面,长此以往便失去了其应有的存在价值。苏州的实践之所以能在内涵建设上实现突破,其中很重要的原因是"联席会议"从区域高等职业教育与地方经济社会融合发展视角,注重服务地方经济社会、协同发展的格局得到充分认可、建设成效不断彰显,为实现多个行政职能部门的联动、行业企业的参与奠定了基础。政府行政职能部门在信息、资源和资金等方面给予了多方支持和保障,苏州市发改委、科技、人社、财政等多个部门不定期听取"联席会议"建设情况,专题介绍苏州产业转型升级发展走势、科技创新的政策举措、社会对技术技能型人才的需求变化、高职教育的改革发展趋势要求等,对各建设项目予以财政支持。2013年,苏州市财政部门对四个联盟的项目开展投入了100万元专项经费,到2018年,财政投入各联盟项目的总经费已超过500万元,为项目的延伸和拓展提供了强大支持。

五是实施考核评价,促进良性发展。"联席会议"要实现良性循环,除了要加强自身的运行管理外,强化考核评价必不可少。苏州市政府及相关行政职能部门每年定期听取"联席会议"和下属四个联盟的工作报告,提出指导性和建设性的意见,会商"联席会议"的年度工作计划,审议相关实施项目。四个联盟的工作计划经联盟会议确定后,需上报"联席会议",经审批同意后方可执行;联盟各个项目的运行实施规范化管理,其中涉及的经费按财政绩效考核的办法严格执行。从计划、项目、实施到绩效,以闭环方式实行的严格、规范管理对促进"联席会议"及下属四个联盟的建设起到了积极推动作用。

区域职业教育的规模达到一定程度后,要全面提高职业院校的人才培养质量,推动职业教育的健康持续发展,强调均衡则成为职业教育发展模式的必然选择。高质量发展时代高职院校要与区域经济、社会发展建立更为紧密的联系,不但要在布局上对接区域经济,规模上满足人民群众接受高等教育的需求,更要在办学质量上努力实现优质与均衡发展,更好地体现出服务地方经济社会发展的贡献度。苏州在促进区域高等职业院校协同发展上历经十多年的探索与实践,对于高等职业教育具有一定发展规模的地区,如何通过政府、院校、行政职能部门和行业企业的多方协作,形成符合地方特点的院校协同发展平台,破解地方高等职业院校间发展的不均衡问题,具有可借鉴可参考的价值。

第五章
苏州高等职业教育的服务能力

服务地方经济社会发展是职业教育的根本任务,苏州高等职业教育从规模发展到内涵提升,基础能力建设的力度逐步加大,服务地方经济社会的能力不断提高,对苏州地方经济发展的贡献度越来越大。随着苏州产业结构调整力度的不断加大,转型升级步伐的持续加快,如何在新时期的历史机遇中,使职业教育服务苏州经济社会发展更加精准化、贡献最大化,已经成为亟待解决的现实问题。

一、服务能力与职教现代化

(一)苏州城市发展需要提升职业教育服务经济社会发展的能力

改革开放以来,苏州的发展进入快速期,经济实力显著提升,经济社会发展迅速走在全国前列。苏州所辖区域在全国百强县排名中一直名列前茅。据华顿《中国百强城市排行榜》中的数据:2018年,苏州市的经济指标总分值达到71.36,排名全国第5位;地区生产总值1.86万亿元,工业总产值3.31万亿元,一般公共预算收入首次突破2 000亿元达到2 120亿元,城镇居民人均可支配收入6.35万元,农村居民人均可支配收入3.24万元,列中国百强城市第7位。目前,苏州经济社会已进入提档升级新阶段。《苏州市国民经济和社会发展第十三个五年规划纲要》确定,"十三五"时期,苏州要努力建设具有国际竞争力的先进制造业基地、具有全球影响力的产业科技创新高地、具有独特魅力的国际文化旅游胜地和具有较强综合实力的国际化大城市。2018年的《苏州市政府工作报告》提出,要抓住转方式、调结构这一关键,推动经济在转型升级中行稳致远,努力实现有质量有效益的持续稳定增长。结合社会、经济发展特点,发挥地域特质和区位优势,实现苏州的可持续、高质量发展已成为重中之重。

2014年,国务院颁发了《关于加快发展现代职业教育的决定》,加快发展现代职业教育成为国家的重大战略决策。在国务院2019年2月出台的《国家职业教育改革实施方案》中,职业教育的重要性被提高到了"没有职业教育现代化就没有教育现代化"的地位。紧接着,中共中央、国务院相继印发了《中国教育现代化2035》和《加快推进教育现代化实施方案(2018—2022)》,为教育现代化的实现提供了可操作的具体规划和线路图,其中,职业教育成了实现教育现代化的前置。现代职业教育是服务经济社会发展需要,面向生产服务一线,培养高素质劳动者和技术技能人才并促进全体劳动者可持续发展的教育类型。职业教育作为培养未来产业发展所需要的高素质技术技能人才的主要阵地,应当增强服务国家战略和城市发展的能力。当前,苏州正紧抓创新驱动、产业升级、开放引领三大着力点,全面发力供给侧结构性改革,这就需要通过校企合作促进人才、技术和资本等创新要素在职业院校和企业之间的双向流动,实现职业院校、企业之间创新技术、应用技术、推广技术和更新技术资源共享,实现创新要素的集聚发展;要根据产业转型升级需求,优化院校布局结构,科学合理设置专业,构建和完善全覆盖、差异化的职业教育体系;需要加强与发达国家职业教育的合作,学习先进经验,拓展深化国际合作,开放融合,引领发展,使社会经济发展与职业教育在融合同生中共频发展。

(二)苏州产业发展需要有与之适切的职业教育互哺

苏州是首批国家服务型制造示范城市,产业的高度集聚性是苏州经济发展的一大重要特点。《中国制造2025苏州实施纲要》提出了加快打造苏州工业经济升级版,构建苏州特色的新型工业化体系,到2025年,将苏州打造成全国领先、世界知名的先进制造业强市的宏伟目标。根据《苏州市创建"中国制造2025"江苏省苏南城市群试点示范实施方案》,苏州市明确"打造具有国际竞争力的先进制造业基地"的战略目标。确立了在大力发展先进制造业的同时,将现代服务业作为战略产业推进,以更好地支撑新兴产业发展,形成先进制造业和现代服务业双轮驱动的发展模式。"十三五"期间,苏州争当"强富美高"新江苏的先行军、排头兵,积极打造先进制造业和产业科技创新的"一基地、一高地",并提出2020年形成十大年产值过千亿的高端产业集群。当前,苏州正在大力推进制造业转型升级,向高附加值和服务化发展。先进制造业以新一代信息技术、生物医药、纳米技术、人工智能为四大先导产业,新一代电子信息产业、高端装备制造产业、新材料产业、软件和集成电路产业、新能源与节能环保产业、医疗器械和生物医药产业为重点产业;全面推进现代服务业的发展,以金融业、现代商贸和商务、科技服务业、信息服务业、服务外包、现代物流业、文化产业、大健康产业等为重点发展领域。由此,必须搞清楚苏州市产业发展与职业教育的适应程度,职业教育布局是否适合未来产业体系发展的需求,职业教育资源是否需要整合及如何整合,以及职业教育的培养目标、专业设置和教学内容是否满足区域经济社会发展目标、产业结构、产业从业人员的就业结构需要等一系列问题。在总结苏州高等职业教育改革发展经验的基础上,针对职业教育服务地方经济社会发展中存在的问题,进行资源优化组合,创新人才培养方式的改革,提高在苏职业院校的办学效益和质量,真正服务区域经济和社会的发展。

当前,实体经济、科技创新、现代金融、人力资源等协同发展的产业体系正在形成,为职业教育服务经济社会发展提供了更为广阔的空间。苏州的职业教育始终坚持"有什么样的产业,就有什么样的专业""产业发展需要什么样的人才,就培养什么样的人才"的发展理念,努力实现专业对接产业、专业链对接产业链、学校办学对接区域经济。苏州产业经济的发展不仅离不开职业教育的支持,而且对职业教育的发展产生了积极的反哺效应。

(三)苏州高等职业教育具备服务地方经济发展的优质基础条件

苏州市是江苏省经济最发达的城市,作为"教育部地方政府促进高等职业教育综合改革试点"及"江苏省职业教育创新发展试验区",现已基本形成了以独立设置的中等职业学校和高职院校为主体,其他教育机构广泛参与,中职高职相互衔接,职前职后教育并行,城乡一体发展,国内国外开放,具有苏州特色的现代职业教育体系。苏州特色的现代职教体系为职业教育提升服务区域经济社会发展能力奠定了基础。

首先,苏州良好的产业基础为政府统筹实施职业教育布局规划,进一步服务地方经济社会发展提供了坚实的基础。其次,苏州高职院校的体量和办学质量不仅有着职业教育高质量的发展预期,而且是为经济社会发展提供大批技术技能型人才的有力支撑。苏州区域内现有高职院校17所,其中国家、省示范

(骨干)高职院9所,占比53%;中职校32所(含技工院校7所),其中国家、省示范职业学校达到75%。总体规模和整体实力在全省名列前茅。最后,苏州高等职业教育不断强化基础保障,注重内涵提升,各职业院校主动适应产业发展的需求,及时调整专业结构,初步建立了职业教育专业的动态调整机制。近年来,增设了城市轨道交通运营管理、物联网应用技术、珠宝玉石加工与营销(淡水珍珠)、生物医药、纳米科技、乡村旅游、服务外包、港口设备等新兴专业,改造强化了机械加工、电子技术应用、计算机等传统专业,兼并淘汰了五金、造纸、纺织、丝绸等落后的旧专业,新增专业数超百,很大程度上满足了区域产业发展的需求,极大地提升了职业教育服务地方经济社会发展的能力。在为区域经济社会发展服务、为苏州的高质量发展服务中,职业教育的地位和作用得到充分凸显。

二、服务能力的内涵架构

贡献度(又称贡献率)为经济学概念,是指有效或有用成果数量与资源消耗及占用量之比,即产出量与投入量之比;也用于分析经济增长中各因素作用大小的程度。贡献度被广泛应用于经济领域,但在教育领域的应用十分鲜见。

职业教育与地方经济社会发展的关系最为紧密和直接,提升服务能力已成为职业教育现代化建设的关键。基于服务能力这一核心,从贡献度视角研究苏州高等职业教育的服务能力,探索具有地方特色的高等职业教务服务发展模式,具有现实意义。从高等教育的职能和职业教育的跨界特性出发,在对职业教育服务地方经济社会"贡献度"方面的已有研究成果进行梳理的基础上,确定人才贡献力、产业服务力、科技支撑力、文化软实力、国际影响力五个维度。以人才贡献为核心,以产业服务和科技支撑为重点,以文化辐射和国际影响为扩展,全面分析研究苏州高等职业教育对地方经济社会发展做出的贡献(图5-1)。

"人才贡献力"是指伴随着经济社会的发展变化,高等职业院校所培养的人才在数量、规模、结构和质量等方面,体现出适应时代变化和社会人才需求,有效支撑和推动地方经济社会发展的贡献程度。

"产业服务力"是指高等职业院校在专业设置、优化、调整等方面,体现出的专业适应产业、教育适应生产实际需求,有效支撑甚至引领产业结构转型升级的贡献程度。

"科技支撑力"是指高等职业院校在注重技术技能积累的同时,通过项目研究、人才培训、科技服务、成果转化、共建平台等科技创新活动对区域经济社会发展的支持力度。

"文化软实力"是指高等职业院校在办学过程中逐渐形成的具有精神风貌、价值认同、内在品质等文化特质,并以文化的方式在人才培养、社会服务中释放出来的凝聚力、创新力和辐射力。

"国际影响力"是指高等职业院校在世界经济全球化、贸易自由化的推动下,充分利用国内和国际两个市场,优化配置教育资源和要素,在培养具有国际竞争力的技术技能人才过程中所体现出的贡献程度(图 5-1)。

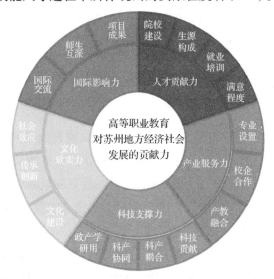

图 5-1 基于贡献度的服务能力研究框架图

三、服务能力的现状研究

(一)人才贡献力现状分析

职业教育和普通教育是不同类型、同等重要的两类教育。作为与地方经济社会发展关系最为紧密的职业教育,一头牵着国运,一头系着民生,承载着亿万家庭的期盼,提供着多样化的成长成才路径,肩负着传承技术技能、培养多样化人才的职能。培养满足地方经济社会发展所需要的高素质技术技能人才,成为高等职业教育服务地方最为根本、最为重要、最为突出的贡献。地方高职院校的建设水平、生源的规模数量和结构、人才就业的服务方向、社会培训的规模数量、人才质量的社会认可度等,反映了其人才贡献的能力。

1. 院校建设与人才供给

人才贡献首先来自人才培养。高职院校是技术技能人才培养的主阵地,在高等教育中发挥着不可替代的独特作用。高职院校建设的规模、区域的覆盖程度和自身的办学条件、办学实力和办学水平等,反映了区域技术技能人才供给的承载能力和保障水平。

院校建设规模:苏州现有高等学校26所,其中,本科院校9所(含独立院校)、高职院校17所,专科院校数量规模超过了本科院校,数量占全市高校总数的65.38%,成为苏州高等教育的重要组成部分。苏州高职院校数量在全省90所高职院校中占比达到18.89%,院校的数量在全省地级市中排名第二,仅比南京少1所,其他城市的高职院校数量均不超过10所(图5-2)。苏州高职院校的建设形成了明显的规模效应,为技术技能人才培养提供了充分的"蓄水池"。

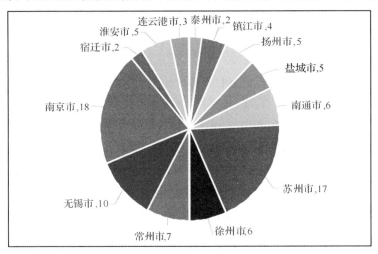

图5-2 2017年江苏省13市高职院校分布图

院校布局覆盖程度:苏州高职院校的建设与县域经济、民营经济、外向型经济形成关联,依托公办、民办和中外合作等多种方式创建了多元主体的各类高职院校,助推了一批优质中等职业学校升格发展;按照学校对接开发区、专业对接产业的发展思路,实施布局结构优化调整,形成了以中高等职业院校为主体,以国际教育园为龙头,每个县级市都有1~3所高职院校(图5-3)和1~3所中职院校的格局。早在2004年,苏州市区和所辖的各个县级市均已建成高职院校,实现了区域全覆盖、城乡一体化发展的格局。常熟市原有高职院校"常熟师范专科学校",后升格为"常熟理工学院",目前暂无高职院校,成为苏州唯一没有高职院校的地区。"城乡一体化"布局对于推进县域经济发展,促进教育公平,有效改善社会人口素质结构,为广大青年提供接受高等教育的机会,让更多的人都能享有人生出彩的机会等都具有现实意义。

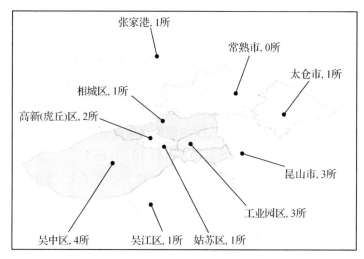

图 5-3　2017 年苏州高职院校分布图

院校办学综合实力:作为中国经济高度发达的地区之一,苏州在率先发展的同时,始终坚持"一流的经济必须用一流的教育来支撑"的理念,先后以教育部、江苏省试点、实验项目为契机,形成了"规模化办学、品牌化运行和错位化发展"的建设思路,促进了高职院校的提档升级。在苏州现有高职院校中,有 9 所院校是省级以上示范(骨干)院校,其中,国家级示范、骨干院校 2 所,省级示范校 7 所,在全省占比名列前茅;在江苏实施高等职业教育"卓越计划"中,共评出 22 所"高水平高职院校",苏州有 3 所院校获评。同时,苏州民办高职院校(含股份制、中外合作办学)达到了 6 所,多元办学特色比较鲜明(表 5-1)。苏州高职院校呈现多元办学格局,其主要发展指标和综合实力在全省乃至全国保持领先地位,为江苏、苏州培养高素质的技术技能人才提供了沃土。

第五章 苏州高等职业教育的服务能力

表 5-1　苏州高职院校基本情况

学校名称	举办者或主管部门	学校类别	建设项目
苏州工艺美术职业技术学院	江苏省教育厅	公办	国骨干、省高水平
苏州农业职业技术学院	江苏省农委	公办	省示范、省高水平
苏州经贸职业技术学院	江苏省教育厅	公办	省示范
苏州卫生职业技术学院	江苏省卫健委	公办	省示范
苏州市职业大学	苏州市政府	公办	
苏州工业职业技术学院	苏州市政府	公办	省示范省高水平
苏州工业园区服务外包职业学院	苏州工业园区	公办	省示范
沙洲职业工学院	张家港市	公办	
苏州健雄职业技术学院	太仓市	公办	省示范
苏州信息职业技术学院	吴江区	公办	
苏州幼儿师范高等专科学校	苏州市教育局	公办	
苏州工业园区职业技术学院	民办	民办	国示范
硅湖职业技术学院	民办	民办	
昆山登云科技职业学院	民办	民办	省示范
苏州高博软件技术职业学院	民办	民办	
苏州百年职业学院	民办（中外合作）	民办	
苏州托普信息职业技术学院	民办	民办	

2. 生源构成与人才需求

与本科以上人才就业情况相比，在经济发达地区，专科层次技术技能人才更趋向于"本土化"就业。高职院校培养的学生数量规模、生源地构成情况和与产业相关学生数量等，体现了人才培养适应区域社会人才需求的储备能力。

在校学生数量：根据苏州统计年鉴有关数据，2013—2016 年，苏州高职院校的在校生人数从 90 307 人增加到 102 303 人，在校生人数占苏州普通高校在校生总数的比例从 45% 增加到 47%，意味着生源数量接近苏州高校总人数的"半壁江山"（表 5-2）；2016 年苏州高职院校在校生人数占全省高等职业院校在校生总数的 17%。在江苏省高等教育适龄人口持续减少，江苏高职院校持续面临生源危机的大背景下，苏州高职院校的在校生数仍然呈现出稳中有升的态势。从中反映出苏州高职院校在人才吸引力方面具有一定的区位优势；生源数量保持较大规模且平稳增长，为苏州市、江苏省技术技能人才的需求提供了人才储备。

表 5-2 2013—2016 年苏州高职院校在校生情况

	2013 年	2014 年	2015 年	2016 年
高职院校在校生数/人	90 307	97 173	101 335	102 303
普通高等院校在校生数/人	201 926	209 479	214 816	219 347
占值	45%	46%	47%	47%

数据来源:《苏州统计年鉴》。

民办院校生源规模:近年来,苏州高职院校在校生总量保持在 10 万人左右,民办院校形成相当规模。如表 5-3 所示,2017 届苏州高职院校毕业生总数为 34 905 人,其中,11 所公办院校合计 24 941 人,校均 2 267.36 人;6 所民办院校合计 9 964 人,校均 1 660.67 人,校均毕业生人数达到了公办院校的 73.24%,表明民办院校得到了相当的发展,已形成一定的办学规模,对苏州高等职业教育的人才培养做出了独特贡献。但据调研显示,虽处经济发达地区,苏州民办院校依然存在办学吸引力不强、发展存在瓶颈等问题,个别民办院校 2017 年新生录取人数不足计划数的 40%。

表 5-3 苏州高职院校 2017 届毕业生数量统计

学校	人数/人	比例分布/%
苏州工艺美术职业技术学院	1 614	4.62
苏州市职业大学	4 521	12.95
沙洲职业工学院	2 448	7.01
硅湖职业技术学院	2 185	6.26
苏州经贸职业技术学院	3 212	9.20
苏州工业职业技术学院	2 496	7.15
苏州托普信息职业技术学院	1 498	4.29
苏州卫生职业技术学院	2 814	8.06
苏州农业职业技术学院	2 611	7.48
苏州工业园区职业技术学院	1 838	5.27
苏州健雄职业技术学院	1 849	5.30
苏州百年职业学院	835	2.39

续表

学校	人数/人	比例分布/%
昆山登云科技职业学院	1 906	5.46
苏州高博软件技术职业学院	1 702	4.88
苏州信息职业技术学院	1 573	4.51
苏州工业园区服务外包职业学院	1 803	5.17
合计	34 905	—

数据来源:江苏省高校毕业生就业管理信息系统。

在校生生源地结构:苏州2017届毕业生生源地主要集中在江苏省(82.73%),其次是浙江省(5.1%)、安徽省(4.19%)。其中,苏州市生源占17.45%,其他地区生源占82.54%。从生源构成上看,苏州高职院校以省内生源为主、省外生源为补充,本地生源占比不高,苏州各院校在全省、全国具有较高的就读吸引力;从人才培养上看,苏州高职院校为江苏省各城市及全国其他城市培养了众多高素质技术技能人才(图5-4)。

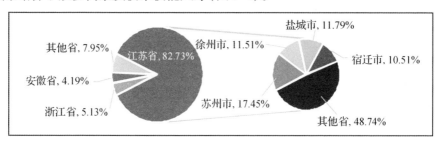

图5-4 2017届苏州高职院校毕业生生源地统计

数据来源:江苏省高校毕业生就业管理信息系统。

与产业相关学生数量:2016年,苏州产业结构形成"三、二、一"的发展格局,第一、第二、第三产业的产值比分别为1.4%、47.2%、51.4%,服务业占比首次超过50%,完成了从"制造业大市"向"服务业大市"的转型。从2016年苏州高职院校的在校生人数及就读的相关专业人数分析来看,第一产业、第二产业、第三产业相关在校生占比分别为1.88%、52.47%、45.64%,与苏州第一、第二、第三产业分布比较接近(表5-4),反映出苏州高职教育在人才储备方面对增强苏州工业经济核心竞争力和可持续发展能力的支撑程度。

表5-4 2016年苏州高职院校在校生分产业规模情况统计

	产值占比	在校生规模占比
第一产业	1.40%	1.88%
第二产业	47.20%	52.47%
第三产业	51.40%	45.64%

数据来源:高等职业院校人才培养工作状态数据采集平台、《苏州统计年鉴》(2016)。

3. 就业、培训与人才服务

职业教育与地方经济社会的发展紧密度最高,其培养的人才直接为区域经济社会服务。本地就业数量、非生源地毕业生当地就业数量反映了人才培养的地方贡献,社会培训体现了院校担当,人才就业企业反映了人才的服务面向。

本地就业数量:苏州经济和社会发展统计公报显示,2015—2017年苏州市新增就业人数分别为17万、17.1万、17.2万。从就业与市场需求角度来分析,每年苏州大市就业的人才中,有约9%(三年平均9.03%)来自苏州高职院校(详表5-5)。与此相对应的是,苏州高职院校每年选择在苏州就业的人数分别为1.69万、1.32万、1.63万,分别占当年毕业生总数的59.20%、43.70%和53.89%,平均为52.26%,表明有一半毕业生选择留在苏州就业,成为苏州人才需求的一个重点支撑(表5-6)。与全国、江苏和省内南京市、无锡市、常州市相比,苏州高职院校毕业生的本地就业率为最高(图5-5),显示出各院校以人才贡献切实服务苏州地方经济社会的发展。

表5-5 2015—2017届苏州高职院校毕业生本地就业情况

年份	全市新增就业人数/万人	全日制高职毕业生在苏州市就业/万人	占比
2015年	17.00	1.69	9.92%
2016年	17.11	1.32	7.70%
2017年	17.20	1.63	9.48%
合计	51.31	4.64	9.03%

数据来源:高等职业院校人才培养工作状态数据采集平台。

表 5-6　2015—2017 届苏州高职院校毕业生就业情况

年份	就业人数/人	就业率	留在苏州就业人数/人	留在苏州就业人数比率
2015 届	28 581	93.90%	16 919	59.20%
2016 届	30 147	93.30%	13 168	43.70%
2017 届	30 214	94.64%	16 282	53.89%
合计	88 942	93.95%	46 369	52.26%

数据来源:高等职业院校人才培养工作状态数据采集平台(2017 届数据不包含苏州经贸职业技术学院)。

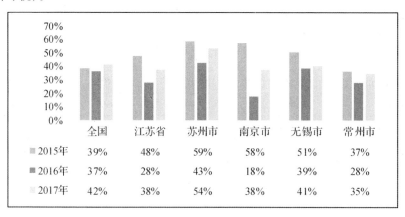

图 5-5　2015—2017 届高职毕业生本地区就业率一览图

数据来源:高等职业院校人才培养工作状态数据采集平台。

非本地生源留苏就业:近年来,苏州各高职院校中本地学生的占比基本维持在 14%~17%,其他生源来自江苏省内其他城市及全国相关城市(表 5-7)。非本地生源毕业生留在本地就业,可对苏州技术技能人才的需求形成有效补充。从表 5-6 可见,2015—2017 年,留苏就业的毕业生总数为 4.6 万人,即使所有苏州本地生源均选择留在苏州就业,总人数也不足 1.5 万人,意味着每年有超过 1 万名非本地生源毕业生选择留在苏州就业,成为"新苏州人",服务苏州的城市建设发展。

表 5-7 2016 届、2017 届苏州高职院校毕业生江苏省内各设区市生源地统计

生源地	2016 届 人数/人	2016 届 占比/%	2017 届 人数/人	2017 届 占比/%
南京市	740	2.68	731	2.53
无锡市	1 117	4.04	1 040	3.60
徐州市	3 176	11.50	3 323	11.51
常州市	713	2.58	568	1.97
苏州市	3 968	14.36	5 040	17.45
南通市	2 233	8.08	2 119	7.34
连云港市	3 570	9.30	2616	9.06
淮安市	2 044	7.40	2 208	7.65
盐城市	3 342	12.10	3 405	11.79
扬州市	1 482	5.36	1 667	5.77
镇江市	966	3.50	994	3.44
泰州市	2 215	8.02	2 133	7.39
宿迁市	3 016	11.08	3 034	10.51
合计	27 627	—	28 878	—

数据来源:江苏省高校毕业生就业管理信息系统。

社会培训服务:苏州高等职业教育围绕学历教育与培训并重的现代职业教育体系进行建设,依托各院校大力开展职业资格鉴定、社会培训、社区服务和企业合作培训,相关院校积极参与到"职业教育东西协作"项目中。表 5-8 显示,苏州各高职院校共设立了职业资格鉴定机构 140 个,可鉴定工种或证书达 438 种,2014—2015 年面向社会鉴定 13 509 人次,面向在校生鉴定 36 175 人次;2016 年全市高职院校面向社会培训总数达到了 5.15 万人,公益性培训服务 37.21 万人日(表 5-9、图 5-6),体现出了苏州高等职业教育的社会担当(图 5-7),为地方经济社会多种类型的人才培养做出了切实贡献。

表 5-8 2015 年苏州高职院校职业资格鉴定情况表

职业鉴定所数量	鉴定工种/证书	社会鉴定数	在校生鉴定数
140 所	438 种	13 509 人次	36 175 人次

数据来源:苏州市高等职业教育质量年报(2016)。

表 5-9 2015—2016 年苏州高职院校社会培训情况一览表

年份	社会培训/万人	公益性培训服务/万人日	非学历培训到款额/万元
2015 年	5.01	42.70	74 793.90
2016 年	5.15	37.21	40 406.53

数据来源:苏州市高等职业教育质量年报(2017)。

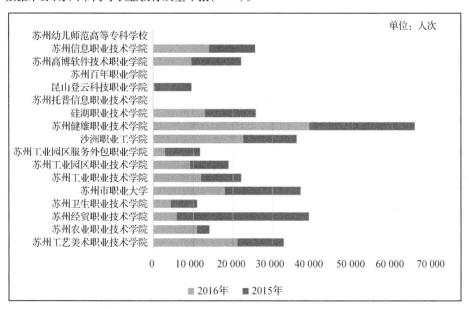

图 5-6 2015 年、2016 年苏州高职院校为企业合作培训员工情况一览图

数据来源:苏州市高等职业教育质量年度报告(2017)。

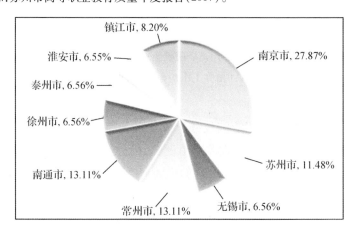

图 5-7 江苏省部分城市对口帮扶项目数及比例一览图

数据来源:苏州市高等职业教育质量年度报告(2017)。

就业方向与企业结构:苏州高职院校的人才培养主要是面向生产、管理一线的技术技能人才。从 2015—2017 届毕业生就业的企业结构分析,毕业生就业企业主要集中在规模以下的私营企业(表 5-10、图 5-8)。2016 届毕业生就业在私营企业占比高达 77.27%、国有企业 8.10%、独资企业 9.98%、合资企业 3.14;从就业企业的规模分析,规模以下占比高达 70.42%、规模以上仅占比 28.07%。从中反映出专科层次毕业生对苏州大力发展民营经济、积极促进中小微企业成长贡献比较突出;同时也折射出专科层次毕业生就业层次不高、就业面不广等问题,毕业生就业在一定程度上受到制约、存在瓶颈,技术技能人才发展的渠道狭窄。

表 5-10 2015—2017 届苏州高职院校毕业生就业企业规模统计

	2015 届	2016 届	2017 届
规模以上	58.56%	70.42%	65.87%
规模以下	27.25%	28.07%	34.13%
规模其他	14.18%	1.51%	0

数据来源:高等职业院校人才培养工作状态数据采集平台。

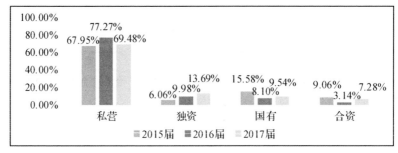

图 5-8 2015—2017 届苏州高职院校毕业生就业企业构成情况统计

数据来源:高等职业院校人才培养工作状态数据采集平台。

4. 满意程度与人才质量

人才质量是检验高等职业院校办学质量最为重要的一个方面。用人单位的满意程度比较客观地反映了人才适用程度,毕业生对自身的就业满意程度反映了社会的接纳程度,毕业生对母校的满意程度反映了学校人才培养的认可程度。

毕业生就业满意度:以服务为宗旨、就业为导向是职业教育的办学理念,就业也是民生之本;毕业生对其就业的满意度在一定程度上反映了对学校人才培养的认可度。2016 年,苏州高职院校毕业生对就业现状的满意度相比 2015 年进一步提升,达到了 90.85%,比 2015 年高出了 2.49 个百分点;与同期江苏省同类指标相比,高出了 23.85 个百分点(图 5-9)。这体现出苏州高职院校的整体办学水平和人才培养得到广泛认可,并在全省处于领先态势。

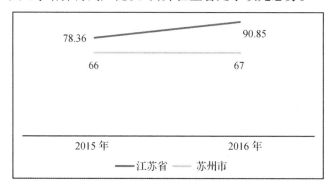

图 5-9　2015—2016 年苏州高职院校毕业生对就业现状满意度(%)统计
数据来源:《苏州市高等职业教育质量年度报告(2017)》。

用人单位满意度:作为第三方的用人单位对毕业生的满意程度,能够更客观地反映出学校人才培养的质量。2017 年,用人单位对苏州高职院校毕业生的满意度达到了 99.82%,比 2016 年上升了 2.39 个百分点;与江苏省同类指标相比,不仅高出 9.73 个百分点,更呈现稳步上升态势(图 5-10)。用人单位对苏州高等职业院校就业服务的满意度平均超过 99%,在全省具有领先优势(图 5-11)。调研显示,苏州高职院校毕业生在薪资水平上,在全省、全国缺乏比较优势。

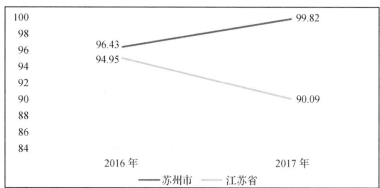

图 5-10　2016—2017 年雇主对苏州高职院校毕业生满意度(%)统计
数据来源:《苏州市高等职业教育质量年度报告(2017)》、江苏省 2017 年度用人单位招聘情况调查。

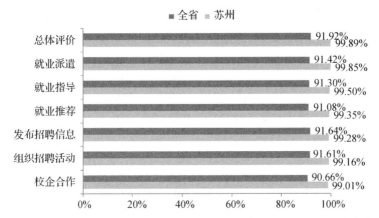

图 5-11　2017 年用人单位对苏州及全省本科高校就业服务工作的满意度

数据来源：江苏省 2017 年度用人单位招聘情况调查。

毕业生母校满意度：学生在校期间对学校的感受来自多个方面，对母校的满意程度是对学校教育教学、学习生活、条件保障和自身成长等多个方面的综合反映，相当程度上体现出了学校在人才培养上的整体情况。如图 5-12 所示，2014—2016 年，苏州高职院校毕业生对母校的满意度保持在 96.5% ~ 97.80%，均高于当年江苏省和全国的满意度，平均高出全国 5 个百分点。

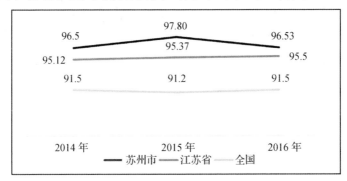

图 5-12　2014—2016 年苏州高职院校毕业生对母校满意度（%）统计

数据来源：《苏州市高等职业教育质量年度报告（2017）》。

综上所述，苏州高等职业教育结合地方经济社会的发展变化，聚焦人才培养、聚力服务社会，做出了切实的贡献。高职院校的办学数量和在校生数均占据了苏州高校的"半壁江山"，形成明显的规模效应，多元办学格局具有地方特色，院校总体发展指标和综合实力在全省乃至全国处于领先地位，为高素质技术技能人才的培养奠定了坚实基础。苏州高职院校本地生源占比较小，但对全省、全国适龄学生形成了比较大的吸引力，毕业生超过半数选择留在苏州就业；

院校社会培训富有成效,有效地满足了苏州经济社会对多样化人才的需求。毕业生就业主要集中在规模以下私营企业,具有聚集效应,为苏州大力发展民营经济、积极促进中小微企业成长,提供了坚实的人才支撑。苏州高职院校的毕业生普遍受到了用人单位的好评,毕业生对母校的人才培养满意度高,对自身的就业满意度高。苏州高职院校培养的人才主要面向江苏省,尤其是苏州市,不仅对苏州的人才贡献突出,而且对江苏的人才贡献形成有效辐射。

(二) 产业服务力现状分析

职业教育是与经济发展关系最为紧密的教育类型。区域经济发展,特别是区域经济发展中形成的产业比例、产业布局、产业政策等产业结构的变化深刻影响着职业教育的发展。与此同时,作为直接向区域产业输送人才的重要渠道,职业教育发展在院校布局、专业设置、校企合作、产教融合等结构和内涵方面的变化对区域经济发展形成重要的反哺作用,继而成为影响职业教育对地方经济社会发展贡献度的一个重要指标。

1. 专业设置与产业结构的匹配度

(1) 专业设置情况

2016年,苏州高职院校各专业大类开设的专业数、开设院校数及所属产业情况见表5-11:

表5-11 苏州高职院校开设的专业大类、专业数、院校数及所属产业统计

序号	专业类别	开设专业数/个	开设院校数/所	所属产业
1	农林牧渔大类	7	2	一产
2	交通运输大类	6	8	三产
3	生化与药品大类	10	6	二产
4	资源开发与测绘大类	0	0	二产
5	材料与能源大类	2	2	二产
6	土建大类	13	13	二产
7	水利大类	0	0	一产
8	制造大类	15	12	二产
9	电子信息大类	28	14	三产
10	环保、气象与安全大类	2	1	三产
11	轻纺食品大类	10	7	二产

续表

序号	专业类别	开设专业数/个	开设院校数/所	所属产业
12	财经大类	26	15	二产
13	医药卫生大类	15	1	三产
14	旅游大类	4	14	三产
15	公共事业大类	12	6	三产
16	文化教育大类	19	14	三产
17	艺术设计传媒大类	20	15	三产
18	公安大类	0	0	三产
19	法律大类	2	2	三产
	合计	191		

数据来源:《苏州市高等职业教育质量年度报告(2017)》。

在国家设置的19个专业大类中,苏州高职院校共开设16个专业大类,占比为84.21%,覆盖面较广,表明苏州高职院校服务经济社会的范围相对宽泛。开设最多的专业大类依次为电子信息大类、财经大类、艺术设计传媒大类和文化教育大类,分别占开设专业总数的14.66%、13.61%、10.47%和9.95%。

在开设的191个专业中,会计、机电一体化、护理、物流管理、软件技术等10个专业在校学生数最多,其中由苏州卫生职业技术学院开设的护理专业特色鲜明,其余9个专业则呈现开设学校数和在校学生数双高现象,详见表5-12。

表5-12 苏州高职院校在校学生数排名前十的专业

专业代码	专业名称	在校生总人数/人	普高起点/人	中职起点/人	总人数排序	开设院校数/所
620203	会计	6 404	4 299	2 107	1	12
580201	机电一体化技术	5 449	4 058	1 391	2	11
630201	护理	3 819	3 819	0	3	1
620505	物流管理	3 349	2 672	677	4	12
590108	软件技术	2 515	2 383	132	5	10
590102	计算机网络技术	2 370	1 674	696	6	12
560105	环境艺术设计	2 240	1 321	919	7	7
620401	市场营销	2 238	1 572	666	8	10
620405	电子商务	2 039	1 380	659	9	11
580103	数控技术	1 995	1 545	360	10	8

数据来源:《苏州市高等职业教育质量年度报告(2017)》。

与此形成鲜明对比的是,影视多媒体技术、应用韩语、涉外旅游等 20 多个专业,在校学生总数均不足 40 名,参见表 5-13。

表 5-13 苏州高职院校在校学生数排名倒数 20% 的专业

专业代码	专业名称	在校生总人数/人	普高起点/人	中职起点/人	总人数排序	开设院校数/所
590113	游戏软件	36	36	0	28	1
670140	雕刻艺术与工艺	36	35	1	27	2
510118	现代农业	35	35	0	26	1
520504	航空服务	35	35	0	25	1
530302	生物制药技术	34	34	0	24	1
670306	影视广告	33	19	14	23	2
510401	水产养殖技术	30	30	0	22	1
550102	冶金技术	29	29	0	21	1
660201	语文教育	29	29	0	20	1
660203	英语教育	29	29	0	19	1
620300	经济贸易类(中外合作办学)(国际经济与贸易)	28	28	0	18	1
660210	美术教育	28	28	0	17	1
520108	道路桥梁工程技术	24	11	13	16	1
620502	工商行政管理	24	24	0	15	1
660202	数学教育	24	24	0	14	1
590222	数字媒体技术	22	1	21	13	1
590305	通信网络与设备	21	21	0	12	1
580214	电梯工程技术	20	20	0	11	2
520527	无人机应用技术	19	8	11	10	1
620207	审计实务	19	19	0	9	1
560601	市政工程技术	17	17	0	8	1
530205	精细化学品生产技术	16	16	0	7	1
580112	医疗器械制造与维护	14	14	0	6	1
640102	涉外旅游	14	0	14	5	1
660107	应用韩语	2	1	1	4	1
670304	影视多媒体技术	2	0	2	3	2
590125	软件外包服务	0	0	0	2	1

数据来源:《苏州市高等职业教育质量年度报告(2017)》。

在这些专业中,有一部分属于被逐渐淘汰的专业,如应用韩语、涉外旅游等;另一部分则是新开设的专业,如无人机应用技术、电梯工程技术等。这也反映了苏州高职院校专业设置中既有普通专业又有特色专业,既有长线专业又有短线专业的结构特征。

(2)专业与产业的匹配度

苏州高职院校第一产业、第二产业、第三个产业对应的学校、专业大类和专业数及其占比情况见表 5-14、图 5-13:

表 5-14 苏州高职院校开设第一、第二、第三产业对应专业的学校、专业大类和专业数

	第一产业	占比	第二产业	占比	第三产业	占比
学校	2	11.76%	15	88.24%	17	100%
专业大类	1	6.25%	6	37.50%	9	56.25%
专业数	7	3.66%	76	39.79%	108	56.54%

数据来源:《苏州市高等职业教育质量年度报告(2017)》。

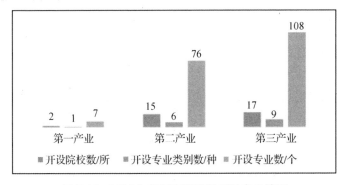

图 5-13 2016 年苏州高职院校开设专业情况

数据来源:《苏州市高等职业教育质量年度报告(2017)》。

在专业点布局上,所有高职院校均开设了第三产业专业,近九成学校开设了第二产业专业,仅有两所学校开设了第一产业专业。与第一产业、第二产业、第三产业对应的专业大类分别占总数的 6.25%、37.50% 和 56.25%,专业数分别占总数的 3.66%、39.79% 和 56.54%,在专业布局上呈现明显的"三、二、一"的结构。从各产业的比例来看,近十年来,苏州经济迅猛发展,各产业的 GDP 都呈上升趋势,其中第一产业缓慢增加,第二产业持续增长,第三产业大幅提高,2015 年第三产业占地区生产总值的比重更是首次超过第二产业,形成了"三、二、一"发展的产业格局(图 5-14)。由此可以看出,苏州高职院校在专业布局

上与苏州产业转型升级的态势相匹配。

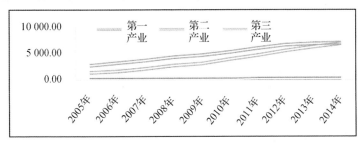

图 5-14　苏州分产业 GDP 变化趋势

作为本地主要的技术技能人才培养基地,苏州高职院校开设的专业与重点、新兴产业的对接程度,直接影响到职业教育为地方经济发展储备和输送人才的能力。从苏州人力资源市场的分析数据[①]来看,苏州目前人才需求量最大的行业是制造业,需求人数超过 40 万人,占总需求量的六成,其次为居民服务和其他服务业,需求人数近 10 万人;再次为信息传输、计算机服务和软件业需求人数 6 万多人,详见表 5-15。

表 5-15　按行业需求人数及所占比重

行业	需求人数/人	所占比重/%
农林牧渔业	0	0.00
采矿业	18	0.00
制造业	400 415	60.66
电力、燃气及水的生产和供应业	9 210	1.40
建筑业	22 499	3.41
交通运输、仓储和邮政业	10 337	1.57
信息传输、计算机服务和软件业	62 788	9.51
批发和零售业	24 883	3.77
住宿和餐饮业	24 371	3.69
金融业	1 362	0.21
房地产业	629	0.10
租赁和商务服务业	6 924	1.05

---

① 江苏省苏州市 2015 年第四季度人力资源市场职业供求状况分析报告。

续表

行业	需求人数/人	所占比重/%
科学研究、技术服务和地质勘查业	152	0.02
水利、环境和公共设施管理业	189	0.03
居民服务和其他服务业	95 277	14.43
教育	308	0.05
卫生、社会保障和社会福利业	264	0.04
文化、体育和娱乐业	239	0.04
公共管理与社会组织	194	0.03
国际组织	0	0.00
合计	660 059	100.00

从苏州高职院校开设的专业来看，一些长线专业，如会计、物流、机电一体化、数控技术、模具设计与制造、计算机应用技术等都具有设置时间早、连续招生年限长、在校学生人数多的特点，与苏州需要大量制造业、服务业、信息技术行业人才密切相关。

电子、电气、钢铁、通用设备、化工、纺织六大支柱行业一直以来都是推动苏州经济发展的主要驱动力，新材料、新能源、生物医药、新一代信息技术、高端装备制造、节能环保等产业成为苏州的新先导产业。[①] 在大力发展先进制造业的同时，苏州将现代服务业作为战略产业大力推进，以更好地支撑新兴产业发展，从而形成了先进制造业和现代服务业双轮驱动的发展模式。"随着苏州现代服务业的快速发展，其对人才的需求远高于先进制造业。"[②]

相关数据显示，苏州 2016 年 9 个重点产业，包括先进制造业领域的新一代信息技术、高端装备制造、新材料、软件和集成电路、节能与新能源和医疗器械和生物医药，现代服务业领域的金融服务、科技服务和现代物流，计划增加员工的企业比例依次为科技服务 59%、金融服务 57%、现代物流 57%、新一代信息技术 49%、节能与新能源 48%、医疗器械和生物医药 42%、高端装备制造 39%、软件和集成电路 32%、新材料 31%（图 5-15）。

[①] 苏州市统计局.2015 年苏州市国民经济和社会发展统计公报[Z],2016.
[②] 苏州市人力资源和社会保障局.苏州市 2016 年度重点产业紧缺人才需求目录[Z],2016.

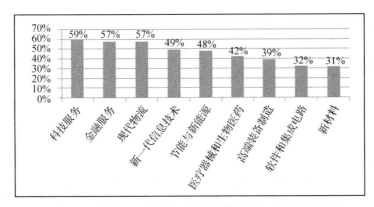

图 5-15　苏州 2016 年重点产业计划增加员工的企业比例

在转型升级背景下,许多长线专业依然是人才培养的重要载体,关键在于根据新产业、新业态、新技术对人才提出的新要求,及时调整人才培养方案、优化人才培养方式、加强内涵建设,从而实现专业的升级改造。与此同时,职业教育需要通过专业的适度增减来响应区域产业格局的调整、产业的细分、产业的转移等变化要求。近年来,苏州高等职业教育按照"稳定第一产业招生规模,适度扩大第二、第三产业规模,重点发展战略性新兴产业、先进制造业、现代服务业等相关产业领域紧缺专业"的原则,不断调整和优化专业设置,参见表 5-16。

表 5-16　苏州高职院校 2015 年及 2016 年专业调整情况

专业建设	2016 年	2015 年	增量
专业设置总数/个	501	469	32
招生专业数/个	437	429	8
新增专业数/个	37	40	-3
停招专业数/个	64	40	24
撤销专业数/个	9	4	5

数据来源:高等职业院校人才培养工作状态数据采集平台。

但是,由于人才培养需要一定的周期,新专业的培育也需要一定的时间,目前,苏州高职院校在嵌入式技术与应用、物联网技术、轨道交通技术等先进制造业领域专业,电子商务、会展管理、金融管理与实务(资产评估)等现代服务业专业方面尚属起步阶段,开设学校和在校学生数相对较少,客观上也造成了"各高等院校及教育培训机构对新产业、新业态所需人才的培养存在明显的时差性滞后"的窘境,但在主观上如何更加及时,甚至超前做好新专业设置及建设工作,也大有文章可做。

(3) 专业群对产业链的支撑度

以优势核心专业建设为龙头，带动相关专业建设，推进专业集群优质均衡协调发展，是高职教育主动适应产业链发展需要，优化专业结构，加强专业内涵建设，创新人才培养模式，大力提升人才培养水平的重要举措。2015年，苏州高职院校中有15所获得了共计36个①省重点专业群建设项目，并覆盖了132个相关专业，详见表5-17。

表5-17 苏州高职院校"十二五"省重点专业情况

序号	学校	专业群名称	专业名称
1	苏州市职业大学	机械制造与自动化	机械制造与自动化、机电一体化技术、数控技术、模具设计与制造
2		电子技术	应用电子技术、微电子技术、电子信息工程技术
3		会计	会计、财务管理、会计与审计
4	苏州工艺美术职业技术学院	环境艺术设计	环境艺术设计、景观设计、雕塑艺术设计
5		装饰艺术设计	装饰艺术设计、陶瓷艺术设计、文物鉴定与修复
6		服装设计	服装设计、服装工艺技术、服装表演
7		视觉传播媒体设计	视觉传达艺术设计、摄影摄像技术、影视动画
8	沙洲职业工学院	机械制造与自动化	机械制造与自动化、数控技术、模具设计与制造
9		现代纺织技术	现代纺织技术、纺织品检验与贸易、纺织品装饰艺术设计
10		国际经济与贸易	国际经济与贸易、物流管理、会计、市场营销
11	硅湖职业技术学院	工商管理	会计、旅游管理、物流管理、工商企业管理、国际商务
12	苏州经贸职业技术学院	机电一体化	机电一体化技术、制冷与冷藏技术、应用电子技术、电子信息工程技术
13		现代商务	营销与策划、电子商务、国际贸易实务、商务英语、市场营销
14		现代物流	物流管理、会计、金融管理与实务、工商企业管理、计算机应用技术

① 江苏省教育厅.省教育厅关于公布"十二五"高等学校重点专业名单的通知（苏教高〔2012〕23号）[Z].

续表

序号	学校	专业群名称	专业名称
15	苏州工业职业技术学院	数控装备应用技术	数控技术、模具设计与制造、数控设备应用与维护
16		机电一体化技术	机电一体化技术、电气自动化技术、自动化生产设备应用
17		电子信息技术	应用电子技术、通信技术、电子信息工程技术、电子测量技术与仪器
18	苏州卫生职业技术学院	护理	护理、助产、康复治疗技术
19		药学	药学、中药、药物制剂技术、药品经营与管理
20		医学检验	医学检验技术、卫生检验与检疫技术、医学营养
21	苏州农业职业技术学院	园艺技术	园艺技术、观光农业
22		园林技术	园林技术、园林工程技术、景观设计、环境艺术设计
23		现代农业	生态农业技术、农业环境保护技术、作物生产技术、种子生产与经营、现代农业
24		食品生产与质量控制	食品营养与检测、食品加工技术、食品药品监督管理
25	苏州工业园区职业技术学院	微电子技术	微电子技术、应用电子技术、电子产品质量检测、光电子技术、电子组装技术与设备
26		精密机械设计与制造	数控技术、机电一体化技术、模具设计与制造、计算机辅助设计与制造
27		融合通信	移动通信技术、通信网络与设备、计算机网络技术、物联网应用技术、软件技术
28		供应链管理	报关与国际货运、物流管理、会计、营销与策划
29	苏州健雄职业技术学院	信息技术服务外包	软件技术、计算机应用技术、计算机网络技术、信息安全技术
30		机电一体化技术	机电一体化技术、电气自动化技术、数控技术、模具设计与制造
31	苏州港大思培科技职业学院	现代金融服务	国际金融、物流管理、会计
32	昆山登云科技职业学院	机电产品设计与制造	模具设计与制造、数控技术、机电一体化技术、机电设备维修与管理

续表

序号	学校	专业群名称	专业名称
33	苏州高博软件技术职业学院	软件技术	软件技术、计算机应用技术、计算机信息管理
34	苏州信息职业技术学院	信息通信技术	通信技术、计算机网络技术、广播电视网络技术
35	苏州工业园区服务外包职业学院	移动互联网与服务外包	计算机网络技术、嵌入式技术与应用、移动通信运营与服务、软件测试技术
36		商务与金融服务外包	商务管理、金融管理与实务、会计与审计、物业管理

36个重点专业群主要分布在机电、电子、信息技术、艺术、现代物流、现代金融服务、服务外包、新型农业等领域,显示出苏州高等职业教育专业布局的重点是面向地方战略性新兴产业、智能制造和生产性服务业,大力发展智能制造核心技术类专业、新一代信息技术专业和现代服务专业,但同时也反映出了校际在专业设置有较明显的同质化现象。

2. 职业院校与相关企业的合作度

校企合作是职业教育的内在需求和基本形式。苏州市政府高度重视校企合作,于2014年9月颁布实施了《苏州市职业教育校企合作促进办法》,这是全省首个校企合作规范性文件,也为苏州高职院校探索学校与企业优势互补的职业教育发展途径和人才培养模式指明了方向。

(1) 服务平台

苏州市政府高度重视校企合作,2016年,市级财政共安排582.68万元用于苏州市校企合作服务平台项目建设,以满足苏州市的院校和企业的线上信息对接,线下实体对接。

(2) 合作企业

苏州高职院校中,90%的专业有合作企业,但合作企业订单培养人数不足全日制在校生的10%,这一方面显示出学校对校企合作办专业已经有充分的认识,并已落实到行动上,另一方面也显示出校企合作的深度和有效性尚待提高。

表 5-18　2015—2016 年苏州高职院校校企合作概况

工学结合产教融合	2015 学年	2016 学年	增量
产学合作企业总数/个	3 331	3 622	291
支持学校兼职教师数/人	2 824	2 935	111
对学校捐赠设备总值/万元	1 768.908	1 633.330	−135.578
对学校准捐赠设备总值/万元	3 826.74	2 179.71	−1 647.03
有合作企业的专业数占专业设置总数比例/%	88.09	89.95	1.86
合作企业订单培养人数占全日制高职在校生人数比例/%	9.43	7.14	−2.29
专任教师人均企业实践时间/天	28.52	28.10	−0.42
接收应届毕业生就业数/人	7 789	8 198	409
学校为企业技术服务年收入/万元	11 060.84	11 137.00	76.16
学校为合作企业培训员工/人天	189 868	182 562	−7 306

数据来源：《苏州市高等职业教育质量年度报告(2017)》。

为深化校企合作，实现职业教育与产业行业企业的互利共赢，鼓励企业和学校共同为苏州聚力创新、聚焦富民，高水平全面建成小康社会做出更大的贡献。苏州市教育局和苏州市人力资源和社会保障局于 2017 年、2018 年先后两批共评选出 29 家苏州市现代职业教育定点实习企业（高职组）（表 5-19、表 5-20）和 14 个校企合作示范组合（表 5-21、表 5-22）。这一举措也彰显了政府部门对校企合作的重视程度，以及政府为校企合作搭台的现实担当。

表 5-19　首批苏州市现代职业教育定点实习企业(高职组)

序号	定点实习企业名称	推荐学校名称
1	博世汽车部件(苏州)有限公司	苏州工业园区职业技术学院
2	江苏国泰新点软件有限公司	沙洲职业工学院
3	高创(苏州)电子有限公司	苏州工业职业技术学院
4	昆达电脑科技(昆山)有限公司	苏州托普信息职业技术学院
5	苏州方向文化传媒有限公司	苏州经贸职业技术学院
6	冠博软件(苏州)有限公司	苏州工业职业技术学院 苏州高博软件技术职业学院
7	苏州吴江同里湖旅游度假村股份有限公司	苏州健雄职业技术学院

续表

序号	定点实习企业名称	推荐学校名称
8	张家港中天精密模塑有限公司	沙洲职业工学院
9	友达光电(苏州)有限公司	苏州市职业大学
10	苏州东吴物业管理有限公司	苏州工业园区服务外包职业学院
11	科沃斯机器人股份有限公司	苏州经贸职业技术学院
12	苏州工业园区顺丰速运有限公司	苏州健雄职业技术学院
13	苏州东山宾馆有限责任公司	苏州高博软件技术职业学院
14	苏州大学附属第一医院	苏州卫生职业技术学院
15	苏州金螳螂建筑装饰股份有限公司	苏州健雄职业技术学院
16	华润苏州礼安医药有限公司	苏州卫生职业技术学院
17	苏州锦华宠物用品有限公司	苏州工艺美术职业技术学院
18	苏州市金鼎建筑装饰环境设计有限公司	苏州工艺美术职业技术学院
19	橡技工业(苏州)有限公司	昆山登云科技职业学院

表5-20　第二批苏州市现代职业教育定点实习企业(高职组)

序号	企业名称	推荐学校名称
1	苏州市立医院	苏州卫生职业技术学院
2	同程网络科技股份有限公司	苏州工业职业技术学院
3	江苏兴港建设集团有限公司	沙洲职业工学院
4	博众精工科技股份有限公司	硅湖职业技术学院
5	洽兴包装工业(中国)有限公司	昆山登云科技职业学院
6	苏州海悦花园大酒店	苏州信息职业技术学院
7	中国科学院苏州纳米技术与纳米仿生研究所	苏州市职业大学

表5-21　苏州市现代职业教育校企合作示范组合(高职组)

序号	学校	企业	组合名称
1	苏州农业职业技术学院	苏州泰事达检测技术有限公司	"苏农-泰事达"食品安全"校中园"
2	沙洲职业工学院	东力机电设备有限公司	沙工-东力公司校企合作示范组合
3	苏州工业园区职业技术学院	三电电子(苏州)半导体有限公司	三星半导体工科大学

续表

序号	学校	企业	组合名称
4	苏州健雄职业技术学院	国药集团致君(苏州)制药有限公司	生物医药教学产业园
5	苏州工业职业技术学院	苏州创元投资发展(集团)有限公司	校企合作共同体—创元学院
6	苏州大学应用技术学院	苏州众勤会计师事务所有限公司	专业·企业·行业:应用型财会人才校企政协同培养的探索与实践
7	苏州经贸职业技术学院	江泰保险经纪股份有限公司	教育部合作项目——我校与江泰保险经纪共建实用人才培养基地
8	苏州托普信息职业技术学院	上海普瑾特信息技术服务股份有限公司	普瑾特·托普校园电商平台
9	苏州工业园区服务外包职业学院	苏州金唯智生物科技有限公司	SISO-GENWIZ产教融合平台
10	苏州卫生职业技术学院	苏州市吴中人民医院	共建、共享、共赢——构建医教协同"互联体"

表5-22　第二批苏州市现代职业教育校企合作示范组合(高职组)

序号	学校名称	企业名称	示范组合名称
1	苏州经贸职业技术学院	苏州原创读行学堂文化旅游发展股份有限公司	苏州市中小学研学旅游校企合作示范项目
2	苏州市职业大学	苏州凡特斯测控科技有限公司	博众·凡赛斯自动化学院校企合作示范组合
3	苏州工业职业技术学院	苏州汇川技术有限公司	混合所有制企业学院模式校企合作创新服务平台
4	苏州工业园区服务外包职业学院	苏州易康萌思电子商务有限公司	电商运营校企合作示范基地
5	苏州托普信息职业技术学院	博古特机电设备有限公司	博古特·托普双主体育人平台
6	苏州高博软件技术职业学院	山石网科通信技术有限公司	"优势互补,校企共赢"——校企联合打造高端网络安全人才
7	苏州信息职业技术学院	苏州德奥电梯有限公司	德奥应用学院

(3) 顶岗实习

顶岗实习是学生通过在实际工作岗位上的亲身体验去了解企业文化、生产过程、岗位需求等情况的最佳途径,是学生将生产过程与学习过程相融合,学业与就业相匹配的最佳途径,也是企业录用合适人才的最佳途径。

苏州高职院校高度重视顶岗实习环节,积极开展校外实习实训基地建设(表5-23),组织毕业生参加顶岗实习,尤其是半年以上顶岗实习(表5-24)。

表5-23 2015—2016年校外实习基地情况

校外实训基地建设	2015学年	2016学年	增量
校外实习实训基地数/个	2 531.00	2 635.00	104.00
生均校外实习实训基地实习时间/天/生	25.71	27.12	1.41
接待学生量/人次	101 987.00	540 117.00	438 130.00
其中接受半年顶岗实习学生数/人	20 433.00	20 653.00	220.00

数据来源:《苏州市高等职业教育质量年度报告(2017)》。

表5-24 2015—2016年苏州高职院校学生顶岗实习概况

顶岗实习	2015学年	2016学年	增量
顶岗实习毕业生总数/人	29 282.00	32 166.00	2 884.00
其中接受半年顶岗实习学生数/人	20 433.00	20 653.00	220.00
企业录用顶岗实习毕业生数/人	23 062.00	24 880.00	1 818.00
企业录用顶岗实习毕业生比例/%	78.76	77.35	-1.41
顶岗实习对口毕业生数/人	24 954.00	26 738.00	1 784.00
顶岗实习对口率/%	85.22	83.13	-2.09

数据来源:《苏州市高等职业教育质量年度报告(2017)》。

2013—2016年,企业录用的顶岗实习毕业生占比约3/4,顶岗实习对口率约5/4,充分说明了顶岗实习环节在学生成长和企业用人中的重要作用,详见图5-16。

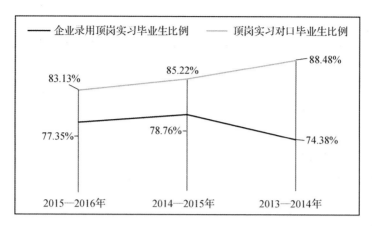

图 5-16 2013—2016 年企业录用顶岗实习毕业生比例和顶岗实习对口率概况

3. 职业教育与生产实际的融合度

（1）产教深度融合，协同培养人才

苏州高职院校与相关用人单位，通过订单班、现代学徒制等不同方式，探索共同培养人才的途径和方法。

2016 年，17 所苏州高职院校中，除苏州幼儿师范高等专科学校和苏州托普信息职业技术学院外，15 所学校都开展了订单培养项目，覆盖院校较多，但订单培养比例偏低，从 1.40% 到 22.56% 不等，具体情况见表 5-25：

表 5-25 2015—2016 年苏州高职院校订单培养情况一览表

院校名称	2015 年订单培养/人	2016 年订单培养/人	2015 年订单培养比例/%	2016 年订单培养比例/%
苏州工艺美术职业技术学院	587	649	12.05	14.66
苏州职业大学	413	595	2.99	4.42
沙洲职业工学院	129	104	2.99	2.60
硅湖职业技术学院	466	505	8.49	9.12
苏州经贸职业技术学院	793	617	8.36	6.50
苏州工业职业技术学院	1 033	1 140	13.47	14.91
苏州托普信息职业技术学院	519	0	12.40	0.00
苏州卫生职业技术学院	111	166	1.33	1.97
苏州农业职业技术学院	1 018	1 166	13.06	17.18
苏州工业园区职业技术学院	141	136	2.60	2.56
苏州健雄职业技术学院	582	672	12.18	13.62

续表

院校名称	2015年订单培养/人	2016年订单培养/人	2015年订单培养比例/%	2016年订单培养比例/%
苏州百年职业学院	74	31	4.02	2.04
昆山登云科技职业学院	2 306	1 243	39.46	22.56
苏州高博软件技术职业学院	283	139	7.33	2.78
苏州信息职业技术学院	84	57	1.97	1.40
苏州工业园区服务外包职业学院	421	533	6.22	10.62
苏州幼儿师范高等专科学院	0	0	0.00	0.00

数据来源：高等职业院校人才培养工作状态数据采集平台。

此外，有近一半的苏州高职院校借鉴德国"双元制"和英国"现代学徒制"人才培养模式，与企业共同探索新型学徒制、现代学徒制等各种类型的人才培养模式。目前，有3所学校与德国博世汽车部件（苏州）有限公司学徒制培训中心进行"双元制"项目培训，1所学校（苏州工业园区职业技术学院）成为教育部第二批学徒制试点单位。

(2) 组建职教集团，推动资源共享

在苏州市教育局的指导下，苏州高职院校整合区域内职业院校、行业企业的资源，组建市级专业性职业教育集团，为强化校企合作、校校合作、区域合作搭建了平台，为开展多校多企集群式合作创造了条件。目前，已建立了"服务外包、现代装备制造、现代电子信息、庆典礼仪与形象设计、光伏技术、创意、化工、生物医药、现代物流与现代商务"等16个职业教育集团。

在此基础上，有5所苏州高职院校牵头组建了全国性职教集团（表5-26），体现了苏州高职院校在同行中的影响力。

表5-26 苏州高职院校牵头组建的全国性职教集团

序号	牵头院校	集团名称
1	苏州经贸职业技术学院	江苏电子商务职业教育集团
2	苏州农业职业技术学院	中国智慧农业教学联盟
3	苏州卫生职业技术学院	江苏医药卫生职业教育集团
4	苏州工业职业技术学院	机械行业精密制造与智能化产教协同创新联盟
5	苏州工业园区服务外包职业学院	中国服务外包产教联盟

2016年,苏州高职院校立项创建了19个产教融合平台(图5-17),占全省产教融合平台项目的19%。在全国高职提升专业服务产业发展能力项目中立项创建19个专业(图5-18),占全省创建项目的16.5%,这些项目的建设,有效促进了产教深度融合和专业服务产业。

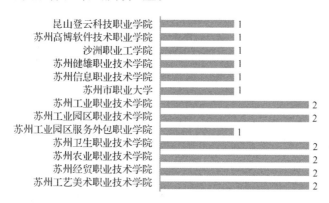

图5-17　苏州高职院校创建产教融合平台情况

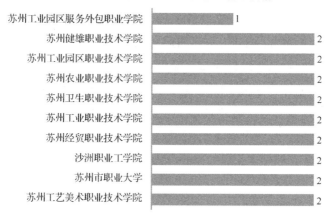

图5-18　苏州高职院校创建国家重点专业情况

（3）开发课程教材,促进深度融合

校企共同开发的课程数,从2015年的1 416门增至2016年的1 579门,共同开发的教材数,从2015年的645种增至2016年的941种,表明产教融合程度不断深入。校企共同开发的课程门数约占开设课程总门数的1/6,专业拥有校企共同开发的教材平均约两本,表明产教融合已开始在专业和课程层面开花结果(表5-27)。

表 5-27　2015—2016 年校企合作开发课程和教材情况

课程和教材	2015 学年	2016 学年	增量
共同开发课程数/门	1 416	1 579	163
共同开发教材/种	845	941	96
合作企业订单培养人数占全日制高职在校生人数比例/%	9.43	7.14	-2.29
校企合作共同开发课程门数占开设课程总门数比例/%	15.84	16.7	0.86
专业拥有校企合作共同开发教材数/本/个	1.97	1.97	0.00

综上所述,苏州高等职业教育已呈现出"规模大、布局齐、结构优、就业好、专业全"的良好态势。专业设置基本覆盖了全市主要产业,主干专业建设基本与主导产业相吻合,专业结构基本与产业结构相符合[①],与区域重点、特色、新兴产业对接程度较好,专业布局与区域产业发展水平相适应。第一产业、第二产业、第三产业对应的专业数呈现"三、二、一"的结构,与苏州产业转型升级的态势相匹配。一些与重点产业相对应的长线专业,具有设置时间早、连续招生年限长、在校学生人数多的特点,与苏州地区经济社会发展过程中大量的人才需求密切相关。同时,高职院校通过不断调整和优化专业设置,响应区域产业格局的调整、产业的细分、产业的转移等变化要求;通过增设与地域特色产业或经济发展重点产业相关的专业,为地域社会经济发展和产业发展服务。通过专业群建设,主动适应产业链发展需要,推进现有专业优质均衡协调发展,不断提升院校和专业服务区域产业发展的水平和能力。

(三) 科技支撑力现状分析

自 2000 年以来,我国高度重视职业教育的社会服务功能,尤其是科技社会服务在推动区域经济发展中的作用。政府对职业院校科技社会服务的态度从明确提出,到强化,再到强调科技社会服务实施效果的变化,至第三次全国职业教育会议强调职业院校要利用科技社会服务推动职业教育与经济社会实现同步发展。2016 年,教育部召开推进现代职业教育现代化座谈会、现代职业教育发展推进会,强调通过精准服务,实现职业教育与经济社会发展一起规划、实施、升级,不断提升职业教育自身建设和服务社会发展的能力。院校重点服务

---

① 苏州市教育局.苏州市职业教育专业结构与产业结构吻合度研究报告[R].2015.

企业特别是中小微企业的技术研发和产品升级,要求职业院校和行业企业形成命运共同体。

1. 科技对产业的贡献

当今世界,科技发展风起云涌,科技创新成为社会生产方式和生活方式变革进步的强大引领,科技和经济结合更加紧密,科技与产业实现无缝对接,科技进步对 GDP 的贡献逐年上升(图 5-19)。

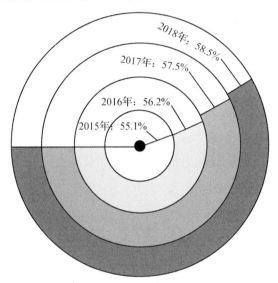

图 5-19　2015—2018 年科技进步对 GDP 的贡献度统计

作为与经济社会密切相关、和谐互动的一个整体,苏州高等职业教育始终关注本地区的发展方式转型和产业结构调整。改革开放 40 多年来,苏州经济大体历经了"乡镇企业异军突起""外向经济快速发展""城乡一体创新推进"三个阶段,校企科技合作也有着不同的时代特质。

当前,苏州面临工业化转型、城市化加速、国际化提升的重大机遇与挑战,经济要可持续发展,只有通过加快产业转型升级,打造产业高地、创新高地和人才高地,才能实现由"制造业大市"向"高端产业城市""创新型城市"的转型。苏州产业转型升级离不开职业院校的人才培养与科技支撑。

据不完全统计,2016 年,苏州高职院校承接苏州中小企业横向项目研发到账经费 8 600 余万元,校均 500 余万元;纵向联合申报项目到账经费 3 500 余万元,校均 200 余万元(表 5-28)。申请发明专利 424 项,授权发明专利 216 项,共建产学研合作创新载体 89 个,为苏州市科技进步和中小微企业的转型发展做出了重要贡献。

表 5-28　2015—2016 年苏州高职院校企业服务到账经费一览

全市高职总值	2015 年	2016 年	增量
横向技术服务到款额/万元	6 805.07	8 619.87	1 814.80
纵向科研经费到款额/万元	2 328.36	3 531.66	1 203.30
技术交易到款额/万元	1 177.20	1 278.35	101.15

数据来源：《苏州市高等职业教育质量年报（2017）》。

（1）强化服务意识

科技服务是职业教育社会服务的重要组成部分。苏州高职院校重视校企科技合作，认识到自身在承担高素质技术技能人才培养功能的同时，还肩负着打造技术技能积累聚集高地，为企事业单位开展技能培训、技术服务的重要使命。苏州高职院校主动面向产业、企业，直接对接企业的技术需求，利用自身的人才、设备、专业、技术等优势，开展技术创造和技术发明，研发成果助推苏州中小微企业技术创新和转型升级。

（2）聚焦技术技能积累

苏州高职院校通过搭建平台、组建团队，来承接项目、积累技术、丰富资源。平台是人才培养、社会服务的桥梁，苏州高职院校瞄准行业企业普遍关注与领先的关键技术，建设支撑教学与应用技术研究双功能平台，组建教学与技术创新双功能团队，在开展教学活动的同时，组织、引导师生研发解决企业实际问题的应用技术项目；通过高水平技术应用项目的研发，展示出学校服务企业的能力；师生通过项目研究，积累与企业同步或领先的核心技术，造就不可复制的核心竞争力；同时将项目与技术积累成果充分转化为教学资源，使其在人才培养过程中发挥作用，而教学资源不断丰富，又进一步充实和提升平台，推动新一轮平台建设和技术技能积累。

2. 科技与产业的耦合

在苏州产业转型升级背景下，苏州高职院校主动适应经济发展新形势，以服务中小企业需求为导向，以应用技术研究为核心，坚持科技创新和成果转化双轮驱动，与苏州中小企业同生共荣。

（1）研发方向与苏州产业结构一致

苏州高职院校把自身的发展融入地方经济建设和社会发展之中，关注区域产业调整方向，立足于苏州中小微企业的技术研究与开发，加强应用研究和技术创新。有行业背景的苏州高职院校,结合自身的实际,紧贴行业的特点和发展要求,对行业对应的产业研究重点、难点、热点有较为全面的把握,开展的科技服务具有针对性强,成果转让、转化率高的特点。苏州卫生职业技术学院2015年、2016年为企业技术服务年收入分别达到4 699万元、5 749万元。其他院校教师在坚持自己原有研究方向的同时,根据苏州经济发展的新形势、新情况进行跟踪调整,从苏州产业结构调整中培育特色科研方向。沙洲职业工学院2015年、2016年为企业技术服务年收入分别达到2 196万元、1 727万元。

(2)服务中小微企业

苏州有大量的中小微企业,2017年,苏州拥有规模以下工业企业达158 697家。从表5-29中可以看出,规模以下工业企业占苏州全部工业企业的94%,比例非常高。

表5-29　2016—2017年苏州工业企业单位数

指标	2016年	2017年
规模以上工业企业/个	9 616	9 637
规模以下工业企业/个	154 337	158 697
合计	163 953	168 334

数据来源:2018年苏州市情市力。

与大型企业相比,苏州的中小型企业对增强科技创新能力的愿望更为迫切。但由于其规模小,用于技术改造及引进、吸收支出占比较少,研发团队缺乏,通过产学研用合作来破解难题的意识薄弱,因而,拥有自主知识产权的企业较少,有的企业名义上是高新技术企业,实际却偏偏缺少核心技术。

苏州高职院校结合自身实际,把中小微企业作为科技服务对象。统计显示,苏州高职院校90%的横向项目是与中小微企业签订的,86%的技术贸易额是与中小微企业交易完成的。尽管如此,对苏州数量众多的中小企业而言,苏州高职院校的科技供给能力仍稍显不足。

(3)注重产品开发与技术服务

区别于本科院校的科研工作,苏州高职院校的科研不以理论研究和基础研究为重点,而是以应用研究和开发研究为主,服务于行业企业的技术更新与改造,重点服务企业特别是中小微企业的技术研发和产品升级。2015年、2016年,苏州高职院校承接横向技术服务到款额分别为6 805万元、8 619万元,年增长26.7%。2015年,苏州高职院校技术交易到款额1 177.2万元,2016年为

1 278.35万元,较上年增长8.6%。苏州高职院校为企业技术服务年收入统计参见图5-20。

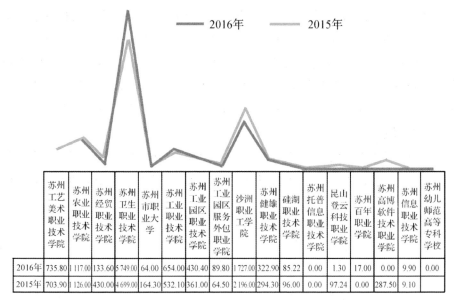

	苏州工艺美术职业技术学院	苏州农业职业技术学院	苏州经贸职业技术学院	苏州卫生职业技术学院	苏州市职业大学	苏州工业职业技术学院	苏州工业园区职业技术学院	苏州工业园区服务外包职业学院	沙洲职业工学院	苏州健雄职业技术学院	硅湖职业技术学院	苏州托普信息职业技术学院	昆山登云科技职业学院	苏州百年职业学院	苏州高博软件技术职业学院	苏州信息职业技术学院	苏州幼儿师范高等专科学校
2016年	735.80	1117.00	133.60	5749.00	64.00	654.00	430.40	89.80	1727.00	322.90	85.22	0.00	1.30	17.00	0.00	9.90	0.00
2015年	703.90	1126.00	430.00	4699.00	164.30	532.10	361.00	64.50	2196.00	294.30	96.00	0.00	97.24	0.00	287.50	9.10	

图5-20　2015—2016年苏州高职院校为企业技术服务年收入情况统计

数据来源:《苏州市高等职业教育质量年报(2017)》。

3. 科技与产业的协同

协同创新以知识增值为核心,是职业院校、科研院所、企业等创新主体之间为实现创新目标而进行的深度融合。开展"协同创新"既是当代学术发展的内在规律使然,也是苏州建设创新型城市对职业教育提出的现实要求。《国家职业教育改革实施方案》中明确职业院校要和行业企业形成命运共同体。

苏州高职院校利用人才、技术、成果等资源,与企业通过项目研究、人才交流、成果转让、共建平台,将研发优势、人才优势与市场优势结合起来,打造社会化的创新成果产业化平台,通过科研载体,积聚项目、资金,集聚高端研发人才,推进政产学研用合作,提升校企产业协同创新能力。

(1) 项目研究

当某项技术或成果存在市场机遇,而苏州中小企业自身研发能力欠缺或开发成本过高时,企业就与苏州高职院校签订"四技合同"(技术开发、技术服务、技术咨询、技术转让),以项目(课题)的方式将所需的技术委托给苏州高职院校进行研究开发。或者企业与职业院校本着"互为依托、优势互补"的原则,联合申报及完成各级各类科技项目,从而争取第三方政策及资金支持。2016 年、2017 年,在苏高职院校与企业签订横向合作项目分别为 327 项、441 项,年增长 34.9%。

(2) 人才交流

为了解决中小微企业人才不足的问题,企业委托苏州高职院校为其在职科研人员进行有效的学历教育和继续教育(图 5-21),2015 年,苏州高职院校非学历培训到款额 7.48 亿元,校均 4 400 万元。同时职业院校派出科研人员直接至企业兼职,指导企业科研、生产。如:教授博士柔性进企业、企业创新岗……仅 2016 年,苏州中小企业从苏州高职院校柔性引进教授、博士 332 名。

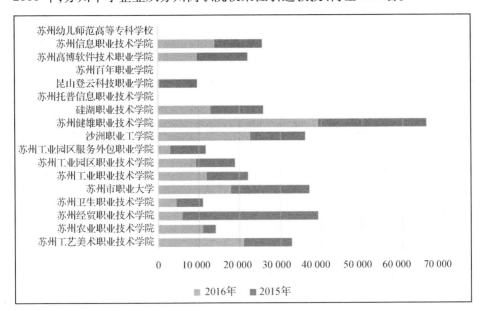

图 5-21　2015—2016 年苏州高职院校为合作企业培训员工情况

数据来源:《苏州市高等职业教育质量年报(2017)》。

(3) 成果转让、转化

苏州高职院校与企业通过专利买卖、许可,科技成果转让,知识产权入股等方式,对科学研究与技术开发所产生的具有实用价值的科技成果进行后续试验、开发、应用、推广直至形成新产品、新工艺、新材料,发展新产业。2016—2018 年,苏州高职院校发明专利申请量为 1 240 项、发明专利授权量为 558 项;实用新型和外观设计专利申请量为 1 540 项,授权量为 1 542 项(表 5-30)。知识产权转化 106 项。总体来说,苏州高职院校的科技成果转化能力需要提升突破。

表 5-30 2016—2018 年苏州高职院校发明专利申请、授权，实用新型和外观设计专利申请、授权情况一览表（部分）

序号	学校名称	发明专利申请量/项	发明专利授权量/项	实用新型和外观设计专利申请量/项	实用新型和外观设计专利授权量/项
1	苏州市职业大学	295	247	298	302
2	沙洲职业工学院	110	48	104	125
3	苏州工业园区职业技术学院	238	31	114	85
4	硅湖职业技术学院	0	0	116	109
5	苏州经贸职业技术学院	193	98	131	91
6	苏州工业职业技术学院	284	90	549	473
7	苏州健雄职业技术学院	91	34	21	18
8	苏州卫生职业技术学院	42	19	21	13
9	昆山登云科技职业学院	5	1	40	35
10	苏州高博软件技术职业学院	0	0	49	46
11	苏州工业园区服务外包职业学院	42	8	95	143

（4）共建平台

苏州高职院校通过与企业共建实验室、工程研究中心、研发平台等，使各方优势资源有机结合，共同研究开发新产品、新技术，提高各方的核心技术和竞争实力，这种合作模式能够很好地实现产学研三者之间的协同研发。据不完全统计，截至 2018 年年底，苏州高职院校校企共建重点实验室 7 个，共建工程研究中心 9 个，其他各类研发平台、创新载体（表 5-31）等 105 个。由于该平台具有信息传递速度快、沟通及时有效、学习能力强、组织冲突少的特点，同时抗风险能力很强，共赢度高，持续时间长，校企双方都认为是一种较为理想的产学研用结合模式。

表5-31 苏州高职院校创新载体情况(部分)

序号	学校名称	创新载体名称	立项建设单位
1	苏州市职业大学	江苏省3C产品智能制造工程技术研究开发中心	江苏省教育厅
		江苏省光伏发电工程技术研究开发中心	江苏省教育厅
		江苏省现代企业信息化应用支撑软件工程技术研究开发中心	江苏省教育厅
		中国丝绸产品技术创新与应用公共服务平台	中国纺织品商业协会
2	昆山登云科技职业学院	昆山阳澄湖(两岸)产学研协同创新中心	昆山市政府
3	苏州卫生职业技术学院	江苏省视觉矫正与修复工程技术研究开发中心	江苏省教育厅
4	苏州工业职业技术学院	江苏省工业机器人工程实验室	江苏省发改委
		江苏省智能机器人与成套装备制造业创新中心	江苏省经信委
5	苏州健雄职业技术学院	太仓大学科技园	太仓市政府

(5)众创空间

近年来,苏州高职院校通过市场化机制、社会化运作、专业化服务构建了便利化、全要素、开放式的创新创业服务平台——众创空间。依托苏州市职业大学建立的"太湖众创·苏州市大学生众创空间"、依托苏州工业职业技术学院建立的"苏州工业机器人众创空间"均被认定为国家级众创空间,依托沙洲职业工学院建立的"乐乎众创空间"被认定为市级众创空间。这些众创空间有效利用职业院校的有利条件,着力发挥政策集成效应,实现技术创新与社会创新相结合、创新与创业相结合、线上与线下相结合、孵化与投资相结合,为师生提供良好的工作、网络、社交和资源共享空间。

4."政产学研用"体系的构建

(1)顶层设计

苏州市政府结合苏州实际,积极制定产教融合、产学研用合作的发展规划。制定政策法规,对产学研用进行规范与指导。推进产学研深度融合,建立以企业为主体、以市场需求为导向、以市场机制为保障的产学研合作长效机制,鼓励职业院校科技创新资源向企业流动,实现企业、院校、科研院所"优势叠加",产业链、资金链、技术创新链"多重融合",打通产学研用各方合作通道,构筑"政产学研"合作体系,加快科技成果向现实生产力转化。

同时,苏州学习欧美国家的先进经验,通过构建多元化科技投入体系,让市场资本源源不断地注入创新活动,为校企的资源整合与利用提供资金保障。通过设立"校企产学研专项经费"用于校企合作的重点项目、重大平台和重要载体建设;通过建立"风险投资基金",鼓励企业和个人以社会资本参与科技创活动,基金重点用于成果转化和技术孵化。

截至 2015 年上半年,苏州与 222 所高校、科研院所开展了形式多样的产学研合作,已建成各类产学研重大创新载体 80 家、政产学研联合体 1 444 个,实施产学研合作项目 10 820 项,合作经费超 200 亿元。建立了"政产学研金介"的产学研合作体系,在重大项目研发、校企合作创新平台、人才合作交流、科技金融引领等方面取得明显成效。

(2) 科技中介服务机构建设

早在 2007 年,苏州就成立"苏州市科技成果转化中心",面向社会开展技术扩散、成果转化、科技评估、创新资源配置、创新决策和管理咨询等专业化服务。

近年来,苏州按照"服务专业化、发展规模化和运行规范化"的原则,加强科技中介服务组织建设,完善生产力促进中心、金融服务中心、风险投资机构等中介服务机构,进一步扩大其规模、数量及服务范围,充分发挥中介机构在产教融合、校企合作中的积极作用,完善技术服务、技术评估、技术经纪及信息咨询等方面职能,有效地促进了企业与职业院校之间的联合。同时发挥各类行业协会和专业技术协会人才聚集的优势,在产业化论证、科技项目申报、成果价值评估、知识产权保护及产权交易等方面提供高效服务。

综上所述,实现苏州经济社会高质量发展,必须依靠创新驱动。在苏州经济结构调整的大背景下,苏州高等职业教育通过深入推进科技和经济紧密结合,推动政产学研用深度融合,实现科技同产业无缝对接,不断提高科技进步对经济增长的贡献度。苏州高职院校强化科技服务,聚焦技术技能积累,主动适应苏州经济发展新形势,以服务中小企业需求为导向,以"四技服务"为重点,通过与企业开展项目研究、人才交流、成果转让、共建平台,助力苏州中小微企业转型升级,提升产业协同创新能力,与苏州中小企业同频共振,与苏州经济同生共荣。

（四）文化软实力现状分析

吴文化以其丰厚、精致、优雅、开放和包容等特征,成为江南文化的核心和引领,与现代苏州"崇文睿智、开放包容、争先创优、和谐致远"精神高度契合,而人才培养与区域产业行业特色的紧密匹配,最终都将表现在文化的一致性上[①],因此,植根于苏州的高等职业教育坚持以吴文化为引领,以文化人、以文育人,视文化传承创新为己任,致力于吴文化的研究和文化服务的输出,用文化助力苏州经济社会发展,为推动苏州城市文化软实力提升贡献一己之力。

1. 文化建设的认同价值

文化是学校发展的"魂",是提升学校文化软实力的"根"[②],苏州高职院校高度重视学生的文化认同价值教育,以"立德树人"为目标,认真汲取吴文化精髓,开展形式多样、健康向上的校园文化建设,培养学生对学校文化的认同感,凝聚人心,形成强大的向心力。

校园阅读活动:自2006年全民阅读活动蓬勃开展以来,苏州高职院校纷纷响应,通过各种形式,围绕"阅读"展开书香校园建设,传播和推广传统优秀文化,发挥文化育人的作用,累计已举办校园阅读节93个。从阅读活动举办的届数和内容来看,苏州公办高职院校重视程度较高,阅读活动内容与吴文化结合度较紧密,呈现出活动内容丰富、辐射范围大、参与人数多的特点。苏州市职业大学连续举办13届阅读节,以吴文化为主线,通过文化之旅、主题沙龙、专题展示、专题书展等多种活动方式,展现苏州这座历史古城的文化魅力,弘扬吴文化精神,活动辐射近4万名学生,具有一定的影响力,尤其是为学校"一带一路"留学生打造的"文化之旅",为优秀传统文化的国际渗透和推广进行了有益尝试。相对来说,苏州民办高职院校活动开展较薄弱、重视程度还不够。

校园文化活动:苏州高职院校十分重视学生文化自觉、文化自信意识的培育,以文化活动的形式,帮助学生树立社会主义核心价值观,培养学生爱国、爱校、爱文化的情结。据调研,各院校均建立了文化社团组织,2018年统计总量达331个,最多的院校文化社团达到55个,以文艺演出、讲座、演讲和展览的形式开展活动,成为开展学校文化活动的主力军,文化活动内容与吴文化契合度较

---

① 申小蓉,张翼. 对高校软实力建设若干问题的思考[J]. 西南民族大学学报(人文社科版),2007(6).

② 刘玲. 提升高职院校文化软实力[J]. 职教论坛,2012(16).

高,学生参与度、认可度等较高,能得到学生认可,文化影响作用明显。苏州卫生职业技术学院举办的首届语言文化节、《走进孙武文化园感受兵圣文化》活动和《诗风词韵传承民族文化第一届诗词大会》都紧紧围绕优秀吴文化的传承和传播开展,凭借文化的多样元素和文化魅力吸引学生,帮助学生成长成才。

校园文化传播:苏州高职院校充分运用各种传媒平台和文化场所进行文化传播,加强舆论阵地建设,营造积极向上的校园文化氛围(表5-32)。据调研,78.6%的院校建立了广播站,用声音传递正能量,从栏目设置来看,价值引导、文化传播和生活帮助是播放的主流内容。互联网时代,各院校利用新媒体快速便捷、互动性强、无所不在的特征,积极抢占"微信公众号"传播阵地,2018年各院校官方申请微信公众号总量达284个,成为各院校引导学生建立正确人生观和文化传播的新平台。经调研,目前苏州高职院校中有4本公开发行刊物,苏州市职业大学的《苏州教育学院学报》《苏州市职业大学学报》均被RCCSE评为全国高职高专核心刊物,在高职教育界有相当的影响力,为美誉学校和传播文化发挥了积极的作用;各院校内部刊物发行总量达30种,但因内刊的宣传面和受众面较窄,还未形成一定影响。同时,各院校图书馆、档案馆、校情校史教育馆等文化场自觉践行文化推广和文化育人的职能,以丰富的形式开展各种文化传播活动,将人文精神润物无声地融入学生的生活和学习。

表5-32　2018年苏州高职院校校园文化建设情况(部分)

建设内容		相关学校/所	数量
阅读推广活动	阅读节	11	11
文化活动	文化社团组织	14	331
	文化活动	14	160
文化传播	校园广播站	11	11
	微信公众号	14	284
	公开发行刊物	3	4
	内部刊物	11	30
	图书馆	14	14
	档案馆	11	11
	校情校史教育馆	9	9

数据来源:苏州高职院校调研反馈表。

2. 文化传承的创新表现

深厚的历史文化底蕴是苏州城市发展的源动力,对苏州文化的发展和经济社会的发展有着积极的促进作用,而文化的根与魂在于创新,唯有创新①才能激活优秀传统文化的生命力,使博大深厚、源远流长的苏州优秀传统文化绵延、传承,增强其适应时代的影响力和感召力。

传承与创新:苏州高职院校将传承苏州文化、创新发展苏州文化作为服务经济和融入地方文化的有力抓手,通过宣传、聆听、传艺、传习等方式,引导学生传承和弘扬传统文化,增强文化自信心和民族自豪感,2018年共开展各类文化传承活动51项,从内容来看吴文化基因明显,从形式上来看创新与传承并重,从广度来看涉及吴文化多个层面和视角,为吴文化校园传承起到了积极的推动作用,有效提高了学生的人文素养,提升了学校的文化软实力,详见表5-33。苏州工艺美术职业技术学院利用自身"工艺"优势,在"苏作"传承上大胆创新,精准开拓,"中国·苏州首届国际木版年画展暨传承·创新·交流会"为研究、保护和弘扬木版年画的人文智慧之光和其作为非物质文化遗产的文化元素精髓提供了国际交流学习平台,成为苏州历史上最大的一次版画展览盛会,也为"姑苏版画"文化的传承和输出起到了积极的推动作用②,为文化传承创新树立了典范效应。

表5-33 2018年苏州高职院校文化传承活动情况(部分)

学校名称	文化传承活动
苏州工艺美术职业技术学院	第三届传统工艺青年论坛 2018国家艺术基金艺术"苏作"人才培养资助项目 中国·苏州首届国际木版年画展
苏州卫生职业技术学院	"石湖讲坛"第30期——聆听评弹雅音 搭乘轨道交通阅读2500年吴文化 缅甸留学生体验苏州传统文化
苏州市职业大学	《2018知苏达理》科普活动 吴文化研究院与苏州教育博物馆共同传播苏州教育文化 大运河文化带建设研究院苏州分院成立
苏州工业职业技术学院	苏工院大讲堂——苏绣艺术的鉴赏 苏工院大讲堂——浅谈苏州书画及装裱文化的发展 保护母亲河公益活动

---

① 中华人民共和国教育部.教育部关于开展中华优秀传统文化传承基地建设的通知(教体艺函〔2018〕5号)[Z].
② 中国·苏州首届国际木版年画展精彩内容集锦.[EB/OL][2018-01-12].http://www.sohu.com/a/216311004_716308.

续表

学校名称	文化传承活动
苏州工业园区服务外包职业学院	传统文化进校园:苏州昆曲传习所来校展演 校园文体节之昆曲赏析:聆听古声,品味昆曲 江苏省高雅艺术进校园活动
苏州健雄职业技术学院	吴健雄节纪念活动 江南雅韵教职工评弹社创作巡演《大美太仓》
苏州百年职业学院	留学生苏绣推广活动
苏州高博软件技术职业学院	苏州传统工艺传承与保护徐雷大师工作室 "传承国学"系列活动
沙洲职业工学院	高雅艺术苏州评弹进校园活动
苏州工业园区服务外包职业学院	龙舟文化
苏州百年职业学院	非物质文化遗产—苏绣传习所
沙洲职业工学院	乐乎·公益在线

数据来源:苏州高职院校调研反馈表。

研究与成果:苏州高职教育充分利用人才资源和得天独厚的地域文化资源,潜心吴文化学术研究,成立专门研究机构21个,围绕吴文化的博大精深展开研究,为苏州文化产业提供政策建议和企事业战略咨询。苏州市职业大学吴文化研究机构以级高量多占据首位,研究方面涉及吴文化、丝绸、儿童文学、丝绸织绣产品、明式家具、中华成语、玉文化等众多"苏脉"文化,显示出高职院校在苏州历史名城建设和文化强国战略中的学术研究优势(表34)。另据调研,近七成的院校有自己的特色文化品牌,"吴文化园""紫藤花开""碑刻技艺""思源讲坛""故事姐姐"等品牌已经在文化引导方面显现出品牌效应;2018年各院校共立项18项文化研究项目,《新时代京杭运河流域(江苏段)民歌的活态保护与传承利用研究》和《深耕地域文化活化育人载体——AR+吴文化教育资源开发及创新应用研究》两项省级项目立足苏州、立足育人,对优秀传统文化教育和文化资源进行研究探索,以期焕发传统文化新活力;同年完成11部文化类著作的编撰和出版工作,以优秀的人文社科成果参与本地区的文化建设。[①]

[①] 苏菡丽,李俊飞,沈文其.产业转型升级背景下苏州高职教育服务区域经济发展的实践与思考[J].教育与职业,2018(12).

表5-34 苏州高职院校文化研究机构情况(部分)

学校	数量	机构名称	级别
苏州市职业大学	13	吴文化传承与创新研究中心	省级
		中国丝绸产品技术创新与应用公共服务平台	省级
		江苏省作家协会儿童文学创研基地	省级
		江苏省丝绸织绣产品功能检测试验基地	省级
		中国明式家具研究所	省级
		苏州市丝绸功能技术试验及检测公共服务平台	市级
		吴文化研究院	市级
		江苏省中华成语研究会教学科研实践基地	市级
		中国玉文化研究体验中心	校级
		外国语言文化研究中心	校级
		儿童文学研究所	校级
		教育与心理发展研究所	校级
		丝绸应用技术研究所	校级
苏州高博软件技术职业学院	1	苏州非遗传承与保护研究所	校级
苏州工业职业技术学院	1	苏意文化产业研究所	校级
苏州工艺美术职业技术学院	2	颜文樑思想研究会	校级
		桃花坞木刻年画社(研究所)	市级
苏州健雄职业技术学院	3	娄东文化研究所	县市级
		太仓勤廉文化研究所	县市级
		吴健雄研究所	县市级

数据来源:苏州高职院校调研反馈表。

影响与辐射:苏州高职院校对苏州经济发展和文化发展的贡献吸引了各级各类媒体的关注,据调研,2018年中央级媒体、行业媒体和网络媒体报道约有420篇。媒体的聚焦不仅在全国范围内有效地传播了苏州文化,而且多维度地传播了学校的办学方针和文化软实力,有效扩大了学校在国内的知名度和美誉度,增加了学校在社会上的影响力。从报道的数量和级别来看,苏州工艺美术学院媒体报道量120篇,得到央媒聚焦,表现最为突出。从报道的渠道来看,苏州工业职业学院得到主流纸质媒体、网络媒体、省市电视台、新媒体的多方关注,可谓立体多维、全面宣传。同时,苏州高职院校自身也在不断加大宣传推广和文化传播力度,2018年共制作学校各类宣传片、短视频、活动集锦视频、微课视频等83个,主动、踊跃地向社会宣传推广学校的办学成就和办学特色,融入地方文化建设,用行动参与和促进苏州文化的传播与发展。

3. 文化服务的社会效应

职业院校是典型的区域性学校,其职业教育具有鲜明的地方特色,立足苏州的高等职业院校密切关注苏州地方经济和文化发展,凭借吴文化优势,做实社会服务,展现学校服务社会的贡献能力。

决策支持服务:发挥人才和专业优势,为地方经济发展提供决策支持服务,是高职院校服务社会的重要表现之一。苏州高职院校各级人大代表和政协委员们认真履行人民所赋予的权力,为地方建设贡献真知灼见,2018年各院校36名代表和委员,为苏州经济社会发展和改革提出有效建议和提案30件,发挥了高职院校在地方发展中的参谋作用;各院校还为政府、企业决策积极建言献策,提供涉及民生、经济、教育和文化等方面的研究报告48篇,显示出高职院校参政议政的能力。但总体来看,与苏州内涵式高质量发展的要求相比,苏州高职院校所提供的高质量有价值的战略谋划、前瞻研判层面的支持服务还不够,反哺社会的能力还有待提升。

社团交流服务:社团交流是学校服务社会的重要渠道之一,也是展现学校办学风貌、宣传学校文化的重要平台。2018年,苏州高职院校各社团主动走出校园,通过校地、校企、校校合作,走进企业,促进企业文化发展,深入社区、医院、福利院、科技馆、图书馆等地以文艺演出、讲座展览、宣传宣讲和爱心奉献等方式开展各类文化交流活动323场,向社会奉献爱心、向民众传播文化,用行动服务社会,取得良好的社会反响。但是,社团交流过程中,传播学校文化精神和打造品牌文化的意识还较弱;相对于公办院校,民办高职院校交流服务的开展还有待提高。

志愿奉献服务:苏州高职院校以"服务社会、传播文明"为宗旨,着重培育学生"以小善积大善"的意识,引导和支持学生用善举服务社会。调研数据显示,苏州高职院校有83支学生志愿者团队活跃在苏州各行各业志愿服务岗位上,参与各种国际会议、大型赛事、宣传宣讲等志愿服务,参与环境保护、福利院爱心关爱、落后地区支教和无偿献血等公益活动,同学们用诚信和行动诠释了"奉献、友爱、互助、进步"志愿服务精神,成为苏州市志愿服务的一支中坚力量。苏州市职业大学外国语学院小红帽志愿服务团队每年人均自愿服务达100小时以上,开展活动100余次,先后70余次被中国文明网、江苏电视台等媒体报道,是一支非常有影响力的志愿者团队。

综上所述,苏州高职院校立足苏州,以吴文化为建设内涵,主动打造具有"苏脉""苏作"特色的校园文化,在人才培养过程中根植"工匠精神"、培育学生价值认同,充分运用文化引导和文化元素,提升校园文化凝聚力和创新力,为人才融入地方经济社会注入了文化基因,奠定了文化基础。各院校在大力推进校园文化的同时,自觉担当文化服务社会的职责,积极汇聚各方资源,发挥智库作用,传承和弘扬地域文化,成为促进苏州文化软实力建设不可或缺的重要力量。

(五)国际影响力现状分析

近年来,联合国教科文组织先后出台多个文件,明确提出"现代世界的每个人都需要获得跨文化能力",建议各国加强教育国际化;强调"职业教育要促进国际理解和包容,培养具有全球视野和责任意识的公民",倡导加强职业教育国际合作。《国家中长期教育改革和发展规划纲要(2010—2020年)》提出要"加强国际交流与合作。坚持以开放促改革、促发展,开展多层次、宽领域的教育交流与合作,提高我国教育国际化水平"。《高等职业教育创新发展行动计划(2015—2018年)》对"引进境外优质资源""扩大职业教育国际影响"等做出部署[1],其要旨在于辨识、学习、引进、融合、建设、传扬优质职教资源,出发点和落脚点均为进一步"提高人才培养质量"。党中央、国务院发布的《关于做好新时期教育对外开放工作的若干意见》及"一带一路"倡议都充分表明,提高我国高等职业教育国际水平和加强国际交流与合作乃是大势所趋。

1. 国际交流重视程度

苏州历史上就是一座开放包容的城市,开放包容不仅体现在每一项政策、每一个举措之中,成为苏州发展的强大引擎和有力支撑,而且内化为城市文化内涵和精神特质。2016年,国家发改委和住建部联合印发的《长江三角洲城市群发展规划》明确,到2030年,长三角城市群配置全球资源的枢纽作用更加凸显,国际竞争力和影响力显著增强,全面建成全球一流品质的世界级城市群。

---

[1] 中华人民共和国教育部.教育部关于印发《高等职业教育创新发展行动计划(2015—2018年)》的通知(教职成〔2015〕9号)[Z].

苏州位居长三角城市群地理中心,时代所向,起势在即。《苏州市国民经济和社会发展第十三个五年规划纲要》也明确,苏州要努力打造成为具有较强综合实力的国际化大城市。

多年来,苏州高职院校秉承苏州开放包容的城市精神,对组织国际交流合作、开展国际化办学都比较重视,在学校整体工作规划中都体现了相关工作内容,在组织机构建设、人员配备、专门性教学单位设置及学校内部设施设备建设上都体现了国际化办学的因素。调查显示,苏州高职院校76.47%有国际交流处等专门内设机构并配备专职工作人员,学校宣传册、宣传片等有双语版本或外语版本的有58.82%,校内路牌、指示牌等使用中英双语的有64.71%,专门规划或在学校总体规划中体现国际化要求的高达82.35%,说明苏州高职院校已经充分认识到国际化办学的重要性(表5-35)。当然与在苏本科高校相比,海外教育学院、国际教育学院等专门化的国际教育教学机构还需进一步增加。

表5-35 苏州高职院校对国际影响力的重视程度

指标	占比
是否有国际交流处等专门内设机构、专职工作人员	76.47%
是否有海外教育学院、国际教育学院等内设机构	47.06%
是否有专门规划或在学校总体规划中体现	82.35%
校内路牌、指示牌等是否使用中英文	64.71%
学校宣传册、宣传片等是否有双语版本或外语版本	58.82%

2. 师生互派交流频度

中外学生交流增长迅速。对苏州高职院校来说,学生之间的国际交流最能体现学校国际化办学水平,展示国际影响力。近年来,苏州高职院校通过积极宣传自身,提高学校知名度和美誉度,加强海外留学生生源基地建设。完善学校硬件,加强留学生接待能力。强化课程建设,按照汉语、专业、技能、文化四个模块开发各类留学生课程。丰富留学生第二课堂文化,举办国际文化节、文艺演出、留学生汉语听写大赛、中国传统文化体验课等活动,丰富留学生课余生活。大力推动职业技能大赛国际化,为专业师生提供了国际化的竞技舞台。与此同时,积极建立海外姐妹院校,寻求院校及企业海外合作。派往海外交流、实习实践、升学乃至就业的中国学生人数也在逐步增加。调查显示,2016—2018年苏州高职院校分别招收境外留学生45人、160人、239人,在校境外留学生总数分别为107人、214人、424人,到校短期境外交流生总人数分别为339人、442

人、681人,在校留学生来源国数目分别为9个、19个、24个。从总人数和来源国的数据可以明显看出,近年来,随着国家"一带一路"倡议的落实,越来越多的境外学生,特别是东南亚国家留学生选择到苏州学习。与此同时,部分欧美发达国家,乃至非洲、中美洲地区的国家的留学生也前来求学,说明苏州高职院校的国际影响力十分广泛。在中国学生外出交流方面,2016—2018年,在校生赴境外交流学习总人数分别为102人、148人、204人,也呈现稳步上升趋势,说明苏州高职院校越来越重视"引进来、走出去",更多的学生也愿意出境交流。详见表5-36。

表5-36 2016—2018年苏州高职院校学生国际交流情况表

指标	2016年	2017年	2018年
年招收境外留学生数/人	45	160	239
在校境外留学生总数/人	107	214	424
在校留学生来源国	印尼、芬兰、南非、印度、韩国、美国、马来西亚、哈萨克斯坦、毛里求斯(9个国家和地区)	印尼、法国、缅甸、巴基斯坦、蒙古、哈萨克斯坦、俄罗斯、土库曼斯坦、芬兰、南非、纳米比亚、泰国、印度、韩国、美国、科特迪瓦、马来西亚、哈萨克斯坦、毛里求斯(19个国家和地区)	印尼、孟加拉国、柬埔寨、尼泊尔、刚果(布)、缅甸、巴基斯坦、南非、蒙古、加纳、哈萨克斯坦、芬兰、土耳其、澳大利亚、泰国、老挝、巴拿马、韩国、印度、乌兹别克斯坦、瑞典、马来西亚、巴巴多斯、牙买加(24个国家和地区)
到校短期境外交流生总人数/人	339	442	681
本校学生赴境外交流学习总人数/人	102	148	204
本校学生赴境外升学总人数/人	60	51	60
本校学生赴境外实习、就业总人数/人	2	13	13

教师国际交流互动稳步增长。在苏州积极打造国际化大都市的过程中,苏州高职院校充分利用政府、院校、行业企业的海外资源和支持政策,不断选聘较为优秀的海外语言教师、专业教师,持续引进具有海外学习经历的高层次人才,

柔性引进跨国企业、高科技公司技术人员作为学校特聘教授、专兼职教师。稳步推进教师海外学历提升、专业研修、技能培训和文化交流，实施教职员工海外"充电"计划。调查显示，2016—2018年，苏州高职院校的在校外籍教师总人数分别为66人、59人、54人，总体保持稳定。外籍教师来源国逐步优化，以欧美教育水平较高的发达国家为主，同时还有当今世界几大通用语言的母语国家等。当年外派半年以上境外留学及进修经历教师数和境外高校和研究机构、国际组织、境外刊物任职总人数均有上升趋势，说明职业院校尤其是高职院校越来越重视教师的国际交流（表5-37）。需要指出的是，表格中仅仅列出了外派半年以上的教师人数，实际上，还有更多的教师每年到境外教育发达地区、各友好国家、城市及院校开展短期交流和访问。从表5-37中还可以看出，苏州高职院校中，也有部分教师出境参加学术会议，甚至在2018年，还有4位教师在境外高校和研究机构、国际组织、境外刊物任职，实现了该方面零的突破，体现了苏州高职院校师资水平的稳步提升，为院校培养国际化人才，拓展国际影响力打下了坚实的基础。

表5-37　2016—2018年苏州高职院校教师国际交流情况表

指标	2016年	2017年	2018年
在校外籍教师总人数/人	66	59	54
外籍教师来源国家和地区	澳大利亚、日本、美国、罗马尼亚、加拿大、德国、英国、墨西哥、中国台湾、印度、俄罗斯、马来西亚、新加坡	澳大利亚、日本、美国、英国、乌克兰、亚美尼亚、加拿大、德国、印度、俄罗斯、马来西亚、新加坡、墨西哥	日本、美国、英国、加拿大、德国、澳大利亚、墨西哥、奥地利、印度、俄罗斯、马来西亚、新加坡
当年外派半年以上境外留学及进修经历教师数/人	11	17	17
当年出境参加学术会议教师人数/人	/	14	14
境外高校和研究机构、国际组织、境外刊物任职总人数/人	/	/	4

3. 项目成果获取程度

国际合作项目稳步推进。苏州不仅拥有全国9所中外合作办学本科高校中的2所,即西交利物浦大学和昆山杜克大学,更是拥有全国唯一的中外合作办学性质的高职院校——苏州百年职业学院。在职业院校国际化办学中具有开拓性意义。为贯彻落实国家"一带一路"倡议,2017年以来,苏州百年职业学院与巴拿马政府合作,招收了大批巴拿马留学生,得到了中巴两国政府的充分肯定,在首届进口商品博览会期间,该项目师生还得到了专程来华的巴拿马总统的接见。与此同时,民办性质的苏州高博软件技术职业学院也把办学拓展到了中美洲,在西印度大学位于巴巴多斯的校区建立了办学机构,并成建制招收留学生,体现了苏州经济社会发展的吸引力和苏州高等职业教育的实力。调查显示,2016—2018年苏州高职院校拥有获批外合作办学项目数分别为24个、24个、28个,当年举办国际会议、国际论坛等国际性活动数分别为1次、3次、9次,呈现逐年上升趋势,说明在苏高职院的国际合作参与度越来越高。拥有获批的中外合作办学机构数、拥有在境外单独或合作设立的机构数均没有发生变化,说明国际合作项目合作关系稳定。详见表5-38。

表5-38 2016—2018年苏州高职院校国际合作项目情况表

指标	2016年	2017年	2018年
拥有获批的中外合作办学机构数/个	3	3	3
拥有获批的中外合作办学项目数/个	24	24	28
当年举办国际会议、国际论坛等国际性活动数/次	1	3	9
拥有在境外单独或合作设立的机构数/个	1	1	1

国际合作成果正逐步显现。随着苏州高职院校国际合作办学日益推进,合作的内容日益丰富、成果逐步显现。积极实施"国际通用职业资格证书引进计划",将"国际通用职业资格证书"标准引入专业课教学,实现专业课程与"国际通用职业资格证书"对接。双语教学乃至全英语教学的课程逐步增加,国际合作研究项目数、发表论文数等增长明显。调查显示,2016—2018年苏州高职院校当年中外联合发表论文数分别为17篇、18篇、22篇,当年中方教师在境外刊物发表论文数分别为66篇、64篇、105篇,数量呈上升趋势,说明教师的国际合作意识越来越高,合作成果也更丰富。使用原版教材的课程数、全部使用外语教学的课程数、使用双语教学的课程数也呈现上升趋势,说明课程教学中的国际化成分越来越高,各高职院近年来更加重视采用国际上先进的教材,详见

表 5-39。

表 5-39 2016—2018 年苏州高职院校国际合作成果情况

指标	2016 年	2017 年	2018 年
当年国际合作研究项目数/个	8	4	16
当年来自境外科研经费总额/万元	70	70	70
当年中外联合发表论文数/篇	17	18	22
当年中方教师在境外刊物发表论文数/篇	66	64	105
使用原版教材的课程数/门	151	144	156
全部使用外语教学的课程数/门	142	139	144
使用双语教学的课程数/门	84	121	130

伴随着苏州持续优化开放布局、拓展开放空间、丰富开放内涵、提升开放能级的创新实践，苏州高职院校根植苏州、立足本校、面向全体师生，精准发力、定向施策。在办学理念上实现了从"自我发展"到"开放包容"的转变，在制度设计上实现了"管理为主"到"服务为先"的转变，在课程设置上实现了"单向引进"到"品牌输出"的转变，在教育环境上实现了"经济先行"到"文化育人"的转变，中外合作项目的推进呈现出良好的发展态势，师资队伍国际化视野不断提升，学生群体跨文化能力不断增强，高职院校国际影响力不断拓展，实现了较好的经济、社会和文化效益。

综上所述，苏州高等职业教育为区域经济发展提供了强有力的保障，但从推进苏州经济社会创新发展和职业教育现代化的要求来看，高职院校服务能力仍有一些问题和不足有待破解。

1. 人才供给与社会需求存在落差

高职院校数量与苏州人口和经济发展规模还不匹配，院校区域分布的空间密度差异明显，资源配置有效供给尚显不足；人才培养的数量、规格与苏州率先发展对高技能人才的需求有落差，人才质量规格有待提升突破，本科及以上的职业教育供给急需增加；多元办学格局下，院校间的发展还不均衡。

2. 专业、科技对产业的支撑有待提高

专业设置同质化程度相对较高，与新兴产业对接相对滞后，引领产业能力还不足，专业与产业间存在结构性矛盾；企业参与职业教育的内生动力还不强，校企合作广度和深度有待提升；教师参与企业项目开发和技术攻关还不够，科技成果与企业实际需求存在脱节现象，知识产权转化为生产力的比例亟待提高;资源共享的推进还需要突破瓶颈。

3. 文化辐射和国际影响特色不够鲜明

高职院校的"苏式"文化特色需要凝练,地域文化传承创新需要加强,校园文化反哺地方经济社会发展的能力需要进一步提升;国际合作"请进来、走出去"力度还不够,中外合作的平台和项目层次偏低,国际化办学水平和影响力与城市对外开放的能级定位尚难匹配。

四、服务能力的提升对策

改革开放以来,苏州从农转工的"苏南模式",到内转外的"开放样板",再到量质并举的"小康典范",始终以理念创新引领发展模式创新,一直担当国家改革发展探路的"排头兵"。《国家职业教育改革实施方案》明确指出,"职业教育与普通教育是两种不同的教育类型,具有同等重要的地位";《中国教育现代化2035》则提出,提升职业教育服务能力是实现教育现代化的主要发展目标之一,开启了职业教育改革发展的新征程。苏州地处经济发展的高地,高等职业教育在社会进入高质量发展时代,必须从率先实现教育现代化的高度,以探索引领、率先发展、标杆示范为己任,依托已有先行先试所形成的先发优势,聚焦服务贡献,聚力提升服务地方经济社会的能力,创建出发展新空间和新优势,打造高等职业教育内涵式高质量发展的升级版,努力构建富有苏州特色、引领江苏、辐射全国的高等职业教育服务地方经济社会发展的新样本。

（一）优化布局、均衡发展,实现人才培养的优质供给

1. 增加数量优化布局

一是增加院校数量。从数量上看,苏州高职院校的院校数已超过本科院校,但与GDP相当的城市相比,每百万人拥有高等职业院校数仍较低;从人口变化看,根据《苏州市"十三五"人口发展规划》测算,到2020年苏州的人口总量将接近1 400万人。对此,苏州应依据未来发展需求,新建5~8所高职院校。二是优化院校布局。针对高职院校分布密度差异大、个别地区尚未实现覆盖的现状,进一步优化院校对接区域链、产业链的布局,填补部分市(区)没有高等职业院校的缺口,使城区和各市(区)高等职业教育资源形成功能互补。

2. 促进院校协同发展

建设多元办学格局已经成为职业教育改革的重要方面,并列入了《国家职

业教育改革实施方案》中。苏州在推动企业和社会力量举办高等职业教育方面,多元办学格局已经形成并取得了明显的成效,走在了全省、全国前列;在未来的发展过程中,应进一步加大政府的支持力度,从总结经验、创建样本的视角强化多元办学的体系化探索实践。一是强化顶层设计,以苏州《关于加快全市民办教育发展的意见》为指导,在支持社会力量办学的同时,建立公开、透明、规范的准入、审批、考核等制度,为公办与民办教育的协同发展、区域高等职业教育的均衡发展提供政策保障。二是充分利用苏州职业教育资源形成聚集区,并已建成国际教育园的特点,着眼现代职业教育体系建设,实施区域共建策略,深入推进校际联动,促进各院校间的协同发展。三是充分发挥苏州职业教育集团、苏州高职高专院校联席会议及所属教学、学工、产教和后勤四个联盟的平台优势,加强政府的统筹指导,强化资源共享、融合发展,深化项目化的运行和管理,在办出特色的同时,促进各院校间的协同发展。

3. 打造全国知名院校

苏州高职院校整体实力在全省名列前茅,但与城市发展的新定位相比,缺乏在国内、省内具有标杆性、引领性的职业教育品牌院校,需要统筹规划、系统打造。一是从政府层面,研究出台《关于加快推进职业教育现代化的实施意见》,将打造高等职业教育名校纳入市政府"名城名校融合发展"战略中。二是在实施层面,按照全省领先、全国一流的目标,遴选1~2所办学底蕴深厚、办学实力强、办学特色鲜明、错位发展有优势的院校,加快推进高职教育区域品牌建设,彰显苏州高职教育在全省乃至全国的地位。

(二)调整结构、产教融合,提升产业贡献的匹配能力

1. 调整优化专业结构

一是进一步优化高职院校的专业结构,建立健全专业与产业的联动机制。人社和教育主管部门定期对苏州所需人才进行供需分析和数据公布,对苏州高职院校长线专业的改造、短线专业的去留、新专业的开设等提供有效指导。各学校在根据学校自身进行专业设置时,应与地方需要同频共振、与相似院校存同求异,避免过于同质化发展,通过专业的适度增减响应区域产业格局的调整、产业细分、产业转移等变化要求,通过专业的适度增减响应区域产业格局的调整、产业细分、产业转移等变化要求,努力打造"一校一品"、各校互补的专业格局。二是进一步做强做优品牌特色专业,优化人才培养方式。做强苏州高职院

校现有的品牌专业,使之更有效地发挥对地方经济社会发展所需的专业人才和专业技术的强大支撑作用;做优苏州高职院校现有的特色专业,使之更有效地发挥对地域经济社会特色发展的互哺作用;引导苏州高职院校及早部署开设新专业,使之更有效地发挥对地方新兴产业所需专业人才和专业技术的储备和引领作用,根据新产业、新业态、新技术对人才提出的新要求,及时调整人才培养方案,从而形成既有品牌优势又有区域特色的动态发展的专业布局。三是进一步促进专业链与产业链的协调发展,建立健全专业群与产业链联动机制。以产业链、人才链、创新链的内在关联,指导苏州高职院校专业打破原有的院系设置束缚,形成与产业需求和企业实际相匹配的专业集群发展新形态,以满足经济社会发展对多样化、多类型和紧缺型人才的需求,全面提高职业教育人才培养质量和社会服务能力。

2. 打造校企共赢局面

一是进一步激发企业参与职业教育的内生动力。遴选行业或区域内的知名企业,加大财政支持力度,加强行业企业与职业院校的理念、资源与制度"三对接",实现院校教育供给侧与政府、企业需求侧的有效对接。鼓励和支持校企联合开展招生就业、专业建设、实习实训、科研攻关等,对于接收学生顶岗实习和教师顶岗锻炼的企业给予补助。对于推动产教融合成绩突出的企业,可认定为"产教融合型"企业,给予一定资助或税收减免等优惠政策。二是进一步加大产教融合、协同育人的深度。以已有的职教集团为平台,集中政府、行业、企业、学校四方优势,聚焦专业、课程、教学、教材等人才培养关键要素,大力开展现代学徒制、双元制、订单班、顶岗实习等培养方式,鼓励企业尽早、尽快、全面、深度参与人才培养的全过程。

(三) 注重转化、资源共享,发挥科技创新的驱动作用

1. 促进科技成果转化

以平台为科技成果转化载体,实施协同共享运行机制创新。一是开展校企协同资源共享和交流平台建设。建立线上线下无缝对接科技成果转化服务平台,实现科技成果的供给端、需求端、资金端的精准对接。企业及时发布自身技术需求,推动合作院校积极对接;高职院校及时发布最新研究成果,为企业技术革新和转型升级提供支撑。二是组建或借助专业化科技成果转化服务机构推进成果转化工作。科技转化服务机构作为校企双方合作的纽带,要努力使科研

成果价值在生产链中被高效利用和转化。三是加大对科技成果转移经纪人的培养力度。科技成果转移经纪人所经纪的对象是科技成果,科技成果的商品特殊性决定了其对从业人员有较高要求。

2. 完善资源共享机制

苏州高职院校要扩大科研资源对外共享和开放的范围,尽快建立科研设施与仪器开放共享的网络信息和服务平台,切实提高科研设施与仪器的利用效率与效益。针对国务院《关于国家重大科研基础设施和大型科研仪器向社会开放的意见》,苏州已出台了相应的实施细则,明确了政府投资形成的物品的性质,为资源共享服务提供一个稳定的法律环境,从而保证苏州高职院校研发资源共享的制度化与规范化。2018 年,江苏省出台了《江苏省大型科学仪器开放共享补贴实施细则》,苏州应及时修订完善相关细则,根据自身实际,扩大支持范围,新增与仪器设备使用相关的研发、技术服务内容;实现双向补助,鼓励管理单位将研发资源对企业进行开放共享,加大对管理单位的绩效补助,以此加速释放科技服务潜能,提高研发资源利用效率,有效支撑中小微企业科技创新。

3. 构建科研评价体系

苏州高职院校要积极引导广大教师面向经济建设主战场开展科学研究,把科研评价从单一的学术评价、论文评价和获奖评价,拓展到成果转化评价、产业贡献评价、经济推动评价和社会服务评价等,逐步探索建立综合科学的科研评价体系,以此作为教师职称评审、科研人员绩效考核等方面的重要内容。政府要把科技创新工作、为社会发展的贡献度纳入职业院校考核评估的指标体系,把对产业竞争力的贡献大小作为评价重点。

(四)立足地方、传承创新,扩大文化服务的辐射效应

1. 提升智力服务层次

在国家倡导"统筹推进重点建设一批具有较大影响力和国际知名度的高端智库,造就一支坚持正确政治方向、德才兼备、富于创新精神的公共政策研究和决策咨询队伍"的大背景下,苏州市政府《关于加强苏州新型智库建设的实施意见》中明确指出,"全市将以每 5 年为一个建设周期,着力打造 10 至 15 个市级重点智库"。苏州高职院校应积极行动、全力支持,发挥职业院校与地方经济发展紧密贴合与匹配的优势,发挥院校专业齐全、人才密集和文化引领的优势,主动承担起苏州"新型智库"建设高端人才培养任务和"新型智库"建设推进任

务,与政府协同建设高水平"新型智库"和"重点智库",发挥高端智库咨政建言、舆论引导、社会服务等功能,以高质量和有价值的研究成果助力苏州经济硬实力提升。

2. 提高文化创新水平

教育部《关于开展中华优秀传统文化传承基地建设的通知》中指出,"为深入推进中华优秀传统文化全方位融入高校教育,不断创新新时代高校传承中华优秀传统文化的理念,将在全国普通高校开展中华优秀传统文化传承基地建设"。苏州高职院校应积极响应,以此为目标,潜心笃志研究吴文化与现代苏州精神的融合价值,自觉承担高水平和高质量创新传承吴文化的重任,经过5年左右的努力,打造3~5个国家级文化传承基地,在更深广的层面和范围展示、挖掘吴文化的博大精深和现代价值。大力开拓与地方经济相关的文化产业,把文化转化成现实的生产力,为地方经济注入时代气息和新鲜血液,促进文化产业的繁荣和发展,提高文化创新对经济发展的影响力。

3. 发挥文化引领作用

苏州人的文化自信来源于延续了2 500多年的吴文化的影响力、吸引力,苏州高职院校文化软实力与吴文化共生共荣、休戚与共的关系,为院校开展文化传播、发挥文化引领提供了先决优势。各高职院校应积极推进校园文化资源的开放共享,为社会民众提供高品质的文化项目和文化精品,满足区域民众的文化期待;通过文化活动、社团交流和社会服务扩大文化交流和辐射范围,加大院校文化软实力向社会民众的渗透和辐射,发挥文化精神引领作用,促进区域民众的文化进步、价值认同。

(五) 拓展渠道、提升内涵,形成国际影响的示范高地

1. 拓展合作交流途径

一是挖掘政府资源,加强校地合作。通过友好城市、经贸关系等官方平台和渠道,筛选优质的合作院校,加强成功项目的交流和学习,拓展合作院校;尤其是加强苏州高职院校与"一带一路"沿线国家政府部门、高等院校之间的合作。二是企业牵线搭桥,深化产教融合。协助苏州本地企业走出去,在外设立海外培训中心,要与更多的境外企业建立校企合作关系,输送毕业生到境外实习、就业,面向境外就业市场需求开展专门的高职类教育;促进搭建产教协同平台,形成苏州高职院校"走出去"的合力。三是开展调查研究,提升合作质量。

依托现有中外合作项目,增进合作双方政治、经济、教育、人文乃至风俗习惯等基本信息的相互了解;通过课题研究,促进合作项目向纵深发展。

2. 夯实合作交流基础

一是加强师资队伍建设,提升人才培养质量。地方政府要搭台牵线提供高质量的国际化职业教育培训项目,拓宽留学、进修、交流的渠道,尤其是面向高等职业教育的渠道,适当降低对高职教师职称和科研的准入要求,为高职院校教师搭建更多通向目标国家及院校的桥梁;适当增加1~3个月的短期访学或交流项目,允许和鼓励老师出境参加学术会议,并不受每年因公出国编报的限制;组织苏州高职院校外事干部、留学生管理人员开展业务能力培训;探索在苏高校间实现国际化优质师资共享,在语言教学、专业教学中探索成本共担、共同使用模式。二是加大经费支持力度,增强国际交流实力。加大对苏州高职院校中外合作办学的财政支持,探索试点属地政府为招收留学生的苏州高职院校提供生均经费补贴,为留学生提供政府奖学金,尤其要为高职院校留学生设立专门奖学金,在学校奖学金资助之外为优秀留学生提供资助申请的可能性;为学校相关教学、生活设施设备建设提供专项经费支持,为中方学生到海外进行短期交流提供专项经费支持,尤其要减少学习成绩优秀学生海外交流的家庭经济压力。三是加大宣传力度,吸引优质生源。丰富苏州高职院校外文网站内容,充分利用境内外各类媒体宣传自身优势和特色,提高苏州高职院校的国际知名度和美誉度。省、市相关政府部门对招收境外留学生和引进境外教师要给予政策和运作的专业指导;组织苏州高职院校到境外进行招生宣传,使更多的境外学生了解中外合作办学项目。

(六)完善体系、提升地位,提高职业教育的吸引能力

1. 完善现代职教体系

在新的社会发展形势下,现代职业教育体系的构建、完善显得尤为必要和紧迫。一是要新增市属本科院校。在苏州城市进入高质量发展时代、职业教育进入崭新发展阶段的背景下,苏州应从供给侧和需求侧两端发力,主动引导现有本科院校、独立院校向应用技术型高校转型,并遴选相关优质高等职业院校提升办学层次,组建市属应用型本科院校。二是扩大高职本科试点规模。进一步开展市内外本科高校与苏州高等职业院校的本科人才培养合作,积极探索建立高职"专本连读""本硕连读"及高职办本科专业等人才培养新机制。三是推

进特色化体系建设。立足苏州实际,优化职业院校层级结构,改善人才供给体系,形成技术技能和应用型人才的培养高地,在特色鲜明、层次分明和体系完备的基础上,创建具有苏州特色和国际水平、支持和引领苏州经济社会发展、体系完善的现代职业教育体系。

2. 提升人才社会地位

切实提高技术技能人才的社会地位是大力弘扬工匠精神,主动呼应人民群众和社会各界对职业教育新期待的关键举措。一是加大宣传力度。苏州应在大力推进现代职业教育体系的建设过程中,加大职业教育的宣传力度,大力弘扬工匠精神和劳模精神,以劳动模范、智慧工匠、高技能人才表彰等为载体,营造全社会关心支持职业教育的良好氛围,使"劳动最光荣、劳动最崇高、劳动最伟大、劳动最美丽"成为新时代的风向标。二是推进普职融通。将工匠精神的培育融入基础教育;探索实施普职融通新模式,在普通教育中注入职业教育元素,尝试举办综合高中。三是提高社会地位。提高一线技术技能人才的收入水平,给予高职毕业生参与公务员、事业单位招考等平等竞争机会。增强职业教育的吸引力,需要多措并举、形成合力,以技术技能人才的获得感、满足感、成就感,真正实现职业教育吸引力的提升。

第六章

苏州高等职业教育的创新发展（案例）

创新是引领发展的第一动力。党的十八大以来，习近平总书记对创新发展提出了一系列重要思想和论断，把创新发展提高到事关国家和民族前途命运的高度，摆到了国家发展全局的核心位置。党的十八届五中全会提出"五大发展理念"，排在首位的就是"创新发展"①。

在城市"优先·率先·创新"发展的过程中，苏州大力推进高等教育、职业教育的改革创新，成为全国开展地方政府促进高等职业教育发展综合改革试点城市、全国唯一的高等教育国际化示范区、首批江苏省职业教育创新发展实验区。2019年5月，国务院副总理孙春兰到苏州调研，对苏州高职院校与企业为落实《国家职业教育改革实施方案》，加快推进产教融合，补齐人才短板、推动高质量发展的经验与做法给予充分肯定和赞许。2019年，苏州被评为"江苏省首批职业教育改革发展成效明显的设区市"。

苏州高职院校结合城市发展定位，高等职业教育创新发展需求和自身办学实际，在不断完善办学条件、提升办学综合实力的同时，围绕人才培养模式的改革、校企深度融合、创新创业教育、文化传承创新、国际合作交流和社会服务能力等多个方面，探索实践创新举措，区域高等职院之间形成了整体协同、错位竞争、特色发展的发展格局。

---

① 丁旭光.创新是引领发展的第一动力[N].南方日报.2016-02-20.

一、人才培养模式

【案例一】"六化并举"柔性适应人才培养模式的实践创新

新技术的快速发展和产业转型升级对技术技能人才提出了新要求,促使高职教育人才培养目标从面向具体技能岗位的刚性人才,向面向培养具有基本素养、迁移能力和可持续发展能力的柔性适应技术技能人才方向转变。苏州市职业大学电气自动化技术专业自2013年开始以"柔性适应"为抓手,开展高职人才培养模式改革,积极探索新型制造业人才培养之路,构建了政、行、校、企多主体协同参与,行业大学、企业学院、现代学徒制试点、校企合作订单班和顶岗实习等产教融合的"多态同构"育人体系;逐步形成了以"课程体系动态化、学习资源网络化、教学环境实境化、管理平台智能化、教学组织个性化、教学评价多元化"为特色的柔性适应人才培养模式。

一、引入"柔性适应"理念,改革人才培养体系

在校企合作形式、人才培养方案、课程设置、教学内容、学习形式、管理方式和考核评价手段等方面探索与实践,柔性适应人才培养过程的新变化和新需求,立足培养职业素养良好且具有职业迁移能力和可持续发展能力的人才。

二、构建了"多元协同、多态同构"的产教融合育人平台

探索政、行、校、企多主体协同参与人才培养的新机制,构建了行业大学、企业学院、现代学徒制试点、校企合作订单班和顶岗实习等多种形态的人才培养新体系。

三、实施"六化并举"人才培养策略,柔性适应贯穿教学过程

提出了"小课程、多模块、动态替换、产训结合"的柔性适应课程思路,打造了"随企业要求而动,随学生选择而动,随学习项目而动"的小课程多模块动态化课程体系。建成了适合碎片化学习、移动学习和翻转课堂的网络化教学资源。搭建了以智能制造与控制工程训练为特色,体现企业文化氛围的实境化教学环境。引入真实生产车间进校,搭建虚拟仿真系统和数字化实训资源。自主研发了钥匙智能管理、电源智能管理、实训管理云平台和实训知识地图等系统,构建了动态开放的智能化管理平台。实施校企双师导学制,组建了多层次、多形式的多元创新个性化教学组织。形成了学校、企业、学生多主体多方参与的

多样化评价体系。

(四)创新特色与建设成效

创新特色:创立了"柔性适应"的高职教育人才培养新模式,促进了学生职业素养、岗位迁移能力和可持续发展能力的全面培养;创设了"多元协同、多态同构"产教融合育人的新路径,引领校企合作人才培养形式与内容的变革;创新了"六化并举"的教学管理新体制,形成了教学组织实施柔性适应的新机制。

建设成效:基于多态同构的"六化并举"柔性适应人才培养模式探索与实践,有力地推动了专业建设、人才培养和教学改革等各项工作水平的提升,取得了显著成效。2015年,电气自动化专业获江苏高校品牌专业建设工程一期A类建设项目,柔性适应人才培养改革成果获2016年苏州市教育教学成果奖(高等教育类)特等奖,该成果被江苏省教改办推荐为省教育改革创新典型案例。2013年,新华社、《人民日报》《光明日报》、中央人民广播电台、中国新闻社、《中国教育报》等16家中央、省、市权威媒体就我校深化高等教育综合改革进行了主题采访,2015年《城市商报》等媒体专题报道了我校"六化并举"创新人才培养具体实践进行了专题报道。三年来,100多个高校和近90家企业来我校参观交流,"六化并举"的建设成果得到了充分肯定。

【案例二】 定岗双元:德国双元制本土化"苏州样本"

苏州健雄职业技术学院所在地江苏省太仓市,是国内德资企业密度最高、发展最好的地区之一,2015年太仓德资企业已经超过230家。学院借鉴德国双元制职业教育模式,形成独特的双元制本土化成果——"定岗双元"人才培养模式。该模式先后获江苏省高等教学成果一等奖一项、特等奖一项,2014年获得国家级教学成果二等奖。

一、探索校企深度融合的德国"双元制"本土化模式

根据德国双元制职业教育的精髓,由学校和企业作为人才培养的共同主体,针对岗位(群)要求,校企共同制定培养方案,工学交替组织教学活动,学生与企业签订职业培训协议,成为企业的学徒,以"学生"和"学徒"双重身份接受学校和企业的共同培养。组建以政府、学校、企业、行业为主体的董事会,负责教学标准制订、教学过程管理和培养质量评价,企业融入教学全过程。

二、构建"三站互动、分段轮换"的教学实施模式

围绕学生职业发展目标和企业岗位目标,形成"三站互动,分段轮换"工学

交替教学实施模式,构建双元制本土化课程体系。学校负责专业理论课程、培训中心负责职业模块培训课程、企业负责专项岗位技能课程。建立了学校评价、培训中心评价和企业评价等全方位、多角度的评价标准和原则,最后通过第三方权威机构的职业资格认证。

三、打造双元制本土化人才培养的教学团队

围绕双元制本土化人才培养的总体要求,根据校企互动、分段交替的教学实施过程,组建了三位一体的教学团队,课程教学团队由具备双师素质的学校教师组成;模块化培训团队由技能精湛、接受过双元制教学培训的师资组成;岗位技能指导团队由企业一线的岗位技术骨干组成。针对教学团队,引进德国优质培训资源,系统开展德国工商大会双元制职业教育培训,进行德国双元制职业教育资格认证。

四、建设"政行企校"四轮驱动的培养平台

德国双元制本土化的关键是打造由地方政府、行业、企业和学校共同建设的人才培养平台——跨企业培训中心,按照德国企业培训中心的建设标准,按照德国专业标准建设硬件设施,引进德国博世集团和舍弗勒公司等德资企业现场管理体系。跨企业培训中心作为校企合作的载体,与企业开展校企双元培养、资源整合、文化融合,成为校企紧密合作的桥梁与纽带。中德培训中心现已成为德国工商大会上海代表处在中国联合创办最成功的跨企业培训中心,成为国内规模最大的双元制人才培养平台和德国职业资格考试基地。

五、构建现代学徒职业素养的培养体系

按照企业对员工职业素养的要求,结合专业的特点,接轨企业现场管理要求,在中德培训中心建立了ISO质量管理体系、实施5S管理和TPM管理、建设安全管理体系、编制现场管理教材、实施企业目视化管理手段、建立职业素养行为评价标准,从职业素养培养的管理制度、职业环境、项目载体、培养手段和评价方法等方面建立了系统的职业素养培养体系,提升学徒的职业素养。

六、建设双元制本土化推广的服务平台

德国工商会上海办事处与学院共同成立"AHK中德双元制职业教育示范推广基地"。该基地的宗旨是集聚整合境内外双元制职业教育资源,加强中德培训中心内涵建设,延伸中德培训中心技术服务链,目前该基地围绕双元制职业教育项目合作、AHK职业培训考试中心、AHK职业技术能力进修培训、国际教育和技术项目合作、双元制本土化的可持续发展战略等多个方面全面开展工作,已经为 20 多所兄弟院校提供双元制师资培训、双元制本土化系统方案制订和国际合作交流提供技术服务。

【案例三】 青年职业农民培养的"苏南模式"

为了培养与区域现代农业发展相匹配的新型职业农民尤其是青年职业农民,苏州农业职业技术学院从 2013 年开始先后与太仓市政府、昆山市政府合作,开展改革创新,探索青年职业农民"定向招生、订单设计、双主体培养、多元化教学"的苏南模式。

一、定向招生、定向培养

根据太仓、昆山农村农业发展的需求,由太仓市、昆山市政府制定政策,招收本地户籍的应届高中毕业生进行定向培养。学校与地方政府明确针对性培养的项目合作,学生和地方政府间明确定向培养、定向就业的支持保障与约定待遇。

二、订单式设计、双主体培养

在培养青年职业农民的过程中,由地方政府和学校共同管理,实施双主体培养。校、地双方根据苏南农业发展的特点和需求,订单式设计课程体系,采用"模块—项目—实践专题"的设计形式,对应职业岗位设计了生产技术模块、经营管理模块、现代装备模块、职业素质模块、生态休闲模块等五大体系,每个模块均由 5~8 门项目课程和 2~4 项专业实践或专题培训组成;教学内容紧贴地方农业生产经营、农村管理的实际需要。

校、地双方共同实施人才培养过程。专业教育教学在学校和太仓市村镇基层双线实施;地方农委经验丰富的管理干部与学校教师共同担任班主任;专业核心课程由学校教师和地方技术人员共同任教;专业理论技能学习与农业生产实践学习始终相互结合;教学内容中生产技术与经营管理并重、专业技术与职业素养并重、专业学习与岗前培训并重、现代装备与信息智能并重;专业课程以社会考核为主、文化课程以学校考核为主。

三、双向双行、分段实施、农学融合

三年的培养过程分为两个秋冬季、两个春夏季、两个暑期学期共六个阶段;依据农时确定学段,农学融合开展教学。整个教学过程中,学生从事农业生产实践的时间占到学习总时间的一半左右。过程培养的每个阶段实现了教学地点、教学内容的双向双行和农学融合,学生在学习的过程中始终对接地方村镇,见习"全科农技员"的工作。

四、以人为本、拓展提升

地方政府推进项目的人性化管理,学校积极打造提升学生职业素养的平台。定向培养生中有学历提升要求和国际教育体验要求的,校地双方都予以支持。凡提升学业完成后服务地方农村农业发展的,政府均予以政策保障。为了让学生体验国外先进的农业生产和管理技术,拓宽学生的国际视野,夯实管理基础,提升青年职业农民的职养,学校打通了欧洲园艺业职业资格培训的路径,现有10位定向培养生参加了 BTEC 项目培训,赴荷兰培训学习先进技术和理念。

学生毕业后,作为农业专业技术人员统一调配到太仓市、昆山市基层农村、合作农场和农业园区从事农业生产经营、技术服务、管理等工作。项目实施三年来,首届学生100%取得农机驾驶证等职业资格证书,形成专业项目学习报告400余份,100%的学生具有超过一年的地方村镇实践经历。学生的自我管理能力、解决问题的能力等综合素质明显高于相近专业学生的平均水平。人才培养获得了地方政府及基层村镇的肯定,取得了良好的成效。

【案例四】 浇灌卓越之花——探索"高职护理卓越人才"培养之路

随着人口的老龄化、人类疾病谱的改变及社会大众健康意识和健康需求不断提高,社会对护理人才的需求,在数量上居高不下的同时,在人才质量上也不断提升。苏州卫生职业技术学院探索高职卓越护士培养计划,培养高素质的护理人才。

一、顶层设计,全院参与

学院在2014年、2015年开办"卓越护士"实验班,确定了卓越护士实验班的人才培养方案和可行、可靠、高效的具体实施方案。制定"素质课程平台、岗位胜任力课程平台、拓展课程平台"三平台课程体系,提出"厚人文、精技术、懂关怀、能胜任、会学习"卓越护士人才培养目标。卓越护士培养项目为学院重点教改项目,每一门课程立为一项教改子项目,开课前一学期,由专家对每门课程的教学实施进行把关后再实施。

二、深度改革,不断创新

在学生自愿报名的基础上,经个人自述、回答问题、无领导小组讨论、心理测试等多部分组成的面试,择优录取卓越实验班学生。开展建制小班化、课程临床化、教学信息化、评价多元化等一系列卓越护士培养教学改革,强调人才培养学校和医院的教学过程、资源和情境三融通。强调"基础—核心—综合"的专业能力三阶递进。强调从传承到创新、从理念到行动的人文素质立体化培养,创新实践了显性课程与隐性课程的双线推动。

任课教师充分利用卓越护士实验班小班教学的优势,精心挑选既适合学生特质又符合教学内容要求的教学方法。在理论教学中,充分利用信息化教学的优势,以翻转课堂、小组讨论、案例讨论等灵活的教学方式,增强学生对理论知识学习的兴趣,夯实理论知识的积累;课堂授课与课外自主学习相结合、个体学习与小组学习相结合。首次引入临床一线护理人员担任专业导师,借助临床专业导师,实现高职护理教育的早临床、多临床、反复临床,促进"成人护理"等专业课程的教学改革,提升高职护理学生临床护理能力与思维,内化医学人文素养,尽早规划职业生涯发展。

借助学院与境外院校建立的友好合作关系,组织学生赴台湾新生医护管理专科学校进行为期26天的出访,通过理论学习、医疗机构参访、校园体验、文化考察等方式,开阔学生视野,提升他们的可持续发展能力。

三、总结经验,多方辐射

随着教改的推进,学生的知识运用能力、自主学习能力、评判性思维能力、团队协作能力等各方面均呈现进步趋势,综合素质不断提高;各课程的考试成绩明显高于普通护理、"3+2"、日护等班级。学生在学校的各项比赛中成绩优异;在大学生课题的申报中,卓越班主动申报并立项课题6项,占比全院的30%,其中3项被评为江苏省大学生科学创新课题。

项目组在教改过程中不断总结和凝练,并将成熟的卓越教改经验和优秀的教改成果逐步推广到普通护理班的人才培养实施中,做好相关的监察和研究对比工作,并适时向药学、检验等其他专业推广。

学校在全国护理教育研讨会暨第6次护理学院(校)长论坛上,所做的《高职高专卓越护理人才培养模式探索》主题报告,得到大会的高度评价,引起了会议代表热烈反响,进一步扩大了卓越教改项目及我院的影响力。

【案例五】 创设教学复特班培养复合型创新人才

苏州工业职业技术学院秉着"我在乎你"的学院精神,以复合型创新人才培养为重点,以软件专业复特班(即复合型特长生班,经严格选拔程序而组成的班集体,班级规模20人左右。)为教改载体,围绕基础知识巩固、基本技能强化、创新能力培养、核心能力提高和高新技术培训五个方面进行特长生培养,实现"学做创"连贯的创新人才培养模式。

一、主要举措

1. 创设教学"特区",构建人才培养新方式。创造性地引入企业工作管理模式,为优秀学生建班设组,形成有别于常规的教学"特区"——复特班。复特班配备优秀的指导教师,实施单独制订的人才培养方案,采取专门化教学手段。在人才培养过程中,做到兴趣爱好优先培养、新技术课程优先开设、企业资源优先配置和创新训练优先开展。复合型创新人才培养的新方式,有效解决高职院校现有标准化人才培养扼制学生个性发展的问题。

2. 注重个性发展,创新选拔机制。组班前进行集体宣讲,学生自主报名,教师或学长推荐;组织报名同学参加素质拓展项目,在活动中进一步了解学生的兴趣特长;笔试采用综合卷形式,由程序题、IT英语题、逻辑题组成;面试内容包括展示自制作品、了解兴趣爱好、集体活动经历和个人职业发展规划,综合考量学生的沟通、合作、主动、创新、成就动机等方面;师生评价部分由该生的任课老师和同学参与评测。

3. 紧跟新技术开展创新应用,形成软件创新人才培养新途径。紧跟IT技术发展新趋势,瞄准职场新岗位,突出新技术训练。围绕新技术,优先开设新课程;通过学习研究新项目,学生快速掌握新技术;熟练应用新技术,开发新的软件作品;在开设新课程、学研新项目、开发新作品的过程中,逐步形成创新人才培养的新途径,解决了当前高职毕业生岗位综合适应能力弱的问题,培养了一批基础实、技术新、思路活的复合型创新人才。

4. 建立持续激励机制,驱动自主学习新举措。改变以往单纯以成绩衡量学生学习效果的考核评价机制,针对不同阶段,实施考核激励、兴趣激励、考证激励、竞赛激励、创新激励、就业激励组合拳,建立持续激励机制,驱动学生学习动力持续增长。兴趣引导专业入门,考证、竞赛夯实专业基础,创新激发学生活力,就业引领学习方向。建立的持续激励机制,解决了现有培养体系缺乏对复合型创新人才持续关注的问题,确保创新人才的培养质量。

二、建设成效

1. 集体表现优秀。复特班在各级各类比赛和活动中均取得突出成绩,在"蓝桥杯"全国软件大赛中分获江苏省、全国各类奖项共计29人次;获得程序员、JAVA软件工程师、全国计算机信息高新技术证书等获证比例达90%；担任团、学、社团等各类组织负责人比例60%以上。软件12F1班被评为志知行十佳班集体，软件13F1班被评为院先进班集体。

2. 学员表现卓越。复特班中涌现出尹可可、赵冬晋、吕永磊等优秀典型。尹可可在校期间担任班长，组织协调能力较强，毕业后在盟拓软件（苏州）有限公司从事Android开发，受到企业领导的一致好评；赵冬晋荣获国家奖学金，英语、数学和计算机成绩突出，在校期间获得各级各类荣誉达25项，实习3个月已成为企业技术骨干；吕永磊担任机器人社团负责人，完成的体感机器人项目在2015年全国职业院校学生技术技能创新成果交流赛中获优秀项目一等奖。这些同学均具有团队协作精神及创新能力，是复合型创新人才的突出代表。

3. 实习就业质量高。目前，软件12F1班和软件13F1班已毕业，软件14F1班校外实习，三个班级的就业实习数据在同类专业中名列前茅。软件12F1专业对口率达90%，学历晋升8人，占班级比例的38%；软件14F1校外实习才刚开始，实习专业相关度已达65%，2017年6月毕业后专业对口率还将进一步提升。软件12F1班和软件13F1班目前的专业相关度数据均超过省2015年软件技术专业相关度的47%。

【案例六】 苏南民间工艺人才培养模式的创新与实践

苏州高博软件技术职业学院位于苏州高新区，学校依托紧邻东渚玉雕、镇湖刺绣、光福核雕与木雕等工艺文化名镇的地理位置优势，创新人才培养模式，做好苏州国家级非物质文化遗产的研究与保护工作，培养苏南民间工艺人才。

一、创新办学机制，成立苏南民间工艺学院

学校依托政、校、协、企合作，成立苏南民间工艺学院，实施"政府搭台、大师唱戏、校企合作、共促发展"的运行管理机制，采用公司化运营模式，特聘核雕大师、刺绣大师、玉雕大师参与办学，主持教学管理工作，通过学校招生、工艺美术大师面试的方式，甄选传承人培养人选，每年招生规模近100人。学生入学即入职、招生即就业，具备学生和学徒的双重身份。

二、探索"现代学徒制"培养新机制，制订人才培养方案

学校成立了由多名工艺大师组成的现代学徒制专家指导委员会，创建苏州乃至江苏省内领先的现代学徒制人才培养模式。根据工艺美术行业标准，共同确定"艺术设计""雕刻艺术设计"专业标准，完成培养目标定位，制订"玉雕设

计与工艺""核雕设计与工艺""香山帮古建工艺"等8个专业方向人才培养方案、专业课程标准、单元设计、多方评价考核体系及行业标准等。学校采用大师指导、专家授课等形式，大师教学团队参与实践实训类课程教学，学生通过"拜师学艺"方式传承与创新传统工艺。定期选派学院教师到企业挂职锻炼，提高教师的操作技能。建立校企互聘共用教师机制，完善校企双重教学管理体系。打造一支数量充足、素质优良、专兼结合、校企互聘互用的混编师资团队。

三、成立大师工作室，开设"非遗"试点班

通过学校自筹、企业资助等形式募集资金140多万元，建设9个大师工作室，学生在大师指导下使课程作品与企业产品完美结合，积累了真实行业项目经验，实现了"校中厂、厂中校"真实的民间工艺行业工作环境。采用"拜师学艺""双师教学"等形式，开设大师核雕艺术试点班、大师玉雕设计试点班、大师刺绣设计与工艺试点班、大师服饰设计试点班、大师核雕艺术等试点班。创立了"五合一"教学模式：教师与师傅合一，教室与作坊合一，学生与学徒合一，就业与创业合一，作品与产品合一。

四、牵头文化创意产教联盟，加大校内外实习实训基地建设

学校联合苏州市工艺美术协会、东渚镇政府成立苏南工艺文化创意产教合作联盟，与中国工艺文化城等近50家知名工艺文化企业签订了稳定的校企合作协议。"民间工艺美术人才培养基地""中国核雕人才培训基地""中美文化交流中心/中国传统文化培训基地"等先后在学校挂牌成立。同时，学校利用软件技术优势，助推"移动互联网+民间工艺"，改革传统的作坊式的生产模式，整合大数据平台，创建"民间工艺大数据平台"，真正实现集"行业标准、5D体验、大师线上视频答疑、线上教学"等功能于一体的信息教学资料库，为学生提供了学习交流平台。

五、教学科研初见成效，社会评价日益提高

通过两年的实践，苏南民间工艺学院已有150名毕业生通过"招生即就业"模式，优先到苏州乃至其他地区工艺大师艺术馆就业，推动了苏南工艺文化产业的传承与创新发展。2015年10月，《姑苏晚报》和高新区宣传部分别以"现代学徒"传承创新民间工艺和培养"接地气"民间工艺人才（苏南民间工艺学院"三创"结合）为主题相继报道。

二、校企深度融合

【案例一】"培训换设备"起步"设备换科研"探路
——校企合作创办"工科大学"的探索与实践

校企合作是高职院校实现办学目标的必要途径,是发展高等职业教育的必由之路。苏州工业园区职业技术学院与三星电子(苏州)半导体有限公司(以下简称"三星公司")的合作始于 2002 年,校企合作大体经历了四个阶段:一是以感情为基础、以人才供给为特征的"订单教育"阶段;二是以服务为纽带、以互惠为特征的"培训外包"阶段;三是以可持续发展为目标,以深度融合为特征的"研发合作"阶段。四是校企整合优势资源,为员工学历提升提供服务,行业、企业、学院多方推动高端技能型专门人才培养阶段。

一、基于企业学院的"设备换培训"

2005 年,三星电子(苏州)半导体有限公司首次向苏州工业园区职业技术学院赠送了一套上千万的半导体设备,被完整地移植到了学院的防静电无尘车间,在校内建立了"三星半导体培训学院",打开双方校企深度合作的序幕。公司免费送设备,学校负责授知识。在此"培训换设备"模式中,学院每年将选派老师作为访问工程师去三星公司学习了解生产线的业务流程,以及实际操作规则与要领;同时,利用这些生产设备,提供人力资源培训。三星公司将员工培训任务交给职业院校,形成校企共同投入、双赢合作、互惠互利。

二、基于研修中心的"科研换培训"

2011 年,双方又联合建立了"三星设备技术研修中心",成为校企合作开展生产设备升级研发,加快科技开发和科技成果转化的基地。三星半导体为学院提供价值将近 3 000 万元的半导体生产设备,均为国内半导体生产行业先进设备;该研修中心由传感器实训室、运动控制实训室、IC 应用技术实训室、机电设备实训室及工业工程安装实训室等七大实训室构成。在研修中心,专业教师根据三星企业的实际需要,与企业共同开发专门人才技术培训课程。学校专业教师与三星半导体的工程师共同开展设备改造研发工作,为企业的半导体生产设备升级提供技术支持。研修中心不仅是开放式的高端技能人才培养培训基地,更依托与三星企业联合成立的江苏省微电子工程技术研发中心,成为科技开发和科技成果转化的基地。

三、基于强强联合的"三星工科大学"

2012年9月3日,三星电子(苏州)半导体有限公司与苏州工业园区职业技术学院合作建立的"三星半导体工科大学"正式挂牌成立。2012年的首届学员将接受为期三年的本科学历提升教育,一方面满足了企业员工自身的学历要求,另一方面更为企业提供了核心技术人才。三星半导体工科大学是三星公司在大中华区设立的首家工科类企业大学,也是国内首例构筑学历提升教育的外企模式。所有培训学员都采用全脱产的方式,在苏州工业园区职业技术学院接受为期三年的本科学历提升教育。毕业后,学员将获得苏州工业园区职业技术学院颁发的培训证书及苏州大学成人高等教育本科学历证书。这不仅满足了员工职业生涯发展的个人需要,也为企业培养了核心技术人才,并且提升了高等职业教育的企业贴合度,实现为产业培养技术精英的社会责任。三星工科大学的建立还得到了苏州工业园区培训管理中心的政策扶持,而校企联合培养高技能人才的合作也正是工业园区人才战略的一个缩影。

四、成效与启示

从"培训换设备"到"科研换设备",学院的微电子技术专业于2008年成为国家示范学校的重点建设专业,成为高职教育改革中校企合作、工学结合的成功案例。与三星企业的深入校企合作,培养出了1名国家教学名师,建成了1门国家精品课程,建立了1个省级教学团队,取得国家教学成果奖二等奖1项,与三星企业联合申报建立的"江苏省微电子工程技术研究开发中心"通过验收,2011年,又获批中央财政支持的微电子技术专业实训基地。依托企业学院,学院专业教师为三星电子提供了总计超过12万人次、人均40学时的在职人员培训,"企业学院"的校企合作模式也成为三星集团全球最佳校企合作模式,三星电子(苏州)半导体有限公司总经理也因此受到三星集团的特别嘉奖。

【案例二】 构建"三级企业学院"创新本土化校企合作模式

苏州工业职业技术学院深入实践产教结合、校企合作的现代职业教育发展理念,利用苏州地区区域经济发展的优势,在政府主导、行业指导、企业参与的办学机制下,打造深度融合的校企共建"三级企业学院"。从保障机制、合作路径、运行机制、合作内容四个方面构建基于"三级企业学院"的本土化高职校企合作创新模式,在人才培养质量、社会服务能力等方面取得了显著成效。

一、成立四方合作理事会，实现校企合作保障有力

2013年，学院以"政府搭台，行会牵线，校企合作，四方联动"为宗旨，成立了理事会，由市委常委担任理事长，学院党委书记、院长为副理事长，吴中区政府市发改委等政府有关部门为副理事长单位，创元集团等知名企业为理事单位。2015年，学院牵头成立了苏州市现代电子信息职业教育集团，校企合作办学得到广泛支持和有效保障。

二、推进"十百千"工程，实施校企合作路径多样化

2013年，学院积极推行校企合作"十百千"工程，即在学院层面与十个以上高新技术开发区(产业园、科技城)或行业协会建立全面战略合作关系，为学院发展提供决策依据；各系(院)分别与百个以上的企业建立长期紧密的校企合作关系，为专业建设、人才培养、课程改革等提供服务和帮助；学院每位教师至少对接两家以上企业，与企业开展千个以上具体合作项目。

三、构建三级企业学院，建立校企合作机制新常态

构建学校、系(院)、专业三个层面的企业学院。学院层面校企共建企业学院，重在推进办学体制机制的创新实践；系(院)层面校企共建二级企业学院，重心在系(院)，重点把校企合作育人的主线落实到人才培养全过程；专业层面校企共建三级企业学院，出发点和落脚点在专业(群)，活力在专业人才培养模式的不断创新，专业群及其群内的每一个专业、每一门课程(群)、每一本教材、每一个实训项目、每一项大赛、每一个社团等，每一位专业教师至少承担其中一项及以上的校企合作项目。三级企业学院构建了"专业+企业"的新型合作模式，为专业建设和人才培养提供全面支撑。2016年学院出台《关于推进三级企业学院(厂中校)建设的若干意见》，将三级企业学院(厂中校)建设作为未来三年重点打造的校企合作特色项目。

四、实施"六大"品牌项目，推进校企合作内容创新

通过企业学院，学院将校企合作内容贯穿于人才培养全过程，通过六大品牌项目全面实现合作的创新。一是冠名、订单建班级，实现人才共育。二是实践、实习工作站，实现师生共享。三是博士、教授进企业，促进科技服务。四是劳模、经理进校园，推动文化育人。五是领导、干部互聘挂，实现优势互补。六是党建、团建手拉手，确保保障有力。

五、亮点与成效

"三级企业学院"的探索，提出了"构建三级企业学院校企深度合作"的理

论框架与方法体系,特别是创新"专业+企业"的新型合作模式,实现了校企合作育人的深度融合;走出了一条产教结合、校企合作本土化实践的人才培养新路径,加强了专业建设和人才培养,打造了"合作办学、合作育人、合作就业、合作发展"综合平台。实践过程中,校企合作成效显著提升,人才培养质量显著提高,社会服务能力显著增强,获得社会各界广泛认可。2015年5月26日,江苏省教育厅第13期教育工作简报上对我院做了题为《苏州工业职业技术学院推行企业学院形成本土化校企合作新模式》的专题报道。理事会成立以来,《光明日报》分别以《212家企业为何青睐一所高职院校?——苏工院特色化培养人才纪实》《找准校企合作"最大公约数"》《奏响产教融合新乐章》,《中国教育报》以《苏州工业职院紧盯产业调整办学方向、加深校企合作——校企在"无缝对接"中和谐共振》为题进行了深度报道。

【案例三】 实践"五共"人才培养模式强化校企合作育人特色

苏州经贸职业技术学院紧扣苏州市现代服务业和先进制造业发展需求,将企业生产规律、高职教育规律、学校教学规律、学生成长规律相融合,深化校企共育、共培、共管、共融、共赢的"五共"人才培养模式改革,把"五共"特征融入全校各专业人才培养全过程,为区域经济发展培育了大批高素质技术技能人才。

一、"工商融和"校企共育

充分发挥"商科"和"工科"两大专业群优势,相继设置了纺织品检验与贸易、现代纺织技术、应用电子技术、计算机应用技术等复合专业及专业方向,形成了以"商科"类和"工科"类两大核心专业群为框架结构的专业大类(平台),为打造校企共育"工商融和"人才培养模式提供了坚实的基础。在课程设置上重视工科类专业课程和商科类专业课程在体系划分和资源整合方面的融合,每个专业至少开设5门(10学分)的"工商融和"类课程,形成了80门"工商融和"课程库。

二、"订单培养"校企共培

积极支持各类专业与大型或骨干企业共同签订"订单培养"协议,企业全程参与人才培养方案的制订与培养过程的管理,为学生提供部分或者全部学费和奖助学金,学生毕业后直接到该企业就业。学院牵头组建了包含105家单位组成的"江苏电子商务职教集团",扩大与集团内企业单位开展"订单式"人才培养的数量，实现了学校、企业和学生"三赢"的效果。2014年，学院成为教育部牵头的"江泰保险实用型人才培养培训项目"全国首批8所入选高职院校之一，与江泰保险经纪股份有限公司合作开设"江泰保险经纪"订单班，将企业先进的保险经纪技术技能引入专业人才培养领域，江泰公司提供学生实习费用，80%以上的毕业生到江泰公司就业。

三、"工学交替"校企共管

积极开展"工学交替"人才培养模式实践与探索，让学生交替进行课堂学习和生产岗位实习，主动调整教学计划，解决好"工"与"学"在时间上冲突的问题，完善校企共管的组织管理机制。旅游管理专业与苏州原创旅行社、苏州教育旅行社等紧密开展校企合作，采用"旺入淡出"的校企共管"工学交替"人才培养模式，旅游管理专业的每名学生平均每年带团30次以上，目前服务旅客人数已累计达到6 000多人，学生的导游技能水平得到了很大的提升。同时聘请苏州原创旅行社的业务技术骨干作为课程兼职教师，重点负责工学交替教学管理的指导与考核，通过校企联手，共育人才，缩短学生毕业上岗适应期，实现了校内教学与旅行社岗位需求的无缝对接。

四、"嵌入课程"校企共融

软件技术专业与微软江苏技术中心、苏州天平数字先进科技有限公司开展校企合作，开展"校企共融、嵌入课程"的协同培养，校企共同设计"嵌入课程"的课程标准，构建"企业流程引导、全真项目嵌入、四层阶段递进"的专业课程体系，重点培养具有移动应用创意设计与应用程序开发技术的复合型人才。打破了以往统一班级、统一时间的上课模式，通过专业实训室预约开放的管理措施，鼓励支持学生在课余时间进行技能实践操作训练，建设了一批专业优质核心课程，显著提升了学生的嵌入式系统设计的专业知识和实际设计能力。

五、"顶岗实习"校企共赢

通过校企合作组织学生参加半年以上的顶岗实习。物流管理专业与苏州大洋物流有限公司合作，在人才培养的第5学期，选派优秀的实训学生到企业的客户公司现场进行项目化顶岗实习，在实际工作岗位上以"准员工"的身份进行生产实践，接受企业文化的熏陶，获得了学生家长和大洋物流的一致好评。电子商务专业根据企业分散导致同一单位对顶岗实习人数较少的实际情况，创新性地实施了"师徒结对式"顶岗实习人才培养模式，与江苏仕德伟网络科技公司、同程网络科技股份有限公司等公司紧密合作，校企制定完善《师徒结对实施办法》《师徒结对管理办法》等规章制度,鼓励师傅将部分业务移交给顶岗学生完成,并对学生顶岗承担的具体业务完成结果进行评价,提高了顶岗实习的人才培养质量。

【案例四】 打造一平台两基地 创新"医教协同、产教融合"的校企合作体制机制

苏州卫生职业技术学院围绕校企间"人才共育、过程共管、成果共享、责任共担",打造一平台两基地,积极探索校企合作办学体制机制的创新。

一、整合资源,牵头组建职业教育集团

学院牵头组建江苏医药卫生职业教育集团,成员包括20家中高职和本科医药卫生类院校(含境外学校)、7家行业协会、33家企业医院和3家有关政府部门。通过整合教育资源和医药卫生资源,形成一个政府主导、学校主体、行业指导、企业参与、国际合作,实现资源共享、合作育人、社会服务、国际交流功能的"五方联动、四位一体"多元合作交流平台。

集团率先在全国构建了医药卫生类中职—高职—本科贯通、具有江苏特色的现代医药卫生职业教育体系,为学生多样化选择、多路径成才搭建起"立交桥"。组织召开全省"医教协同基层卫生人才培养研讨会"等专题研讨,组织制定高职护理专业标准,校、院、企联合开展课题研究,筹办专、兼职教师培训和教学竞赛。集团在合作办学、合作育人、合作就业、专业建设、基地共建、人员互聘、科学研究和社会服务等方面发挥出积极作用,良好运行也进一步延伸了校、院、企共生发展的连接点,实现了江苏医药卫生教育协同发展、资源共享的良好格局,显示出江苏医药卫生职业教育品牌效应。

二、院系合一,建设"医教一体"的子实体附属医院

学院构建了口腔系与口腔医院(义齿制作中心)、眼视光系与眼视光医院"院系合一"的子实体组织架构,附属医院承担教学任务独立运作,学院将人才培养工作、临床医疗服务等工作一并纳入对其综合目标考核体系,保证了人才培养"医教一体"的产教完全融合。

两家医院稳健发展,门诊量与业务收入逐年上升,为反哺教学、促进人才培养创造了优良条件:为人才培养模式改革搭建平台,为学生职业能力培养提供真实环境,也成为双师型专业教师培养基地和服务社会的载体。口腔医院入选"苏州市口腔卫生指导中心"和"江苏省口腔专科医师规范化培训基地的协同医

院",在全国同类院校口腔医学技术专业中走出一条"医技教一体、产学研融合"的人才培养新路径。眼视光医院被列为江苏省"白内障无障碍"扶贫定点医院,创新形成"医工复合、双证融通"的人才培养模式。"院系合一、医教一体"的体制机制创新开创了医疗服务与专业建设并进、社会效益与经济效益双增的良好局面。

三、共建共赢,建设非隶属附属医院互联体

学院先后签约苏州市吴中人民医院、苏州市中西医结合医院、苏州市怡养护理院,建成三个非隶属型的附属教学基地,打造共建、共享、共赢的"互联体"。

三家非隶属附属单位为学院护理、药学、医学检验技术、康复治疗技术等专业开展现场教学、案例教学、临床示教、课间见习、临床实习,以及教学资源库建设、课程开发、教材建设、双师型教师培养等提供了极大的便利和支持。通过非隶属型附属医院的建设,学院的专业建设水平、人才培养质量、双师素质等得到了明显提升。同时学院也对三家非隶属附属单位的内涵建设、专业技术人员培训给予鼎力支持,帮助对方教学、科研及医务人员的业务能力和综合素质进一步提高,从而提升其医疗服务水平。

通过完善职业教育集团的组织架构和校院企合作制度体系,健全会议机制、目标责任机制、激励机制,开放资源、分享经验、人才支持、技能培训,实现了校院企共建、共享、共赢,保持并持续推动了多元合作办学的互动共建良性运行机制。办学体制机制的创新,显示出资源集聚优势,形成合作放大效应,在全面深化卫生职业教育产教融合、促进医教协同方面,为其他院校提供了有益借鉴,显著增强了学校的办学活力,提升了人才培养质量。

【案例五】 校企共建德奥应用学院

吴江电梯制造业一直保持较快增长的态势,每年吴江电梯整机生产台量约占全国电梯整机生产台量的1/4。苏州信息职业技术学院在电梯行业快速发展的时代背景下,结合区域经济发展需要,利用高职院校的自身优势,本着整合优质资源、互惠互利、各取所长、合作共赢的原则,与苏州德奥电梯有限公司合作,在院内建立"德奥应用学院"和"德奥——苏信电梯研发中心",并合作建设了电梯工程技术专业,为德奥电梯可持续发展提供人才支持。

一、建设概况

2014年1月,学院与苏州德奥电梯有限公司签订了合作协议,在校内挂牌成立德奥应用学院和"德奥电梯—苏信"技术研发中心，苏州德奥电梯有限公司董事长朱鑫民任院长。建立实训基地。由学院提供场地，德奥公司出资购买实训设施设备。目前建设了1个德奥实训基地、2个实训室、1个德奥（苏信）电梯研发中心。推进专业建设。成立企业专家参与的专业建设委员会，共同进行人才培养，目前开设2个订单培养班。实行校内教师与企业能工巧匠互聘，校内教师聘为研发中心的技术人员，企业技术人员聘为学院兼职教师，组成校企混编教学团队，双方合作共同制订培养方案，合编教材，合作教学，共同培养高素质的电梯制造与维护技术人员。2014年在机电一体化专业设置了电梯方向，2015年成功申报电梯工程技术专业。

二、建设重点

专业建设体制创新。面对地方优势产业，进行了校企共同为主体投资、校企合作的混合所有制特征高职院校二级学院办学模式的尝试。育人模式创新。建立"校企紧密合作，工学深度融合"的育人模式，保证技术技能型人才培养质量。合作建设了面向区域电梯行业的电梯工程技术专业，合作共建课程、合作打造师资队伍、合作强化实践教学。课程开发创新。目前校企合作共同开发特色课程3门。课程开发中实现课程的"三对接"：课程设置与职业岗位对接，课程内容与职业标准对接，教学过程与生产过程对接。师资队伍建设创新。一方面，安排学校专职专业带头人到企业挂职锻炼，全面提高其综合素质和职业能力；另一方面，从企业聘请一批高管和技术专家，担任兼职专业带头人和核心课程教师。

三、取得成绩

校企合作共建专业。在2014级机电一体化专业设置了电梯方向，2015年校企合作成功申报了电梯工程技术专业，联合成立了专业建设指导委员会，探讨电梯行业发展趋势，准确把握专业定位，共同制订电梯工程技术专业人才培养计划，定期研讨教学计划执行情况，跟踪反馈教学质量，及时改进教学方案。校企合作共建课程。校企合作共同开发"电梯结构与原理""电梯控制原理及调试技术""电梯安装与维护保养技术"3门课程，出版和自编电梯类专业教材，出版教材2本、自编教材2本。校企合作打造师资队伍。通过互兼互聘，企业在电梯制造、安装和维护方面的技术骨干成为专业核心课程的课程负责人，参与到课程的建设和课程的教学中，学院的骨干教师通过企业兼职，实践能力得到了很好的锻炼，初步形成了企校的混编教学团队。校企合作初步完成实训基地建设。目前企业在学院投入 100 多万元实训设备与学院共建 2 个电梯的专项实训室，第二批生产性实训室按计划正在建设中。

三、创新创业教育

【案例一】 校地紧密合作，打造服务苏州"双创"实践的新平台

苏州市职业大学把深化创新创业教育改革作为加快推进教育综合改革的重要内容，从顶层设计入手，创建了体系完备、架构清晰、多元整合的"三五五"创新创业教育实践体系。在推进创新创业教育改革中，紧扣地方高校服务区域经济的"地方特性"，聚力校地合作的创新模式，创建了苏州市服务大学生创新创业的唯一一个市级层面的众创空间，有效地助推了区域经济社会创新创业的整体推进，发挥了辐射示范效应。

一、高起点合作，探索校地推进"双创"的运行新机制

2015 年，苏州市将大学生创新创业作为全市推进"大众创新、万众创业"的重要内容之一，致力于构建专门服务大学生创新创业的市级众创空间。当年与苏州市职业大学全面合作，建立全市首家服务大学生创新创业的新型区域公共服务平台——"太湖众创·苏州市大学生众创空间"（以下简称"太湖众创"）。太湖众创由政府主导、部门参与、学校主办，在充分发挥政府和高校各自优势的基础上，探索"政校合作、市场导向、管运分离"的运行新机制。苏州市财政、科技、人社、教育等相关部门和学校所处的吴中区政府对太湖众创在资金、政策、指导和服务上予以全力保障；学校成立"苏州市大学生众创空间管委会"作为管理机构，由学校教育发展基金会下属企业苏州学园教育科技发展有限公司作为运营主体。

二、高规格运行，合力构建"3510"创业服务生态圈

太湖众创创立之初，明确了承载服务苏州区域大学生创新创业的使命，确定了"立足教育园、面向全市、辐射全省、影响全国"的自身定位。按照构建低成本、便利化、全要素、开放式新型创业公共服务平台的内涵要求，全力打造运营团队的专职化、项目培育的主题化和创业服务的集成化。组建专职运营团队，真正实现了机构、场地、人员、经费、制度、服务的"六到位"。项目培育和孵化结合我校和国际教育园各院校专业设置和人才培养特色，并以苏州市和吴中区地

方产业发展为导向,按照主题化对项目进行分类孵化,设立了"文创、科技和电商"三个街区,建立了相对应的三个孵化集群,进行精准孵化。创立了一站式服务中心,为创业项目提供包含驻点服务、核心服务和延伸服务在内的基础服务;提供了涵盖商务配套、资源共享配套和生活配套在内的配套服务;让创业者在10分钟内享受到"创、学、住、食、娱"五位一体的服务。三个主题孵化集群、五位一体服务体系、十分钟内便利通达构成了学校富有自身特色的"3510"创业生态服务圈。

三、高水平服务,形成创新创业培育孵化示范辐射效应

太湖众创在项目引进、资源配置、活动开展等各方面对国际教育园和苏州各高校实现全开放,近三年来举办各类创新创业活动近 250 场,入孵项目累计156 个,项目主要创始人来自全国 20 多所高校,对苏州高等职业院校实现了全覆盖,高学历创业者逐年提升,其中博士学历创业者 7 人,累计带动就业人数超过 400 人。近三年来累计获得省市以上比赛奖项超过 30 项,获得比赛奖金超过 50 万元。获得知识产权 120 项,其中授权发明专利 24 项;股权投资 1 500 万元,挂牌新四板 4 家,12 个团队获得省优秀大学生创业项目,获姑苏创业天使立项 2 家、高新技术企业 1 家、东吴创新创业领军人才 1 人。太湖众创获评国家科技部"国家级众创空间",成为苏州高校中首家也是唯一一家集国家、省、市、区四级众创空间和省、市、区三级大学生创业园为一身的创业孵化基地,2016 年获苏州市十佳众创空间,2017 年在苏州市众创空间绩效考核中排名第一,当选为苏州市众创空间协会副会长单位。太湖众创立足校地深度合作,在成为区域品牌的同时,聚焦区域高校创新创业实践推进,产生了鲜明的辐射带动效应。

【案例二】 政行企校协同共建"校中园"

苏州现代服务业产教园(苏州经贸学院大学科技园)是苏州经贸职业技术学院对接地方经济和社会发展打造的产教深度融合、校企"零距离"合作的"校中园",园区占地约 5 万平方米,建筑面积约 4.2 万平方米,分教学区、产业区、技术服务区、大学生创业区四个功能区,集人才培养、创业孵化、技术研发、社会服务于一体,是政行校企协同建设的综合性高职教育实习实训基地、高校学生"双实双业"基地。

一、创新体制机制,共育共享资源

学校与苏州高新区管委会共同组建产教园管理委员会(以下简称"管委

会"),制定产教园发展战略,定期召开专门会议研究产教园建设发展的重大事宜,协调产教园与校内外各部门间的关系。在学校资产经营公司的基础上,成立园区管理公司,由产教园管委会授权,代表并全面负责产教园的企业化管理和运营,聘请专业服务公司实施园内物业管理和配套服务。园内电子商务与现代物流学院实行董事会管理体制和院长负责制的运行机制;由校行企共建,形成人才共育、过程共管、成果共享、责任共担的校行企一体的紧密型合作办学体制机制。牵头成立江苏电子商务职业教育集团,探索优质教育资源共建共享机制。

(二)立足专业特色,对接产业需求

园区依托学校优势专业,立足苏州市、苏州市高新区的引导产业,布局定位入园企业的产业结构,形成以电子商务、商贸流通、文化创意、软件开发与服务外包、新材料开发与应用、物联网技术与应用等现代服务业为主导产业,产教对接融合的格局。研究制定促进校企合作、创业创新的管理办法和激励措施,深化产教融合,制定出台《苏州经贸职业技术学院产教园管理办法》《苏州经贸职业技术学院产教园入驻企业若干优惠规定》等制度,充分发挥产教园产教融合、校企合作育人功能,扶持入园企业发展、促进科研成果产业化。

三、注重功能集聚,打造四区一体

教学区入驻学校电子商务与物流学院,与进驻园区的3家电商物流企业重点建设"1133工程",即建设一个苏州市现代物流信息交易平台,建设一个现代物流仓储中心,形成基于需求导向的行业订单培养模式、联培共育的嵌入式培养模式、弹性学期的工学交替培养模式三种人才培养模式。产业区引入苏州市2个行业协会与28家以物流电商、创意产业、互联网为主的企业,构建"校中园"。企业场所作为校内生产性实训基地,接纳学生工学交替、顶岗实习,接受教师挂职锻炼,聘请企业技术、管理骨干为学校兼职教师,校企双方形成育人、生产、研发为一体的共同体。技术服务区集聚校内研发机构、与行业企业共建,建立技术工艺和产品开发中心、技能大师工作室等,开展"四技"服务,为社会提供继续教育、技能培训、社区教育等。江苏省丝绸工艺与材料工程技术研究开发中心等11个研发中心和14家合作共建单位入驻技术服务区。大学生创业区开展大学生创业工作,开设大学生创业实训课程,建立大学生创业模拟实训室,开展创业实践。现入驻51家学生创办的企业(项目)。园区已经成为江苏省大学生创业示范基地、苏州市大学生创业孵化基地。

四、建设成效

目前产教园运行良好,发展初具规模,各功能区成效显著,示范辐射效应明显。目前入驻行业企业86家,其中产业区、教学区30家,大学生创业区51家,技术服务区5家。园区企业从业人员300多人,已吸纳学生创业150多人,提供学生定岗实习岗位近300个,校内教师到园区企业挂职锻炼20多人,园区企业员工到校内担任兼职教师20多人。江苏教育工作简报、《新华日报》、江苏教育网、中国苏州网、《苏州日报》等多家知名媒体对我校"校中园"建设进行了深度报道。

【案例三】 产教融合新平台创新创业新载体——独墅湖创客汇

为积极响应国务院"大众创业、万众创新"号召,更好地实现"为产业办教育"宗旨,促进产教深度融合,苏州工业园区服务外包职业学院自2015年年初开始推进"独墅湖创客汇"建设,着力吸引行业优秀企业进入校园,全力打造产教融合新平台、师生创新创业新平台。

"独墅湖创客汇"占地面积超7万平方米,建筑面积约3万平方米,可进驻中小型科技企业20~30家。创客汇现入驻企业14家,涵盖信息技术、数字媒体、生物医疗、电子商务等与学院专业发展高度契合的新兴产业。其中,有3家企业由"国家千人计划特聘专家""苏州工业园区领军人才"企业家创立,获"江苏省高层次双创人才引进企业""中国服务外包成长型百强企业"等荣誉称号。

一、校企同创新

成立4个校企协同创新中心:生物医药协同创新中心、智能装备协同创新中心、跨境电商实践中心、新媒体制作实践中心。在这4个创新中心中,学校优秀师资与企业工程师共同进行科技研究、项目开发,项目涉及智能机器人研发、影视艺术表现技法研究、高通量基因测序研究等9项研究项目。

二、师生共创业

成立教职工创新创业孵化中心,将人才培养与创新创业相结合,将课程教学融入实际孵化项目中,推动教学改革,以创业项目作为教学考核内容之一,力图实现一个专业孵化一个项目的目标。学校大力鼓励师生创新创业,设立双创基金支持创业,聘请12位企业家作为创业导师和兼职教授,定期开展讲座和论坛。目前,教职工创业成绩已经大有突破,有3位老师结合自己的专业方向创立公司,近半年销售收入喜人,同时吸收了10多名学生进入公司,形成师生共创业的局面。

三、校企同育人

创客汇进驻企业与学院开展深度合作,共同育人,尝试开展现代学徒制,同时在指导实训、实习就业、专业共建、课程开发、教材编写等人才培养全方面开展深度合作。目前,入驻企业苏州金唯智生物科技有限公司、苏州舞之动画股份有限公司分别与我校生物信息技术与应用、动漫制作技术两个专业开展4个班级的现代学徒制试点培养,合作企业导师承担授课,实现多方向、分岗位的学习方式,为企业定向培养高技术技能型人才。此外,校企共同开发课程11门,编写合作教材2本,企业派遣兼职老师20名,承担实训课程1 446课时,接纳实习就业学生近200名,校企双方频繁开展师资交流互动,共同完成横向课题4项等。

四、文化传承创新

【案例一】 苏州桃花坞年画的复兴之路

2001年,在苏州市政府的支持协调下,"桃花坞木刻年画社"整体划转到苏州工艺美术职业技术学院,在全国首次尝试将传统文化艺术的精粹置放于高等艺术院校。学院传承与创新并重,进行传人培养、技艺研究、新品开发,为濒临失传的传统技艺注入新的生机。

一、师承及断层的忧虑

桃花坞年画起源于明代,迄今已有350年的历史。由于刻板公正精细、装饰效果浓郁,在群众中广泛流传。近30年来,随着人们生活方式的转变,市场的变化影响到桃花坞木刻年画中传统技艺的留存。现代印刷技术的发展,给传统木刻年画的手工制版和印刷技巧带来巨大冲击。木刻年画在民间几乎没有市场,很多手艺人为了养家糊口纷纷转行。桃花坞木刻年画,在历经数个世纪的辉煌之后,逐渐濒临失传。

2006年,桃花坞木刻年画经国务院批准,被列入第一批国家级非物质文化遗产名录,进行抢救性保护。技艺虽然被保护了下来,但桃花坞年画依然面临资金瓶颈、市场瓶颈等诸多问题。但最让人忧心的,还是后继无人。

二、保护与传承的担当

2001年,苏州市政府将"苏州桃花坞木刻年画社"整体划转入苏州工艺美术职业技术学院,学院在资金、政策上给予扶持与资助。里面所有的员工,都隶属于学校,各方面保障也都由学院承担。将传统文化艺术的精粹置放于高等艺术院校,这是在机制上尝试一种新模式,有利于探索传统民间文化的继承、发展新路。

2002年9月起,苏州工艺美术职业技术学院利用工艺美术教育的优势资源,通过自愿报名、择优录取的方式,遴选优秀学生进入"桃花坞木刻年画研修班",以学院式教育与老师傅言传身教相结合、理论基础知识与实践技能相结合的方式,培养具有传承与创新能力的"新传人"。

研修班在苏州工艺美术职业技术学院已经举办了6届,共培养20余名学员,他们现大多活跃在各级文化单位。非物质文化遗产项目与工艺美术人才培养结合,这在非遗保护的历史上,是史无前例的。

然而,仅仅是传承是不够的。要在这个时代活得生机盎然,还要展现出活力。苏州工艺美术职业技术学院桃花坞木刻年画社的礼品室,陈列着这些年陆续开发的各类桃花坞年画系列产品。除了传统年画外,还有扇子、屏风、酒杯、茶叶罐等各类实用品,它们身上都烙下了桃花坞年画的鲜明印记,"一团和气""花开富贵"等图案应用在这些产品上,释放出独特的民俗情趣。

苏州工艺美术职业技术学院从2002年开始,试点源自法国艺术设计教育的"主题教学"理念和方法。服装及产品设计专业的学生,面对桃花坞年画这个苏州元素,利用自己的专业优势,进行创意设计。

在教师的引导下,学生将桃花坞年画元素进行了重新切割、变化、组合,新元素被应用在鞋子、抱枕、T恤衫及各类产品上。他们汲取桃花坞年画等传统要素,融入现代设计人才培养的教学研究与实践,先后获评江苏省教育教学成果奖及国家级教学成果奖。以桃花坞年画为案例的史料收集、整理及技法研究也取得了显著的成效。

桃花坞木刻年画的传承保护像一面镜子,让人看到很多珍贵的民间非物质文化遗产因历史变迁、市场变化,面临着艰难的传承。只有不忘传统,又融合时代的需求和市场的变化,才能使非物质文化遗产更好地走在复兴之路上。

【案例二】 以吴文化精华创建职业院校文化育人品牌

作为中国优秀传统文化的重要组成部分,博大精深的吴文化在培育和践行社会主义核心价值观方面具有重要的作用。千百年来,吴地人民注重内修外引、自我完善,形成了崇文重教、自强不息、厚德载物、和谐一致的人文精神。苏州市职业大学向来重视地域文化研究,着力挖掘、研究和传承吴文化的精华,使优秀的传统文化参与时代的对话,赋予时代特色,对接社会主义核心价值观,以文化人,独辟文化育人路径,创新核心价值观教育模式,打造吴文化传承与创新品牌。

一、精心打造吴文化园:创建核心价值观的教育平台

吴文化园是教育部批准的国家级大学生文化素质教育基地,2006年年初建成,2014年移址文科实训楼一楼进行扩建,占地面积达2 500平方米。按照吴地园林风格布局,根据"融和、创新、精致、典雅"的吴文化特色,园内精心设置吴国馆、城墙馆、方技隅、文艺馆、嘉韵台、石湖书院、苏州水巷等特色展馆。各展馆抓住吴文化的精华和亮点,以名人、名作为主线来贯穿,其内容包括吴国始祖泰伯谦让天下的至德精神,吴王寿梦的"强国梦"与振兴吴国的开放战略,吴王阖闾重用人才而成就的"春秋霸业",伍子胥建筑阖闾大城的科学思想,孙武子所著《孙子兵法》的谋略哲学,干将莫邪铸剑时精益求精的工匠精神,范仲淹"先忧后乐"的高尚品德,顾炎武"天下兴亡、匹夫有责"的爱国情怀……吴文化园内丰富而精彩的内容使置身于园中的莘莘学子在浓郁的文化氛围中接受文化沐浴、情感陶冶、道德洗礼和人格升华,在潜移默化、耳濡目染中达成价值认同,生成思维方式,提升正能量。

二、开发建设《吴文化》校本课程:潜移默化培育核心价值观

在苏州,学校最早开发建设"吴文化"校本课程,是文秘、行政管理、旅游管理等文科专业的一门必修课程,也是颇受学生欢迎的文化素质选修课程。吴文化团队自编教材《吴文化概说》《苏州文化读本》等,传承吴地传统文化的人文精神,引导学生感受儒雅精致的吴文化特色,理解吴文化所蕴含的精神和气质,促使学生培养高尚情操,提升文化品位,提高审美能力,懂得如何做人,如何做事,如何思维,为将来更好地融入吴地社会奠定坚实的基础,也使学生在今后的职业生涯中有能力适应社会发展,不断塑造、调整、提高自我。吴文化园为吴文化课程的第一课堂。园内大量运用现代多媒体技术,使平面化展品立体化,多信息内容装置化。丰富多彩的吴地历史展陈物品、形象生动的场景还原、声光电多样化的表现手段,为吴文化课程学习者构筑了一条时光隧道。学生们通过这条时光隧道,能够穿越时空,聆听吴地先贤的心智,感受吴地先贤的情怀。

三、开展丰富多彩的校园文化活动:知行合一践行核心价值观

吴文化园不仅是文化素质教育、培育核心价值观的第一课堂,而且是学生文化素质自我修炼、践行核心价值观的第二课堂。其一,吴文化园作为学生活动场地,也是学生志愿服务的实践场所。学生积极参与吴文化园的各项管理工作,通过志愿服务和参与管理,学生在具体的行动中提高了敬业精神和责任意识,提升了道德境界和奉献精神,自觉树立和践行社会主义核心价值观,与此同时,也提高了学生的职业素质和专业能力。其二,吴文化园是学生社团开展校园文化活动的场所。三点水文学社、书画社、礼仪队、秘书协会等学生社团经常在园内举办丰富多彩的校园文化活动。各种趣味性、知识性和思想性并存的文化活动是学生价值取向和内在动力最真实的展示平台。每一次校园文化活动都可能成为学生检验自己未来发展的一次宝贵的演习机会,对于学生陶冶情操、砥砺德行、磨炼意志、塑造人格具有重要作用,还可以帮助学生拓宽知识视野,拓展思维空间,不断地完善和充实自己。

【案例三】 传承地方先贤精神,锻造经贸校园文化

苏州经贸职业技术学院坐落于苏州上方山麓、石湖之畔,这里是南宋著名学者、文学家、外交家范成大的故乡。苏州经贸职业技术学院建校于斯,享风光人文之盛,追慕先贤,建校肇始学校即注重效法先贤,致力于学习发扬成大文化、精神,注重将成大文化精神融入学校建设、融入校园文化、融入人才培养,提升校园文化品位和培养质量,传承和发扬地方优秀文化。

一、挖掘成大精神,提炼现代价值

注重范成大研究平台建设。建校之初,即在校内遴选一批跨多个学科的优秀老师,组成范成大研究学术团队,成立了范成大研究所,入驻学校科技园(产教园)。以研究所为依托,先后申报并完成《城市精神融入高职院校园文化建设研究——以苏州市为例》《范成大与石湖生态文化》《范成大教育资源开发与大学生文化素质教育研究》等一批省、市及院级课题项目。注重范成大精神的挖掘提炼。借鉴前人研究成果,结合地方志史料等,开展范成大诗词价值、书法成就、为官政迹、外交事迹、品德操守及现代意义等的研究挖掘;编辑范成大文化精神相关校本课程,用范成大思想、范成大精神引领校园建设与学生思想道德教育,并为地方政府的城市规划、旅游资源整合等提供决策参考。

二、建设文化品牌,形成育人氛围

建设成大文化景观。学校北门的广场命名为成大广场,广场西侧树立了范成大铜像,成为学校地标性建筑。以范成大诗作入景,命名河湖路桥。如"半湖碧玉映山峰",取其中"半湖""碧玉",对学校的主要的湖水、河流命名。"半湖",处学校中央区域,水面宽阔,成大广场、海螺图书馆、实训楼、教学楼等环湖而建,"半湖"湖水清澈、鱼儿嬉戏,水中植被茂盛,周边建有"抱幽亭""观鱼台"等若干人文小景。如今的"半湖"已成为校园的主体景观,是师生晨读、活动的最佳去处。诗词入景,景观与文化相得益彰,师生徜徉其间,得到美景和文化的熏染,充分体现了生态校园、园林校园、文化校园的建设理念。树立成大文化活动品牌。以成大精神为主体,开展传统文化教育,打造"半湖大讲坛""半湖论坛""半湖涌春艺术节"若干传统文化品牌活动,用传统文化、国学经典、大师风骨濡染师生。

三、融入育人过程,内化师生行为

开展核心价值观主题教育。依托成大文化、精神的丰富内涵,结合社会主义核心价值观,开展爱国、敬业、文明等主题教育,先后开展"范成大爱国诗词书法比赛""范成大爱国诗词朗诵会""范成大与当代大学生"演讲比赛、"我心目中的范成大"形象设计、"范成大文化节"等,使核心价值观教育更富意义性、丰富性,为当代大学生提供正确的价值导向。范成大文化精神进课堂、进活动、进生活。向全校师生发放成大文化精神读本,形成学习研究成大文化精神的良好氛围。结合相关研究成果,组织力量建设一批成大文化精神精品课程,开设选修课程供学生选修学习,受到同学们的欢迎。指导学生在社团活动中主动开展成大文化精神的发掘、整理及应用。学校通过进课堂、进活动、进生活,让成大精神真正进头脑、入心灵,使成大精神内化于心、外化于行,为培养高素质技术技能人才服务。

建校至今,通过组建队伍、搭建平台、研究挖掘,形成和积累了一批范成大研究成果,传承了地方文化和经典文明。通过将研究成果和校园文化进行导入和嫁接,促进了校园环境的美化、校园文化品位的提升,以及人才培养质量的提高,实现了传统文化的现代价值。

五、国际合作交流

【案例一】 搭建国际交流平台,增强艺术设计职业教育国际影响力

苏州工艺美术职业技术学院通过浓郁的中法合作品牌特色,带动了学院国际交流的整体效应,推进了艺术设计教育的国际化,成为国外艺术设计师生和艺术家学习中国文化和了解中国文化艺术的平台,成为江苏省及中国工艺美术国际交流的平台与窗口。

一、整合国际资源,搭建对外交流合作平台

1998年,苏州工艺美术职业技术学院创建"中法江苏服装设计培训中心",该中心由江苏省教育厅和法国巴黎教育局合作组建,是法国教育部门与中国合作的第一个职业教育项目,也是江苏省职业类学校与国外合作的最早项目之一。2008年,中法双方在十年卓有成效的合作基础上,拓展合作领域,从服装设计教学到工艺美术和实用艺术教学。学院国际交流的范畴得到拓展,国家和地区由7个扩展到12个;合作单位由17个扩展到25个;与法国达·芬奇综合学校、美国乔治梅森大学、英国提赛德大学、新西兰南海影视学院、乌克兰国立美术和建筑艺术学院、奥地利维也纳应用艺术大学、日本金泽美术工艺大学等建立了合作关系,国际合作交流的广度和内涵得以扩大和深化。

二、引入国际标准,推动艺术设计教育改革和创新

学院引入法国BTS教学标准,创新实施"主题教学法",以"中国餐饮""英雄""桃花坞"三个主题教学课题为案例,共同编著《中法服装设计主题教学丛书》,并在国内艺术设计院校推广,获江苏省精品教材,省教育教学成果一等奖。"主题教学法——高职服装设计教学创新与实践"获国家教育教学成果二等奖;"服装设计人才培养模式改革"获全国纺织职业教育教学成果二等奖。截至目前,学院中外合作项目总数达95项,其中重大项目8项,参与人次逾千人次。组织境外考察学习、交流研修达246人次;具有海外教育背景或培训经历的专业教师比例达到90%;接收193名留学生来校学习;建成留学生课程包11个;聘请外国教学专家17名来校任教;选派74名学生出国研修。学院通过多方位的合作,推动了艺术设计教育教学改革和创新。

三、共享辐射成果,提升艺术设计职业教育国际影响力

作为江苏艺术设计职教集团的牵头单位,通过成员单位合作、交流与互动,共享优质教育教学资源,推进了艺术设计职业教育教学的改革,国外先进的设计理念和教学方法在周边企业和全国设计院校中得到推广。聘请法国艺术设计教育专家对集团成员校的教师进行培训,对集团成员校的学生开展教学活动,导入法国"主题教学法",先后培训指导教师385人次。组织集团内优秀教师赴国外专业院校学习研修35人次。凭借全国重点职业教育师资培训培养基地,举办各种形式的专业教育教学培训交流协作活动,开展专业课程改革与建设展示、专家讲座与课程研讨等一系列活动,来自25所高职院校近200名艺术设计专业骨干教师参加,进一步推动高职高专艺术设计专业课程建设,促进教育教学观念转变、教学内容更新和教学方法改革,切实提升了艺术设计职业教育的国际影响力。

【案例二】 从"请进来"到"走出去"

一、请进来,积极引进国外优质教育资源

基于2003年2月中、英两国政府所签署的关于学历互认的框架协议,苏州高博软件技术职业学院自2009年经江苏省教育厅批准与英国斯泰福厦大学(Staffordshire University)开展合作办学以来,先后开设软件工程和商务管理两大专业,并积极引进国外优质教育资源,联合开设以英文授课为主,与国外教育接轨,结合理论与最新科技发展的先进课程。两个合作办学项目均得到教育主管部门的大力支持,近年来在校生人数逐年增加。2015年5月,经过英方教育委员会实地现场考核,认为我院合作项目完全达到英国高等教育质量保证机构(the Quality Assurance Agency for the Higher Education,QAA)的标准,授予我院"最佳合作伙伴"牌匾。

中外合作办学的成功举办,为校际教育国际交流搭建了平台,为国内专科层次学生提供了安全便捷、经济高效的海外升学通道。学院先后与美国威诺那大学、英国曼彻斯特城市大学、法国商盟商学院及马来西亚精英大学等签订合作意向。高博国际学院内设有法国商科联盟中国中心、英国斯泰福厦大学中国中心等高等教育机构。外国留学生在校生人数居全省高职院校之首,是江苏省政府确定的"扩大来华留学生规模"教育综合改革试点项目院校。被江苏省教育厅评为"江苏省教育国际合作交流先进学校",全省仅有三家民办院校获此殊

荣。2016年我院作为全省唯一的民办院校首批入选"留学江苏目标学校"。

二、走出去,输出中国特色的高职教育理念

自2015年1月开始,学院启动了在加勒比地区与西印度大学(University of the West Indies)合作举办"中国信息工程学院"的项目。该学院为西印度大学二级学院,校区设在巴巴多斯首都,旨在为加勒比共同体国家培养信息技术应用型人才。学院以跨国分段教学形式实施本科学历教育,主要采用"2+2"合作培养模式,即西印度大学负责招生和前两年的教学,教学场所由西印度大学巴巴多斯校区提供,后两年到苏州高博学习和实训,高博利用自身校企结合、注重实践的优势,为学生提供学习和实训的场所和企业基地。学生完成四年学习后由西印度大学颁发学位证书,高博颁发毕业证书或专业技能证书。高博与西印度大学合作,把中国高职院校的办学理念、办学经验输出到海外,把中国高职教育的理念输出与教育国际援助相结合;把仅招收海外留学生与共同培养国际化人才相结合,充分发挥高博丰富的对外交流和国际合作办学的经验;充分发挥高博在软件技术,特别在信息工程技术方面的特长;充分发挥学校有多年校企合作的经验及众多信息技术的实训基地的优势。通过与西印度大学的合作,可以学习借鉴他们的办学理念,拓展交流渠道,全面提升学校的办学水平和办学层次,提高教育国际化水平。

六、社会服务能力

【案例一】 扎根县域经济,彰显高职功能

作为县办高校,苏州健雄职业技术学院始终坚持把"根植太仓"作为事业基础,把"服务太仓"作为工作重心,把"发展太仓"作为办学宗旨,不断彰显高校四大功能,在区域经济发展中的影响力与贡献度不断提高。

一、人才培养:太仓经济发展的人才库

学院依托区域丰厚的德企资源,大力开展双元制本土化创新,形成了独特的"定岗双元"人才培养模式,探索建立从大专、应用型本科到专业硕士的地方现代职业教育体系,为太仓发展提供了多层次人才保证。以高职专科人才培养为重点,学院瞄准地方人才需求,以技术技能人才培养为目标,以校企"定岗双元"培养为路径,每年向社会输送1600多名合格毕业生,学生大部分留在太仓

当地就业创业,学院为太仓输送了大批急需的技术技能人才。特别建立中德培训中心(与德国工商行会上海代表处共建)和省内首批国际服务外包人才培训基地,为太仓"德国战略"和服务外包产业发展提供了重要的人才支撑。作为太仓唯一高校,学院主动担当,与本科高校合作开展双元制应用本科教育项目;联合国内著名高校组建健雄联合研究院,借助合作高校高端人才资源,形成专业硕士培养共建机制。目前合作高校有25所,集聚高校专家85名,在读生600余名,学生都已提前融入企业,成为太仓企业创新的生力军。

二、科技创新:太仓创新发展的助推器

学院引进国内外著名高校、科研机构的科技资源,搭建公共服务平台,集聚产业研发人才,服务企业转型升级,孵化高新技术企业,促进科技成果转化,成为太仓科技创新的助推器。学院搭建联合研究院、产业研究中心、乡镇科技服务站等科研载体,与太仓科技局、著名高校建立战略联盟,引进科技创新人才,促进高校专利技术在太仓转化。学院率先筹建国内首个依托高职院校的大学科技园,在太仓市政府及有关部门共同参与下,2013年大学科技园通过省级验收,目前正创建国家级大学科技园,努力打造立足太仓、辐射长三角的产学研合作示范基地。2012年,学院与太仓社保局合作,启动太仓市创业公共实训基地建设,定期举办大学生创业培训班,已孵化创业项目20多个,2013年,该基地成为国家级高校学生科技创业实训基地。

三、社会服务:太仓智慧城市的活力源

学院根据区域教育培训的旺盛需求,为企事业单位"量身定制"学历提升和技术培训项目,培训规模逐年扩大,完善了县域学习型社会终身教育体系。学院瞄准太仓城乡继续教育需求,不断拓宽合作办学渠道与领域,采取成人开放教育、远程网络教育等多种形式,不断扩大成人学历教育规模,推进了职前职后教育均衡发展。目前太仓从业人员继续教育年参与率近70%,高于江苏12个百分点、全国48个百分点。为满足农村劳动力转移和企事业单位员工素质提升需求,学院与政府部门、上海高校共建平台,每年开展40多个"短平快"培训项目,年均培训6 000多人次。2012年,学院与太仓市经信委、县域40家规模企业合作成立省内第一家企业联合大学,年培训企业高管、技术骨干500人次,服务企业100家,开发培训课程30门,提升了区域职后培训层次,进一步完善了太仓现代职业教育体系。

四、文化引领:太仓文化繁荣的新亮点

学院挖掘本土文化资源,在引领县域文化繁荣中发挥着高校应有的作用。娄东文化是太仓文化的重要标志。学院兴建娄东文化墙、太仓籍院士墙、太仓教育史馆、知识广场等文化地标,建立娄东文化研究所,集聚全国著名学者开展娄东文化专题研究,并以学院学报为窗口,开展学术交流,宣传太仓文化,扩大了太仓文化的社会影响力。

传承吴健雄精神。物理女皇吴健雄是太仓的骄傲。学院大力传承吴健雄的"爱国、创新、求实、律己"精神,扩建吴健雄陈列馆,设立吴健雄节,广泛开展吴健雄诞辰纪念活动,以吴健雄精神引领"三风一训"和校园文化建设,提高了学生职业素养,提升了学院乃至太仓的文化品位。吴健雄陈列馆开馆两年来,每年接待参观上万人次,成为县域中小学校德育基地和中国华侨国际文化交流基地。

【案例二】 挂职驻守,文化兴镇,助推地方文化产业发展

苏州工艺美术职业技术学院在与区域文化经济同生共长的过程中,构建服务平台与拓展服务领域,选择工艺美术密集的西部一县东部二镇,选派具有优秀专业背景,具有行政管理能力与社会服务能力的专业干部,派驻到工艺文化急需复兴文化产业急需振兴的贵州省黔东南地区苗族非物质文化遗产之乡雷山县、苏州刺绣之乡镇湖镇与苏州工艺雕刻之乡光福镇挂职,协助当地政府与工艺美术行业统筹谋划,创新服务机制与增强服务能力,规划建设文化产业的复兴。

一、存艺传技,传承研发,助力传承人群培训和培养

学院发挥人才和技术优势,主动派驻技术骨干,深入工艺美术生产一线,为社会开展实质性的服务。选派赴镇湖挂职的挂职干部,利用专业优势和任职平台组织专家60余人次赴镇湖指导创作;为镇湖绣娘开办各类应用培训20多次,1 000余人次参训;促成院校10余位教师画家与绣娘结对提供原创画稿。通过指导和培训,镇湖绣娘在刺绣"银针杯"作品大赛、第六届中国刺绣文化艺术节等大赛上屡创佳绩。选派赴光福挂职的挂职干部,对光福镇国、省、市级非遗工艺进行调研,撰写了《文化创意产业背景下光福镇雕刻工艺的发展路径研究——光福镇工艺美术产业发展报告》,拟订了《光福苏作雕刻人才培养计划方案》,为学院光福工艺雕刻定向招生班进行了前期准备。选派雷山县挂职的挂职干部,积极促成学院与雷山县政府的深度合作,建立了雷山非物质文化遗产

研究中心,开展各类非物质文化传承人培养达千余人次,同时为贵州雷山中小学教师培训达百余人次。挂职干部在助力当地文化产区传承人群培训和培养上发挥了重要作用。

二、设计创新,原创引领,助推区域文化进步和发展

挂职干部利用专业特长与学院资源,凭借当地优秀的文化资源,通过设计创新,助推地方文化进步和发展。在镇湖,挂职干部调研企业约200家,走访绣庄、开展技术服务30余次,帮助10余家企业申报科技项目,与苏州市政府联合设立苏绣版权交易许可平台,使拥有版权的刺绣原创画稿数量大大增加,近三年共达到2 500多件,使镇湖绣娘有了版权"粮仓"。为镇湖刺绣的创新发展,为其在全国打响品牌发挥了不可替代的作用;在光福,挂职干部促成学院与广福镇合作共建中国工艺美术研究院光福苏作雕刻研究院,为助推光福工艺美术人才培养、科学研究、产品研发搭建了高层次的平台,打造了古镇文化品牌。此外,还筹建了面积7 000平方米、26名艺术家入驻的香山里当代艺术"创库",开创了苏州当代艺术的首家研创基地,成为学院教师的工作站及学生教育教学实习实践基地,为设计创新提供了源源不断的智力支持。在雷山,挂职干部通过雷山非物质文化遗产研究中心,先后组织实施了"多彩贵州两赛一会""深圳文博会""一节一会",以及由学院与雷山县政府共同举办的"苏雷合作三年成果展"等活动,完成了雷山非遗图书编写、《百工录·苗族蜡染和刺绣》编写、千户苗寨西江旅游商品设计研发、《雷山非物质文化遗产传承研发培训示范基地》项目申报,为雷山设计的专属旅游产品,得到贵州省委宣传部领导与参会人员一致好评。2013年贵州省"两赛一会",学院师生创作的银饰6套、服饰6件(组),获得雷山赛区多个奖项,并获得黔东南州专项设计二、三等奖和服装设计名创奖,为利用雷山文化旅游资源开发带动区域经济发展开辟了新渠道。

【案例三】 对接现代产业领跑现代农业

苏州农业职业技术学院秉承"励志耕耘,树木树人"的校训,弘扬"勤勉崇农,实干创新"的苏农精神,全力打造学院五张名片——江南农耕文化弘扬者、园艺职业教育开拓者、苏州园林技艺传承者、智慧农业建设领跑者、国际农业人才输出探路者。其中,尤其在智慧农业建设方面,学院在人才培养、专业课程建设、科研服务、师资队伍等内涵建设上取得一批重大成果,学院的综合实力与核心竞争力不断增强,社会影响不断扩大,发展态势良好。

一、对接现代产业,成立了"江苏现代农业校企(园区)合作联盟"

随着农业产业结构的调整和优化组合,农业产业的发展进入了一个新的快速发展阶段。可以料想,目前及将来,具有现代农业技术的人才必将成为社会上争夺的对象。学院作为以职业能力为基础的高职院校,有必要进行高等职业教育产教深度融合,以培养社会上急需的现代农业专业人才,以促进苏州及长三角地区的现代农业产业的发展。同时,产教深度融合实训平台是培养学生实践动手能力的主要场所,也是高职教育对学生实施职业技能训练和职业素质培养的必备条件,更是高职教育办出特色、提高质量的关键。

2012年,在省农委的大力支持下,学院牵头组建成立了"江苏现代农业校企(园区)合作联盟"。截至2016年,联盟成员共有224个,分别来自政府部门、行业企业、职业院校。理事成员单位深度合作,资源共享,互利共赢,通过举办"校中园""园中校"、共同参与实施科技为农服务工程、校中园园中校建设工程、专业链对接产业链工程、开展企业员工培训、订单培养班、共建校外专业实训平台等方式,建立了稳定的合作关系,满足了学生在校外生产性实训和顶岗实习的需求。

近年来,学院在和校企合作过程中,提炼形成由政府、园区、企业等多方参与的成果获得国家级教学成果二等奖2个,省教学成果一等奖2个,省教学成果二等奖3个。

二、对接现代产业,全国第一家"智慧农业"二级学院率先成立

2015年,在工业4.0的背景下,中国的传统农业面临改革,全国大农业时代大潮初涌,迫切需要信息与网络技术的大力支撑。在此背景下,学院本着"励志耕耘,树木树人"的办学宗旨,服务三农的坚定选择,与时俱进的务实态度,率先成立了全国第一家"智慧农业"二级学院。

智慧农业学院建立了以农业物联网、智慧农业装备、生态农业、农产品加工等为主的专业群,基本覆盖了现代农业第一产业、第二产业、第三产业的国家级、省级专业群。秉承为农服务,技术先行的理念,坚定踏上智慧农业的探索之路。将互联网、云计算、物联网、大数据等作为研究农业、服务农业的新技术融入传统专业中,在创业创新中,现代农业技术专业有了新的生命力。

三、对接现代产业,现代农业人才技术涌现

农业大发展,人才是关键。历年来,学院非常重视人才的培育和管理工作,一直将人才培养视为我院教育资源的重要组成部分。在现代农业人才培育方

面,学院在农业物联网应用推广、农村信息化平台开发、农产品电子商务平台设计、新型职业农民与新农人培训、农用智能机器人研发、绿色能源工程建设、农产品食品安全溯源、农业大数据挖掘与分析等方面进行了探索和研究,取得了良好的效果。

学院鼓励教师、学生在智慧农业方面积极钻研,近年来,学院在智能农业机器人、智能水培设施、果品智能分拣机器人、智能追光转向太阳能系统、果汁自动灌装、菌菇生产实训、互联网+农业网上销售平台等技术方面有了新的突破,分别申请了相关专利和省大学生创业创新项目。

截至目前,学院教师主持和参与的智慧农业项目多不胜数,多项大型项目合作落脚苏州御亭、董浜、甪直等城镇的农业示范基地,赢得了良好的社会声誉。

【案例四】 立足地方 服务企业

昆山登云科技职业学院借鉴台湾技职教育服务产业经济的成功经验,结合区域经济发展特点,创建"工学结合专班",开展"工学结合,校企双主体育人"教育教学改革模式,积极推动产学研合作,致力实现产教深度融合,把不断提高学院的社会服务功能,作为实现高水平省级示范院校的战略目标。

为实现学院的战略目标,机电工程系率先探索构建校企共建工程研发中心,并扎实工作。2015年,基于昆山义成工具有限公司、苏州赛道精密工具有限公司等企业生产技术转型升级的需要,登云学院义成机电工程研发中心研发团队,按照公司实际需求情况,借助学院两岸产学研创新合作平台资源,先后成功实施了"龙门式自动上下料机械手臂设计与制造""办公自动化设备精密传动轴圆跳动分拣机的设计与制造"等科研项目的研发,得到了相关企业的一致好评。

机电工程研发中心的正式投运,将真实的产品研发和制造项目引入校内,给机电类专业人才培养提供典型的工作任务和案例,给实训教学提供一个真实的校内生产实践基地,为师资队伍建设提供一批具有丰富经验的兼职老师,为机电类教师提供一个完整的新产品设计、制造、安装、调试、企业运营与管理的生产实践平台。通过与企业合作开发项目、技术服务、成果转化,既为企业解决了实际技术问题,又为学院锻炼了师资队伍,也为区域经济建设和发展做出了应有的贡献。

(案例主要来源:苏州市教育局2016年"苏州市职业技术教育改革与发展创新案例")

附录1
苏州市职业教育建设若干重要文件

一、市政府关于印发苏州市职业教育校企合作促进办法的通知

苏府规字〔2014〕4号

各市、区人民政府,苏州工业园区、苏州高新区、太仓港口管委会;市各委办局,各直属单位:

《苏州市职业教育校企合作促进办法》已经市政府第26次常务会议审议通过,现印发给你们,请认真贯彻实施。

苏州市人民政府
2014年7月22日

(此件公开发布)

苏州市职业教育校企合作促进办法

第一条 为加快现代职业教育体系建设,深化产教融合、校企合作,培养大批高素质劳动者和技术技能人才,增强职业教育服务经济和社会发展的能力,根据《中华人民共和国职业教育法》和其他有关法律、法规,结合本市实际,制定本办法。

第二条 本办法所称的职业教育校企合作,是指职业院校与相关企业在人才培养与职工培训、科技创新与技术服务、资源共享与共同发展等方面开展的合作。本办法所称的职业院校,是指国家或社会力量依法设立的高等职业院校、中等职业学校、技工院校等。

第三条 本办法适用于本市行政区域内的职业教育校企合作及其扶持和保障。

第四条　职业教育校企合作遵循自愿协商、优势互补、利益共享的原则,坚持以市场需求和促进就业为导向,实现生产、教学、科研相结合。

第五条　市、县级市(区)人民政府应当鼓励、支持和促进职业教育校企合作,建立政府推动、市场引导、行业指导、校企互动的合作运行保障机制。市、县级市(区)人民政府应当建立职业教育联席会议制度,统筹协调本地区校企合作的规划、资源配置、经费保障、督导评估等工作。市、县级市(区)人民政府应当把职业教育校企合作所需资金纳入同级财政预算。

第六条　市、县级市(区)人民政府教育、人力资源社会保障行政部门按照职责分工负责本行政区域内的职业教育校企合作促进工作;发改、经信、财政、税务、科技、工商、商务、卫生、农(林)业等行政部门在各自职责范围内,负责校企合作促进的有关工作。

第七条　职业院校应当根据经济社会发展和市场需求,主动与企业在专业设置、课程开发、实训基地建设、师资培训、实习就业、质量评价等方面开展合作。职业院校应当积极参与企业的技术改造、产品研发和科技攻关以及企业的职工教育和继续教育等项目。鼓励职业院校聘请行业专家和企业的管理、技术骨干兼任专业课教师或者实习指导教师,参与职业院校的教学改革。职业院校应当优先为合作企业推荐实习生、毕业生。

第八条　职业院校应当建立学生和教师到企业实习、实践制度。职业院校在校学生应当到企业参加顶岗实习,专业教师应当按照规定到企业参加实践。职业院校应当加强对实习学生和实践教师的职业道德教育和安全教育并指派指导教师。职业院校应当按规定为实习学生办理实习责任保险或者学生实习期间的意外伤害保险,经费由学校承担,职业院校与企业达成协议的,则由企业承担。职业院校或者企业为实习学生购买前述保险的,政府可以给予资助。实习学生和实践教师应当遵守企业规章制度和劳动纪律,保守企业商业秘密。

第九条　鼓励企业与职业院校开展多种形式的合作办学,深度参与职业院校的教育教学改革。有条件的企业可以与职业院校联合建立实习实训基地,合作建设实验室或者生产车间,合作兴办技术创新机构,合作组建职业教育实体或者产学研联合体,共同参与新兴产业基地建设。鼓励企业设立职业教育奖学金、助学金、奖教金。

第十条　企业应当接纳职业院校学生实习和教师实践。对顶岗实习的学生,应当按规定给予劳动报酬。企业应当按照与职业院校签订的合作协议,为实习学生和实践教师提供实训场地、设备设施,安排指导人员,做好实习、实践前的安全培训工作和实习、实践期间的劳动保护、安全等工作。

第十一条 企业应当依照国家有关规定提取和使用职工教育经费,并可以通过设立职业院校或者委托职业院校等形式,对本单位职工和准备录用的人员实施职工教育和继续教育。

第十二条 行业组织应当引导本行业企业与职业院校开展校企合作,发挥行业资源、技术、信息等优势,参与校企合作项目的指导、协调和评估工作。

第十三条 市、县级市(区)人民政府对以下校企合作项目给予奖励:(一)校企合作公共服务平台建设;(二)职业院校校企合作实训基地建设、专业课程建设、师资队伍建设、学生就业促进;(三)校企合作企业的职工教育、产品研发、技术改造;(四)实习学生的实习责任保险或者学生实习期间的意外伤害保险;(五)其他校企合作项目。

第十四条 教育、人力资源社会保障、财政等行政部门及相关行业组织应当对职业教育校企合作项目及其实施情况进行检查、评估,其结果作为校企合作经费奖励的重要依据。

第十五条 企业实际发生的职工教育经费支出和用于职业教育事业的公益性捐赠支出,可以按照国家规定在计算企业应纳税所得额时扣除。企业委托职业院校开发新产品、新技术、新工艺发生的研究开发费用,可以按照国家规定享受研究开发费用加计扣除政策。

第十六条 教育、人力资源社会保障行政部门应当建立校企合作信息资源共享网络,完善职业院校、企业人力资源市场信息服务体系,为职业院校和企业提供人才培养、就业指导等服务。

第十七条 发改、经信、科技、商务、卫生、农(林)业等相关部门应当引导相关行业企业与职业院校开展职业教育校企合作,并对促进当地经济和社会发展的重点合作项目优先予以扶持。

第十八条 职业院校、企业违反本办法规定,弄虚作假,获得职业教育校企合作奖励的,由相关行政部门追回已发放的奖励,并记入职业院校或者企业的诚信档案。违反法律的,依法追究法律责任。

第十九条 教育、人力资源社会保障和其他有关部门及其工作人员违反本办法规定,在职业教育校企合作促进工作中玩忽职守、滥用职权、徇私舞弊的,由其所在单位或者上级主管机关对直接负责的主管人员和其他直接责任人员依法给予行政处分;构成犯罪的,依法追究刑事责任。

第二十条 本办法自 2014 年 9 月 1 日起施行。

二、市政府印发关于加快发展全市现代职业教育的实施意见的通知

苏府〔2015〕119 号

各市、区人民政府,苏州工业园区、苏州高新区、太仓港口管委会;市各委办局,各直属单位:

《关于加快发展全市现代职业教育的实施意见》已经市政府第 41 次常务会议审议通过,现印发给你们,请认真组织实施。

苏州市人民政府
2015 年 8 月 21 日

(此件公开发布)

关于加快发展全市现代职业教育的实施意见

近年来,我市职业教育快速发展,为繁荣经济、促进就业和改善民生作出了积极贡献,发挥了独特作用。但在苏州经济进入"新常态"、社会全面转型和创新驱动发展战略持续推进的新形势下,我市职业教育还不能完全适应发展的需要,结构不尽合理,特色不够鲜明,质量有待提高,体制机制不畅,迫切需要加快改革的步伐,发展现代职业教育,更好地肩负起培养多样化人才、传承技术技能、促进就业创业的重要职责。为贯彻落实《国务院关于加快发展现代职业教育的决定》(国发〔2014〕19 号)和《江苏省人民政府关于加快推进现代职业教育体系建设的实施意见》(苏政发〔2014〕109 号),结合苏州实际,现就加快发展现代职业教育提出如下实施意见:

一、指导思想

贯彻落实习近平总书记、李克强总理关于职业教育工作重要指示精神,主动融入"中国制造 2025"战略,积极服务苏州转型升级和创新发展,助推"苏州制造"向"苏州智造"转变,以依法治教、深化改革为主线,以立德树人、增强素质为根本,以激发活力、提升绩效为目标,以提高质量、促进就业为导向,统筹发挥好政府和市场的作用,深化体制机制改革,创新人才培养模式,营造人人皆可成才、人人尽展其才的良好环境,全面提高我市现代职业教育发展水平。

二、总体目标

到2020年,建成与苏州现代产业体系相匹配,产教深度融合,职业教育与普通教育相互融通,体现终身教育理念,中等职业教育到专业学位研究生教育紧密衔接的具有鲜明特色、体系完备的现代职业教育体系,建立区域技术技能人才和创新创业人才高地。

——规模结构更加合理。科学统筹中等职业学校和普通高中招生规模、高等职业教育与本科教育的规模、职业院校开展学历教育与职业培训的规模,促进公办民办职业院校和职业培训机构协调发展,到2020年,中等职业教育和专科高等职业教育的在校生总规模达30万人以上,接受本科及以上职业教育的学生达到一定规模,高、中、初级技能人才队伍梯次结构更加合理。职业院校学生多样化选择、多路径成才"立交桥"逐步完善。

——服务能力显著增强。深度推进产教融合,根据产业结构调整和创新发展的需要,完善职业院校、培训机构区域分布和专业设置,实现职业院校布局与经济开发区布局相吻合,专业结构与产业结构相吻合。深入开展校企合作,协同推进技术技能人才和创新创业人才培养,人才培养水平明显提升。到2020年,高级工以上的高技能人才占技能劳动者的比例达到33%以上,每万名劳动者中高技能人才达到620名以上。

——办学绩效全面提升。加快现代职业学校制度建设,综合推进基础能力、师资队伍、信息化、国际化等专项建设,职业院校办学活力明显增强,到2020年,优质职业学校占比超过70%,中高等职业教育相衔接的课程体系逐步完善,建成一批高水平职业院校和国内、省内一流的品牌、特色专业群。毕业生综合素质和职业能力与国际接轨,创新创业能力有效提升,就业率保持在98%以上,培育一批创新成果、大学生众创空间和创业公司。

——发展环境不断优化。强化政府统筹、部门协调配合机制,充分发挥市场作用,引导和鼓励社会力量参与职业教育发展,全社会人才观和就业观明显改善,职业教育的社会认可度和美誉度得到提升,逐步形成标准更科学、制度更健全、监管更完善的职业教育发展环境。

三、重点任务

(一)科学规划顶层设计,构建现代职业教育体系。

1. 推进普职融通发展。改革招生考试和学籍互转制度。保持普通高中与职业学校招生大体相当,推动普职学分互认,搭建人才成长"立交桥"。开展普职融通和初职衔接项目实践,探索将职业认知或职业技能类课程列入普通高中通用技术选修课,试点建设初职课程衔接教育基地。共享师资及教学资源,建立普职教师的流动和兼职机制,互相开放教学资源和实训基地,提升职业院校学生的基本素质,培养初高中学生的职业体验。[责任单位:市教育局、市人社局、各市(区)政府(管委会)]

2. 促进职教体系衔接贯通。优化发展中等职业教育,健全专业与产业发展的联动机制,支持技工院校与职业院校的衔接贯通,合理规划中职、五年制高职和技工院校发展比例。创新发展高等职业教育,支持高职高专院校联席会议及教学、学工、后勤、产教联盟等平台建设,逐步提高高职院校招收中职毕业生比例,到2020年,高职院校招收中职毕业生比例达50%左右,应用型本科院校招收中高职毕业生占招生总数比例达到30%左右。加快发展衔接贯通项目,完善中高职"3+3"、中职本科"3+4"、高职本科"3+2"等现代职教体系试点项目,稳步扩大参与院校范围和专业覆盖面,提高高级技术技能型人才培养规模占比。[责任单位:市教育局、市人社局、市规划局、市发改委、市经信委、市商务局、市旅游局、市农委、市金融办、各市(区)政府(管委会)]

3. 引导本科院校转型发展。加强应用技术型本科教育。引导有条件的在苏本科院校、独立学院向应用技术型高校转型或在部分学院、专业开展高端应用型人才培养,支持高职院校提升办学层次,争取市内外本科高校与我市高职院校合作开展应用技术型本科教育,鼓励在苏高校积极申报省现代职教体系建设试点项目。到2020年,建成2所以上国内一流的应用技术型本科高校。拓展专业学位研究生教育。支持应用技术型本科高校开展专业学位研究生教育试点,鼓励在苏高校与国外知名高校、跨国企业共同探索专业学位研究生教育。到2020年,要建成一批专业硕士学位点乃至专业学位博士点;推进在苏本科高校省市共建。加大对一批应用性强、与我市产业契合度高的学科和项目的支持力度,建立沟通平台,密切政校联系,引导在苏本科高校主动服务我市经济社会发展和产业转型升级。(责任单位:市教育局、张家港市政府、常熟市政府、昆山市政府、吴中区政府、苏州工业园区管委会、苏州高新区管委会、姑苏区政府)

4. 完善终身教育体系建设。大规模开展职业培训。健全职业培训标准,完善政府购买服务机制,大力培育社会化职业培训机构,全面提高技术技能培训的针对性、实效性和覆盖面;稳步发展成人高等教育。严格执行成人高等教育校外教学点存量年审制度和增量审批(或备案)制度,加强办学管理,提高培养质量;拓宽终身学习通道。拓展开放大学办学模式,完善社区大学、社区学院、社区学校和社区教育工作站四级网络,加强职业教育优质资源公共服务平台建设。探索终身教育学分制改革,建设学分银行,构建城乡继续教育体系,努力形成"学在苏州"市民终身学习云平台品牌,加入全国学习型城市建设联盟,制度性地启动"百姓学习之星"评选,推进学习型社会建设。[责任单位:市教育局、市人社局、市经信委、市民政局、市农委、市残联、各市(区)政府(管委会)]

5. 加快实验区建设发展。依据各个县市区产业结构特点,有序推进以县区为主,错位发展的职业教育体系。在苏州国际教育园内,着力建设"现代职教体系建设实验区"。鼓励园内学校开展以错位发展为策略、以特色发展为目标、以融合发展为品牌、以对外教育输出为"软实力"的改革创新尝试,在全市和全省起到示范带动作用;全面深化苏州独墅湖科教创新区创新示范。以科教结合为核心、协同创新为抓手、高新产业为基础、招校引研为突破、依托"独墅湖高校联盟",建设"东方慧湖"品牌,形成高端职业教育国际化示范区,全面推进苏州职业教育品牌化建设。(责任单位:市教育局、吴中区政府、苏州高新区管委会、苏州工业园区管委会)

(二)创新制度优化模式,推动校企行业深度合作。

6. 促进校企合作制度化建设。推动校企深度合作。贯彻落实《苏州市职业教育校企合作促进办法》,研究制定《苏州市职业教育校企合作促进办法实施细则》,通过政策引导、政府购买服务和奖励等方式,支持校企合作的模式创新,将企业支持职业教育的情况纳入企业社会责任报告,发挥企业重要办学主体作用,助推校企"双主体"培养技术技能人才;完善平台建设。建成校企合作服务平台,充分发挥其在政、行、企、校之间的信息交流、资源共享、合作发展的重要作用。[责任单位:市政府法制办、市教育局、市人社局、市发改委、市经信委、市科技局、市财政局、市商务局、市文广新局、市旅游局、市工商局、市国资委、市工商联、苏州地税局、市国税局、市编委办、各市(区)政府(管委会)]

7. 推进产教融合集团化办学。鼓励不同主体参与职教集团建设。出台支持职业教育集团发展的政策,引导大中型企业、创新型企业、科研院所、普通高校参与职业教育集团建设,促进教育链和产业链有机融合;推进以产业为纽带,产教融合、校企合作、城乡结合、中高职协调发展的职业教育集团化办学。充分发挥已建的14个市级职业教育集团的作用,重点扶持新建一批具有示范引领作用的市级骨干职业教育集团。组织开展全市"校企合作示范组合"评选,到

2020年,命名200个市级定点实习企业,培育形成60个市级"校企合作示范组合"。[责任单位:市经信委、市商务局、市教育局、市人社局、市交通运输局、市文广新局、市旅游局、市国资委、各市(区)政府(管委会)]

8. 探索创新共建合作模式。共建实训研发平台。鼓励企业与职业院校共建生产与教学功能兼备的公共实训基地,推动行业企业与职业院校联合建设行业标准研制中心、专业技术研发中心、技能鉴定中心、实验实训平台、电子化学习平台、名师(技能大师)工作室等;共建企业院校。大力推进校企共建企业学院(大学)模式,将企业文化精神、价值追求、管理理念、先进技术等引入学校;共建校办企业实体。鼓励职业院校通过多元融资举办具有独立法人资质、符合学校专业方向、融人才培养和生产实践于一体的校办企业,校办企业按照国家有关规定享受税收优惠政策,地方政府给予支持。[责任单位:市经信委、市商务局、苏州地税局、市国税局、市工商局、市教育局、市人社局、各市(区)政府(管委会)]

9. 鼓励创新创业扶持成果转化。全面融入大众创业、万众创新。围绕产业链构建创新链,围绕创新链完善资金链,推动职业院校与全市产业发展相结合,与开发区建设紧密对接。支持职业院校建设一批学生创业孵化基地,到2020年建成50个市级学生创业孵化基地,在苏州国际教育园建成具有示范作用的"苏州大学生创业园"和网络型大学生创业中心。在职业院校内培育一批众创空间,实现线上线下的结合。发挥以金鸡湖创业长廊为主的众创空间集群作用,重点建设好苏州国际教育园"苏州市大学生众创空间";大力支持职业院校师生科技创新。鼓励职业院校师生开展科技研发和创新发明,引导中小微型企业参与科技孵化。搭建科技发明持有人以技术入股企业、享受利益分成或自主创业的政策和平台。优先孵化职业院校师生发明专利的企业和依托自有专利自主创业的个人,可享受政府奖励。[责任单位:市科技局、市教育局、市人社局、市财政局、市知识产权局、市国资委、市工商局、苏州地税局、市国税局、团市委、各市(区)政府(管委会)]

10. 高标准推进信息化建设。研制职业教育信息化评估指标体系,制定《苏州市职业教育信息化建设与应用实施计划》。全面提高信息技术在教育、教学、管理和科研等领域的应用水平,运用多媒体技术和仿真教学软件,加快实现教学的数字化可视化,推广教学过程与生产过程实时互动的远程教学,搭建数字化学习平台,加强专业教学资源库建设,率先在苏州国际教育园推广职业教育慕课教学,利用信息化平台推进跨校选课、学分互认。建设全市职业教育数据中心,开展基于大数据的决策分析,推进职业教育公共资源服务和公共管理服务。到2020年,全市职业教育信息化能力达到全国先进水平,建成覆盖所有专业的数字化教学资源库,教学资源年更新率不小于10%,虚拟仿真实训软件应用覆盖80%以上的专业,慕课教学得到普及,教育教学质量明显提升。[责任单位:市经信委、市教育局、市人社局、各市(区)政府(管委会)]

11. 高水平推进国际化办学。加大引进力度。全面推广"双元制""现代学徒制""教学工厂"等国外先进职教经验和成功模式,引进国(境)外优质教育资源和国际通用行业职业标准,深入进行本土化实践创新。探索外商投资职业教育,鼓励跨国公司独资举办培训机构。支持职业院校按照国家有关规定扩大招收国(境)外留学生及短期交流生;强化双向合作。鼓励职业院校、职教集团与国(境)外政府机构、职业院校、行业组织、跨国企业及教育机构合作办学或开展职业培训。培育具有国际影响力和对外输出实力的品牌专业,支持参与职业教育国际标准制定,全力推动职业院校专业课程与国际通用职业资格证书衔接。鼓励示范性高职院校和四星级以上中职学校向国(境)外输出职业教育。到2020年,国际化合作办学实现院校全覆盖,教师国际培训率达到40%,学生国际通用职业资格证书获取率达到20%。[责任单位:市外办、市教育局、市人社局、各市(区)政府(管委会)]

12. 高质量推进人文化传承。以传承文化建设职教品牌。以传承与弘扬为导向,以融合与创新为目标,以文化人,以人铸文,丰富具有鲜明科学与人文特色的职教品牌。充分利用社会资源,组建学生社团,培养青年学生对苏州传统文化的爱好和兴趣,创树特色鲜明的姑苏职教形象;以发展职教促进文化传承。坚持"以地域文化渗透学校文化、以学校文化充实地域文化"为特色发展路径,鼓励职业院校引进企业文化、产业文化和专业文化,结合地域文化、传统民俗,修订教学大纲,开发校本教材充分发挥职业教育对文化传承的积极作用,丰富以"现代学徒制"为特色的教学实践。积极发掘我市传统工艺高技能人才的绝技绝招,挽救濒临绝迹的"文化民俗",鼓励职业院校引进名家大师,主持开设文化传承类新专业,支持创办"名家大师工作室"、传统绝活工艺坊或校办企业。到2020年,新增10个以上非遗传承及传统文化专业。[责任单位:市文广新局、市旅游局、市教育局、市人社局、市总工会、各市(区)政府(管委会)]

13. 以体制机制创新激发办学活力。鼓励自主办学。完善现代职业学校制度,不断扩大职业院校在专业设置和调整、招生规模、人事管理、教师聘任、收入分配等方面的自主权,推动学校面向市场自主办学。对民办职业院校实行分类管理,加大对非营利性社会力量办学机构的支持力度。民办职业院校与公办职业院校具有同等法律地位,依法享受相关教育、财税、土地、金融等优惠政策;支持创新发展。探索发展股份制、混合所有制职业院校。鼓励和支持社会力量参与公办职业院校体制改革,率先开展"混合所有制"职业院校或系部、专业、基地的试点。通过政府购买服务等方式鼓励和支持各类主体通过独资、合资、合作等形式,或以资本、知识、技术、设备、管理等要素举办职业教育。鼓励办学规范、管理严格、品牌优秀的民办职业院校,与其他公办和民办职业院校进行托管、兼并、合作办学。[责任单位:市发改委、市编委办、国资委、市教育局、市人社局、市财政局、市国土局、市工商局、苏州地税局、市国税局、市金融办、各市(区)政府(管委会)]

14. 以治理结构创新规范办学行为。完善利益相关者参与职业院校发展决策的管理机制,在职业院校推广建立学校、行业、企业、社区共同参与的理事会或董事会。坚持和完善中职学校校长负责制、公办高职院校党委领导下的校长负责制,开展职业院校院(校)长聘任制改革和公开选拔试点。指导职业院校依法制定体现职业教育特色的章程,建立健全与章程相配套的人事、财务、教学、学生管理、后勤、对外合作等管理制度。完善监督机制,发挥党组织的核心作用,健全教职工代表大会制度,落实校务委员会、学术委员会等组织的权威性和独立性,发挥学生代表大会和家长委员会的监督作用,完善校务公开制度。[责任单位:市政府法制办、市教育局、市人社局、市财政局、各市(区)政府(管委会)]

15. 以评价制度创新提升办学绩效。构建职业教育质量监测和评价体系。不断完善学生学业水平测试、专业技能抽测、教学工作合格评估制度。健全院校、行业、企业、研究机构和其他社会组织共同参与的职业教育质量评价机制,开展职业教育引入第三方进行年度办学绩效及有关专项评估的试点,政府通过购买服务等方式,给予相应支持并强化服务监管。建立和完善以提升绩效为导向的奖励制度。实施包含高职、中职和技工院校在内的职业教育人才培养质量年度报告和就业质量跟踪调查制度。完善体现职业院校办学和管理特点的绩效考核内部分配机制。引导职业院校在规范办学、提升质量的基础上积极申报政府财政支持项目。[责任单位:市发改委、市教育局、市人社局、市经信委、市科技局、市商务局、市财政局、各市(区)政府(管委会)]

16. 依托职业教育标准化建设培育卓越院校。积极推进职业教育标准化建设。采取项目资金支持和专项督察等方式,加快职业院校标准化建设进程。到2020年,全市所有职业院校、专业、实训基地均达到相应标准要求,建成10所以上省级现代化示范性中等职业学校,建成30个以上中职现代化实训基地;充分发挥示范性职业院校的引领作用。支持2所在苏国家示范(骨干)高职院创品牌、办特色。遴选一批办学定位准确、办学绩效显著的高职院校争创省示范(骨干)高职院,形成典型带动、整体发展的良好局面;持续推动职业教育与经济社会同步发展。实施名城名校融合发展战略,加快在苏本科高校和高职院校、国内知名高校及高等研究院所的校地共建,协调推进人力资源开发与技术进步。完善区域布局,鼓励通过兼并、重组、联合办学等方式,建设一批有重大影响力的中职学校,推动教育教学改革与产业转型升级衔接配套。探索建立符合苏州产业特点、可形成行业影响力的教育体系标准,促进区域产业升级和人才集聚。〔责任单位:市教育局、市人社局、市文广新局、市体育局、市卫计委、各市(区)政府(管委会)〕

17. 立足师资专业化建设培育卓越教师团队。提升教师专业化水平。把师德建设摆在教师工作的首位,实施职业院校校长和教师专业标准,完善职业教育专业领军人才引进的激励政策,坚持育引并举,通过校企合作、专家引领、专项培训等方式,重点培养造就一批在全国有较高知名度、在专业领域中有较高地位的领军人才、教学名师、名校长和优秀教育管理者,到2020年,全市创建15个以上省级、100个市级中等职业教育名师工作室,培养50名职业教育领军人才;加快"双师型"教师队伍建设。根据职业教育特点,合理确定职业院校教师和专业技术人员结构比例。依托示范(骨干)院校和大中型企业建立"双师型"教师培养培训基地,建立健全高校与地方政府、行业企业、中等职业学校的协同培养机制,完善教师定期到企业实践制度,到2020年,"双师型"教师占比中职学校达75%以上,高职院校达85%以上;按照《市政府关于加强教育人才队伍建设的意见》(苏府〔2013〕200号)文件,加强柔性人才使用,拓宽用人渠道,完善职业学校兼职教师管理制度,强化实践教学环节、优化教师队伍结构,支持、鼓励和规范职业学校聘请具有实践经验的专业技术人员、高技能人才担任兼职教师,到2020年,职业学校的校外专家总数不低于学校岗位总数的30%,逐步建立起一支数量充足、结构合理、胜任教学、热爱教育的校外专家队伍。〔责任单位:市教育局、市人才办、市人社局、市经信委、市商务局、市国资委、市总工

会、各市(区)政府(管委会)]

18. 适应产业发展需求培育卓越专业和课程。建立联动开发机制。在行业协会、商会、学会的支持下,联动开发专业教学标准和职业标准。促进课程标准与职业技能标准相对接,职业教育课程和实训基地建设与产业技术发展相适应;健全动态调整机制,定期开展专业建设与产业结构吻合度调研,科学合理设置专业,加强专业布局统筹,重点提升面向新材料、新能源、节能环保、高端装备、生物技术和新医药、新一代信息技术和软件、物联网和云计算、新能源汽车、智能电网等产业领域的人才培养能力;实施品牌特色战略,支持每所中等职业学校和技工院校办好2~3个品牌专业,每所高职院校重点建设1~2个品牌专业群、3~4个特色专业。引导有关县级市(区)建好2~3个现代化中职专业群。到2020年,全市创建5个以上省级高职品牌专业,评选20个市级高职优秀新专业、100门市级高职优秀新课程;创建60个以上省中等职业教育品牌、特色专业,建成一批高水平的国内一流的品牌专业群和课程群。(责任单位:市教育局、市人社局、市经信委、市商务局、市工商联)

19. 践行社会主义核心价值观培养卓越学生。全面落实立德树人根本任务,"努力让每个人都有人生出彩的机会"。立足学生的终身发展、全面发展和个性化发展,坚持系统设计、整体规划,统筹协调各方力量,积极推动社会主义核心价值观进教材、进课堂、进头脑,把社会主义核心价值观融入职业教育全过程。全面实施素质教育,深入开展传递正能量的主题教育实践活动和丰富多彩的社团活动,深入挖掘专业教学环节中的育人功能,突出诚信品质、敬业精神和职业精神教育,培养学生的社会责任感;创新高技能人才培养模式。坚持工学结合、知行合一,推广校企联合招生、联合培养的现代学徒制人才培养模式。支持职业学校实行学分制和弹性学制,健全在校生休学创业政策。实施分层教学、走班制、学分制和导师制,大力培养学生的文化素养、专业技能和社会实践能力。完善职业院校合格毕业生和在职在岗人员取得相应职业资格证书的办法。推进和实施学历证书与职业资格证书互通互认。加强职业技能训练,健全职业院校技能大赛等各类大赛制度。进一步完善以政府为主导、企业为主体、辅以必要社会奖励的高技能人才激励机制,不断提升高技能人才的社会地位和经济待遇。(责任单位:市教育局、市人社局、市经信委、团市委)

四、保障措施

(一)加强组织领导。落实各级政府统筹发展职业教育的责任,不断提升保障水平,建立健全职业教育长效发展机制。成立由市长任组长、分管副市长任副组长的苏州市职业教育改革发展领导小组,领导小组办公室设在市发改委,协调解决全市现代职业教育体系建设中的重大问题,制定和落实加快现代职业教育发展相关政策,科学编制和实施市职业教育发展规划,并推动职业教育立法工作。完善由市教育、发改、经信、财政、人社、科技、商务等部门和部分行业协会、职业院校参与的市经教联席会议制度,每年定期召开会议,协调各部门资源,为职业教育发展服务。将技术技能型人才的培养和引进列入市人才发展规划。各地政府都要把加快发展现代职业教育摆在更加突出的位置,统筹协调区域内职业教育的发展规划、资源配置、条件保障和政策措施。

(二)加大经费投入。建立公共财政对职业教育投入的正常增长机制,地方教育附加费用于职业教育的比例不低于30%。"十三五"期间,市级财政将根据职业教育发展情况在现有基础上逐步提高职业教育专项经费。按职业学校岗位总数的30%设立兼职教师经费,并列入各级财政预算。完善职业院校生均拨款标准和中职学校生均公用经费标准,建立动态调整机制。对校企深度融合给予资金支持。加大经费统筹力度,鼓励社会力量投入。落实企业捐资职业院校的相关税收政策,通过公益性社会团体或县级以上人民政府及其部门向职业院校进行捐赠的,其捐赠按现行税收法律规定在税前扣除。健全民办职业院校融资机制,企业要依法履行职工教育培训和足额提取教育培训经费的责任,一般企业按职工工资总额的1.5%足额提取教育培训经费,从业人员技能要求高、实训耗材多、培训任务重、经济效益较好的企业可按2.5%提取,其中用于一线职工教育培训的比例不低于60%。企业发生的职工教育经费支出,按现行税收有关规定扣除。探索利用境外资金发展职业教育的途径和机制。建立健全职业教育经费绩效评价制度、审计监督公告制度、预决算公开制度。

(三)强化督查引导。加强对县级市(区)政府和市有关部门履行发展职业教育职责情况的督导督查,相关结果作为政府目标考核重要依据,并在部门绩效考评指标权重分值中具体体现。行业部门和组织要着力加强行业指导能力建设,认真履行发布行业人才需求、推进校企合作、参与指导教育教学、开展质量评价等职责,加快建立各行业人力资源需求统计、预测、供求信息发布制度。

(四)营造良好环境。推行就业准入制度,坚持"先培训后就业"和"先持证后上岗"的用人原则,引导企业优先录用具有职业院校学历证书、职业资格证书和职业培训合格证书人员。对属于国家规定实行就业准入控制的职业(工种),

严格从取得相应职业资格证书的人员中录用。市人社等部门要加大执法力度，净化用人环境，促进职业教育良性发展。鼓励开展各类职业技能竞赛、技术开发创新竞赛，加大对优秀技能人才表彰奖励力度，支持企业建立高技能人才技能职务津贴和特殊岗位津贴制度。办好职业教育活动周，依托各类媒体加大宣传力度，大力弘扬"苏州匠人"精神，增强职业教育吸引力，引导全社会树立劳动光荣、技能宝贵、创造伟大的观念，用人单位统筹提高生产、服务一线高素质劳动者特别是高技能人才的社会地位和经济收入，积极支持和参与职业教育发展，形成"崇尚一技之长、不唯学历凭能力"的良好社会氛围。

三、关于印发《关于推进苏州市职业院校企业学院建设的意见》的通知

苏教高职〔2018〕9号

各市、区教育局，各职业院校：

　　为进一步深化产教融合、校企合作，现将《关于推进苏州市职业院校企业学院建设的意见》印发给你们，请结合实际，认真组织实施。

苏州市教育局
2018年3月27日

（此件公开发布）

关于推进苏州市职业院校企业学院建设的意见
（试行）

　　职业院校企业学院是中、高等职业院校与知名企业以相关专业（群）为依托，围绕共同育人、合作研究、共建机构、共享资源等内容合作共建的校企紧密合作模式。近年来，全市职业院校开拓创新，勇于实践，校级企业学院建设取得较大进展，为我市职业教育产教融合、校企合作作出了积极贡献。同时，也存在着合作不够紧密、机制不够健全、布局不够合理等问题，迫切需要加强统筹协调、创新实施方式、规范建设管理。为认真总结经验、加强系统谋划、加大改革力度、完善推进机制，实现全市现代职业教育高质量融合发展，现结合本市实际，就职业院校企业学院建设提出以下意见。

　　一、总体要求

　　（一）指导思想

　　认真学习领会党的十九大精神，以习近平新时代中国特色社会主义思想为

指引,深入贯彻国务院办公厅《关于深化产教融合的若干意见》和教育部等六部门《职业学校校企合作促进办法》精神,全面落实苏州市人民政府《关于加快发展全市现代职业教育的实施意见》及《苏州市职业教育校企合作促进办法》等文件要求,深化产教融合、校企合作,加快发展现代职业教育,为苏州勇当"两个标杆"、落实"四个突出"、建设"四个名城"提供人才保障。

(二)基本原则

立德树人原则。创建企业学院要以满足企业人才需求、技术需求和创新创业需求为出发点,把培养高素质技术技能人才、创新创业人才作为首要任务,校企双方齐心协力推进企业学院内涵建设。

合作共建原则。充分发挥政府、行业、企业和学校的作用,加强行业企业与职业院校的理念对接、资源对接和制度对接,企业与学校都要积极主动、形成共识,共同投入、坦诚合作,搭建平台、创新机制,实现院校教育供给侧与政府、企业需求侧的有效对接,形成人才培养共同体。

开放共享原则。企业学院创建要选择支柱产业、骨干企业、典型项目来开展合作,创建人才培养新模式、技术研发新平台、创新创业新渠道,充分利用校企双方产、学、研、用的优质资源,为区域经济社会发展提供开放共享的成果。

(三)主要目标

到2020年,职业院校创建企业学院全覆盖,产生一批合作紧密、管理规范、成效突出、特色鲜明的市级企业学院,校企深度合作、协同育人的格局基本建立,形成具有苏州特色的产教融合典型模式,培养适应区域经济社会发展的高素质技术技能型人才,全市职业教育人才培养质量显著提升。

(四)主要特点

企业品牌性。参与企业学院建设的企业是行业或区域内的知名企业,具有优秀的企业文化、先进的管理模式和良好的技术装备,能够为学生培养提供优良的硬件资源和软件服务。

融合全面性。企业学院建设立足人才培养全过程、全方位参与,校企双方从招生与用工、专业设置与课程建设、技能培养与素质能力提升、管理人员与师资队伍建设、实训基地与创新创业平台搭建、顶岗实习与就业安排、技术研发与成果转化等方面,开展全面的深度合作。

优势互补性。企业学院是产教深度融合、校企紧密合作的平台与桥梁,职业院校的师资优势、科研优势与企业的技术优势、资源优势紧密对接、相互融合,充分发挥校企双方在人才培养、产品开发和技术攻关方面的优势和特长。

二、重点任务

(一)制定企业学院的布局规划

1. 强化统筹协调。各市(区)教育行政部门要主动协调区域发改、经信等相关部门,争取支持,形成合力。要根据区域产业布局及职业教育协调发展情况做好本地区企业学院建设的布局规划。

2. 院校主动作为。各职业院校要积极开展企业学院建设,要立足实际,做好校内推进企业学院的规划、培育工作。积极发挥学校优势专业、优秀团队的作用。

3. 推动试点示范。组织开展各级企业学院的遴选、指导和考核工作,给予政策和经费支持。力争通过建设,培育一批布局合理、数量合适、质量优先、特色鲜明的职业院校企业学院。

(二)完善企业学院的运行管理

1. 明确基本要求。职业院校要根据地方经济社会发展定位,主动与行业内知名企业合作共建企业学院。依托建立企业学院的专业(群)必须与地方经济社会发展的主导产业紧密对接,必须与企业开展紧密型合作,有共同育人的实质性合作内容,有企业提供的资金、场地、课程或兼职教师等真实的合作项目。职业院校同一个专业(群)原则上只建立一个企业学院。

2. 健全管理体制。企业学院由校企双方共同建设和共同管理,接受教育等行政部门和行业组织的指导。企业学院应该建立相应的内部组织管理机构,健全组织管理制度,保障企业学院正常有序开展校企合作。企业学院一般可设立正、副院长各一名,正、副院长一般由企业和学校中层正职以上领导担任,企业学院可设立行政办公室。

3. 落实责任担当。企业学院应建立有效的保障和约束机制,校企双方可通过签订合作协议来明确投入机制、建设内容、管理模式、责任分担、成果共享等事宜,共同打造集教学、科研、生产、实践、就业、培训等功能为一体的产教融合、校企合作平台。企业学院应加强发展战略研讨会、重大事项联席会和日常工作例会制度,加强双方紧密合作和信息对接,共同制定企业学院发展规划和工作计划,及时研究解决企业学院运行过程中的具体问题。

(三)发挥企业学院的育人功能

1. 开发课程教材。职业院校和企业要根据区域产业发展和企业岗位所要求的职业素养和职业能力共同开发适用的课程与教材,共同推进教学改革。企业学院要根据企业发展和技术进步要求,引进先进的行业企业标准、优质资源和经验做法以及国内外先进的教育理念和技术手段,推动专业课程标准建设,推进基于工作过程的项目化、理实一体化课程改革。要把教育教学过程与生产实践过程紧密结合,把教育教学任务与生产实践任务协调安排,形成生产、教学、实训、实习、科研、服务有机融合。

2. 促进实习实训。支持校企双方在企业学院联合共建实验室、生产性实训基地、创业孵化基地、企业技术研发中心、协同创新中心等,充分利用这些平台和基地对学生开展理论教学和技能训练,对企业员工开展继续教育和职业培训,组织教师、学生和企业骨干联合开展技术改造、产品研发和科技攻关,加快成果转移转化。

合作企业要建立学生和教师到企业实习、实践保障制度,为实习学生和实践教师提供能够满足需求的设施设备、人员指导和安全保护。实习学生和实践教师应当遵守企业规章制度和劳动纪律,保守商业秘密。

3. 营造育人环境。企业学院要主动对接企业文化,积极融合学校与企业两种文化,大力营造既体现企业精神与价值追求,也富有学校特质与人文环境的文化氛围,加强文化育人,提升学生的思想品质与职业素养。校企双方要加强企业学院制度建设,不断健全学生实训实习保障制度、教师企业实践考评制度、教师或企业员工兼职兼薪制度、学生创业就业保障制度等规章制度,形成良好的育人文化和环境。鼓励企业学院的毕业生由合作企业直接招录工作,或由职业院校或合作企业推荐进入对应产业的相关企业就职。共同推动学生优质就业、创新创业。支持企业学院招收在职劳动者、退役士兵及社会上有学习需求并愿在企业长期工作的人入院学习。

(四)提升企业学院的师资水平

1. 汇聚优质师资。依托建立企业学院的专业(群)应该有较强的师资团队,团队专任教师不少于5人,其中高级职称教师不少于2人、硕士及以上学位的教师占比不小于40%,专业带头人应具有一定的影响力和知名度。来自合作企业的团队兼职教师不少于3人,兼职教师一般应具有高级工以上专业技能或部门经理以上技术职务。

2. 柔性引才借智。鼓励企业学院实行校企人员双向聘用制度,支持企业学院开通人才交流绿色通道,聘任企业专家、管理人员、技术骨干到职业院校兼职任教,参与职业院校的专业建设、教学改革和人才培养工作,开通教师系列和工程师系列双向职称晋升通道。落实教师下企业实践制度,把教师参与企业的技术开发、应用与服务,为企业提供员工培训,承担企业横向课题等工作作为绩效考核、职称评聘和职务晋升的重要参考内容。鼓励行业企业在企业学院设立奖教金或科研基金,支持教师潜心开展教学、科研和人才培养工作。

3. 强化科研能力。支持各职业院校专任教师和研究人员开展企业学院的政策研究、应用研究以及相关标准规范研究,设立企业学院建设专项研究课题,形成一批有利于企业学院发展的研究成果。鼓励职业院校把企业学院建设情况纳入人才培养年度质量报告。支持举办企业学院建设创新发展交流、研讨、培训以及典型应用的推广活动。支持各类社会组织开展企业学院发展研究,提供政策建议、决策支持和咨询评估。

三、保障措施

1. 组织保障。各级教育行政部门要把职业院校企业学院建设纳入区域现代职业教育发展的总体规划,加强区域统筹,组织、推动、落实和监管。职业院校要进一步发挥企业学院在人才培养、技术技能传承和促进创新创业中的作用。鼓励标杆企业、知名企业、特色企业、行业组织等积极参与职业院校企业学院建设。职业院校要建立健全企业学院建设管理组织机构,建立企业学院运维管理、安全保障、人员培训、人才培养、经费保障等机制。

2. 经费保障。各级教育行政部门要通过政策支持、评先评优、项目培育、科研课题、购买服务等方式,安排专项经费,加大财政对职业院校企业学院建设的支持力度。充分发挥市场在资源配置中的决定性作用,充分调动行业企业和职业院校在企业学院建设中的积极性和主动性。

3. 评价保障。各职业院校既要把企业学院建设纳入学校内涵建设和发展规划中,也要与合作企业共同对在建企业学院进行总结评价和目标考核。各级教育行政部门要将职业院校企业学院建设作为办学评估指标体系考核的重要内容之一,要对立项支持的各级企业学院建设情况进行全过程监督、考核和评价,并及时公布结果。鼓励职业院校或各级教育行政部门邀请第三方机构参与企业学院考核评价工作,积极探索科学的绩效指标体系,形成制度化的评估机制。及时发现和总结优秀企业学院建设成功经验和典型案例,加强宣传和推广,发挥辐射和示范作用。

四、市政府办公室关于深化产教融合的实施意见

苏府办〔2019〕193号

各市、区人民政府,苏州工业园区、苏州高新区、太仓港口管委会;市各委办局,各直属单位:

为贯彻落实《国务院办公厅关于深化产教融合的若干意见》(国办发〔2017〕95号)、《江苏省政府办公厅关于深化产教融合的实施意见》(苏政办发〔2018〕48号)精神,在新形势下进一步深化全市产教融合发展,促进教育链、人才链与产业链、创新链有机衔接,全面提升教育质量和人力资源质量,不断增强教育支撑产业发展的能力,经市政府同意,现结合我市实际提出以下实施意见。

一、总体要求

1. 指导思想。以习近平新时代中国特色社会主义思想为指引,深入贯彻党的十九大精神,全面落实高质量发展要求,认真落实党中央、国务院和省委、省政府关于职业教育综合改革的决策部署,发挥企业重要主体作用,引导多元主体共同参与,促进人才培养供给侧和产业发展需求侧结构要素全方位融合,培养一大批高素质创新人才和技术技能人才,为准确把握新时代苏州的新方位新坐标,增强产业核心竞争力,汇聚发展新动能,推动高质量发展走在最前列提供有力支撑。

2. 主要目标。力争到2020年,产教融合发展长效机制基本建立,培育一批产教融合平台、遴选一批产教融合试点院系、认定一批产教融合型企业、实施一批产教融合协同育人项目。到2025年,基本实现产教统筹融合,校企协同育人机制全面推行,需求导向人才培养模式逐步完善,支撑高质量发展的现代人力资源体系逐步建立,职业教育、高等教育对创新发展和产业升级的贡献显著增强。

二、优化产业和教育融合发展环境

3. 统筹产教融合发展规划。结合全面实施创新驱动发展、中国制造2025苏州实施纲要、"一中心、一基地"建设、"一带一路"交汇点建设、苏南国家自主创新示范区建设、创建国家产教融合试点城市等战略部署,突出苏州制造业基础和创新优势,统筹优化产业和教育结构,将产教融合发展纳入全市经济社会发展规划修编以及区域发展、产业发展、城乡建设和重大生产力布局等专项规划,同步推进产教融合发展政策制定、要素支持和重大项目建设。〔责任单位:

市发改委、教育局、人社局、各市(区)人民政府]

4. 健全产教融合领导机构。充分发挥苏州市职业教育改革发展领导小组作用,做好产教融合政策设计,加快建立全市产教融合资源共享、专业特色共建、招生就业联动、人才共育共享及社会服务共担等机制。领导机制上强化政府主导作用,负责制定苏州市产教融合发展规划以及校地、校企合作计划并组织实施;负责制定苏州产教融合工作的具体管理办法、评估考核办法及其他相关的规章制度;负责建立项目质量保障体系,监督制度落实;负责构建政行企校合作交流渠道,搭建合作平台,协调产教融合人才培养、科技研发、社会服务、国际合作和创新创业等工作。[责任单位:市教育局、发改委、科技局、工信局、各市(区)人民政府]

5. 推进产学研协同创新。实施产学研协同创新行动计划,制定《苏州市创新创业实施办法》。围绕电子信息、装备制造、冶金、纺织、化工、轻工业六大支柱行业发展需要,支持全市高校、科研院所、职业院校与骨干企业深度合作,整合互补性资源,共建产教园区、科教创新区、研发基地、企业技术中心、产业技术研究院、产业技术实验室、成果转化中心、产业(技术)创新联盟和制造业创新中心等,打造一批创新综合体,促进政产学研金服用融合创新。通过龙头企业、中小微企业、科研院所、高校、创客等多方协同,打造产学研用紧密结合的众创空间,吸引更多科技人员投身科技型创新创业,促进人才、技术、资本等各类创新要素的高效配置和有效集成,推进产业链创新链深度融合,不断提升服务创新创业的能力和水平。高等学校和职业院校教职工依法取得的科技成果转化奖励以及经所在学校同意后在企业兼职所获薪酬等收入,不纳入绩效工资,不纳入单位工资总额基数。[责任单位:市科技局、教育局、工信局、人社局、商务局、各市(区)人民政府]

6. 推进院校教师人事管理制度改革。落实院校用人自主权,建立企业经营者、技术能手与院校管理者、骨干教师相互兼职制度,支持院校教师与企业技术专家双向流动、两栖发展。建立职业学校和高校教师引进绿色通道,对世界技能大赛前三名选手、全国一类职业技能竞赛第一名选手、人力资源社会保障部"中华技能大奖"获得者、省政府授予的"江苏技能状元"与"江苏工匠",经人力资源社会保障部门认定后,可由招聘院校自主录用入编。中等职业学校可以通过公开招聘先行聘用特殊紧缺岗位的专业课教师,被聘用人员应当在聘用之日起3年内取得相应教师资格,否则予以解聘。建立"乡土人才"、非物质文化遗

产传承人等到职业学校兼职授课制度。[责任单位:市人社局、教育局,各市(区)人民政府]

7. 改革教师薪酬分配机制。推行全员岗位聘任制和绩效考核分配制,因岗聘人、按岗定薪、依绩取酬。允许职业院校依法依规自主聘请兼职教师和确定兼职报酬。经所在学校或企业同意,职业院校教师、企业经营管理人员和技术人员分别到企业、职业学校兼职,可根据有关规定和双方约定确定报酬。执行职业院校教师配置标准,鼓励县级以上人民政府出台聘用兼职教师的相关政策,建设优秀兼职教师队伍。[责任单位:市教育局、人社局、财政局,各市(区)人民政府]

8. 加强国际交流合作。鼓励职业院校引进海外高层次人才和优质教育资源,开发符合国情、国际开放的校企合作培养人才和协同创新模式。支持高等教育、职业教育中外合作办学,鼓励职业院校与境外应用型本科高校开展合作培养,支持示范骨干职业院校与国际高水平职业院校、高校结成伙伴院校。探索构建应用技术教育创新国际合作网络,推动一批中外院校和企业结对联合培养国际化应用型人才。支持职业教育对接世界技能大赛,按照国际先进标准选拔培养高技能人才。发挥海外教师进修基地作用,拓宽职业院校教师海外培训渠道,提高具有海外教育培训经历专业教师比例。支持职业院校探索依托重点境外园区、重点"走出去"企业、重点援外项目在"一带一路"沿线国家和地区建立办学机构、研发机构、技术技能人才培养基地和教育合作平台,招收来苏留学生,输出优质教育服务。支持太仓市利用德资企业集聚优势,加快"双元制"教育产业园建设,做大做强"双元制"教育品牌,争创产教融合示范县和中德职业教育合作示范县。[责任单位:市教育局、人社局、发改委、商务局、外办,相关市(区)人民政府]

三、构建教育和产业协调发展格局

9. 调整优化教育资源布局。加强一流大学、一流学科建设,深化实施"名城名校融合发展"战略,进一步推动高等教育融入全市创新体系和新型城镇化建设,发挥对城市建设的支撑引领作用。推动高校整合各类资源、平台、要素,与行业骨干企业、中小微企业建立紧密协同的创新生态系统,增强集聚人才资源、牵引产业升级能力。出台专项激励政策,建设1~2所高水平应用型本科院校。大力支持行业特色类职业院校建设,构建应用型人才培养体系。实施高等职业教育创新发展卓越计划和中等职业学校(含技工院校,下同)领航计划,建好一批高水平职业院校和骨干专业。引导职业教育资源逐步向产业和人口集聚区集中,新建和改建职业院校原则上应向产业园区集中,各高新区、开发区、产业园区至少与1所职业院校对口合作开展人才培养。每个市(区)至少重点支持办好一所应用型本科或高职院校以及若干所中职学校。新建1~2所省重点技师学院,加强省级示范性技师学院、技工学校建设。[责任单位:市教育局、人社局、发改委、财政局,各市(区)人民政府]

10. 将劳动实践融入基础教育。中小学要有机结合课程基地建设,加强以职业体验、职业认知、生活教育为主的职业启蒙教育,引导学生树立正确的职业价值观和就业择业观。组织开展"劳动模范、大国工匠进校园"活动,支持学校聘请劳动模范和高技能人才兼职授课,鼓励有条件的地区建设职业启蒙教师队伍。将动手实践内容纳入中小学相关课程,将学生职业体验纳入综合素质评价体系。组织有条件的基础教育阶段学校与职业学校合作开发和实施劳动技术课程与职业体验课程。推进职业学校资源面向基础教育全面开放,鼓励依托职业学校建设中小学生职业体验中心。普通高中适当增加职业技术教育内容,有条件的地区在产业园区周边试点建设普职融通的综合高中。(责任单位:市教育局、总工会)

11. 强化企业职工在岗教育培训。落实企业职工培训制度,按职工工资总额的8%足额提取教育培训经费,由企业工会和人力资源部门统筹使用,审计部门监督,确保教育培训经费60%以上用于一线职工。将不按规定提取使用教育培训经费并拒不改正的行为记入企业信用档案。鼓励企业完善职工继续教育体系,开展和参加职业技能竞赛和岗位练兵活动,办好苏州技能状元大赛。有条件的企业可制定在岗职工学历进修和职业技能提升奖励办法,对参加培训提升技能等级并获得相应职业资格证书的职工予以奖励或补贴。去产能企业失业职工在参加培训并取得相应职业资格证书后,可由所在市(区)按规定补贴培训费用。贯彻省有关减轻企业负担的政策意见,及时研究制定补助企业职工职业技能培训的实施细则。[责任单位:市总工会、人社局、工信局、各市(区)政府]

四、发挥企业产教融合重要主体作用

12. 全面深化校企合作改革。进一步落实《苏州市职业教育校企合作促进办法》,推进校企合作制度化。职业学校新设专业原则上应有相关行业企业参与。推行面向企业真实生产环境的任务式培养模式,支持职业学校以引企驻校、引校进企、校企一体等方式,开展学校与企业、专业与企业、班级与企业等多层次合作办学,建立招生、人才培养、就业联动机制。推动百所职业学校与千家企业订单培养技能人才。鼓励高校在企业设立研究生工作站,构建产教研一体化平台,开设企业课程。鼓励企业参评"产教融合型"企业。支持企业依托或联合职业学校、高校设立产业学院和企业工作室、工程中心、实验室、创新基地、实践基地。支持职业学校通过场地、设备租赁等方式与企业共建生产型实训基地和职业技能竞赛训练场地。对开展企业新型学徒制培养的企业,根据不同职业(工种)的培训成本,按规定给予每人每年4 000～6 000元的培训补贴。[责任单位:市教育局、人社局、工信局,各市(区)人民政府]

13. 拓宽企业参与途径。开展职业学校股份制、混合所有制办学改革试点,允许企业以资本、技术、管理等要素依法参与办学并享有相应权利,支持地方政府和民办职业学校合作举办混合所有制性质的职业学校或二级学院(系部)。对举办职业学校的企业,其办学符合职业教育发展规划要求的,各地可通过政府购买服务等方式给予支持。注重发挥国有企业等骨干企业示范引领作用,支持有条件的国有企业办好做强职业学校。支持行业龙头企业建设企业大学,围绕企业及行业需求开展技术技能培训。鼓励科技企业设立"江苏省研究生工作站",鼓励企业参与"江苏省优秀研究生工作站"和"江苏省优秀研究生工作站示范基地"评审,支持校企共同培养研究生。(责任单位:市教育局、发改委、人社局、国资委、工商联)

14. 开展生产性实习实训。健全学生到企业实习实训制度,规模以上企业原则上按职工总数2%安排实习岗位接纳职业学校学生实习。逐步建立学生实习工作考核和补助制度,各市(区)人民政府可设立专项资金,对考核认定符合实习实训规范的企业,按照实习学生每人每月200～400元标准,补助其参与职业教育办学成本。对于认定为市(区)级及以上"产教融合型企业"的单位,符合条件的见习人员见习期满后留用(签订1年以上劳动合同)率达50%以上,经考核认定,按每留用1人补贴3 000元的标准,依规给予一次性见习补贴。企业因接收学生实习所实际发生的与取得收入有关的合理支出,依法在计算应纳税所得额时扣除。鼓励行业龙头企业将最新技术和设备用于校企共建的实训平台,开展苏州市优秀校企共建实训平台评审。职业学校和实习单位应根据有关规定,为实习学生投保实习责任保险。[责任单位:市人社局、教育局、发改委、工信局、税务局,各市(区)人民政府]

五、推进产教融合协同育人模式改革

15. 全面推进产教协同育人。深化职业学校办学体制改革,推进职业学校和企业联盟、与行业联合、与园区联结。在技术性、实践性较强的专业,全面推行现代学徒制和新型学徒制,推动学校招生和企业招工相衔接,制定《苏州市现代学徒制实施办法》,明确学生学徒"双重身份",强化学校和企业"双主体"实施,推进学历与技能并重的人才培养模式。大力发展校企双制、工学一体的技工教育。强化教学、学习、实训相融合的教育教学活动,推行项目教学、案例教学、工作过程导向教学等教学模式。强化实践教学,应用型本科院校学生在校期间参加实习实训时间累计不少于1学年,职业学校实践性教学课时不少于总课时的50%。(责任单位:市教育局、人社局、发改委、总工会)

16. 统筹产教融合学科专业建设。建立行业和企业参与的学科专业设置评议制度,形成根据社会需求、学校能力和行业指导科学设置新专业的机制。建立学科专业与产业需求动态调整的机制,推动学科专业与"六大"支柱产业精准对接,培育和打造一批支撑服务"六大"支柱产业的特色专业集群。健全根据产业需求、学校办学能力和行业指导科学设置新专业的机制。建立人才需求预测预警机制,推动人力资源和社会保障数据与教育数据共享,强化大数据分析应用,健全高校、职业学校毕业生就业质量年度报告发布制度,把就业质量作为学校办学水平考核的核心指标。严格实行专业预警和退出机制,把市场供求比例、就业质量作为学校设置调整学科专业、确定培养规模的重要依据,定期发布职业学校、高校专业结构与产业结构吻合度状况报告,公布扩大招生的新兴专业、限制或停止招生的专业目录,建立第三方调查评估机制。(责任单位:市教育局、人社局、发改委)

17. 加强"双师型""一体化"教师培养。实施职业学校"双师型""一体化"教师队伍建设计划,完善"双师型""一体化"教师认定标准和办法。严格落实专业课教师每5年累计不少于6个月赴企业实践制度,新入职专业课教师前3年应在企业连续实践6个月以上。推动职业学校、应用型本科高校与大中型企业合作建设"双师型""一体化"教师培养培训基地。完善职业学校和高等院校教师实践假期制度,支持在职教师定期到企业实践锻炼。从2019年起,职业院校、应用型本科高校相关专业教师原则上从具有3年以上企业工作经历并具有高职以上学历的人员中公开招聘,2020年起基本不再从应届毕业生中招聘。到2022年,"双师型"教师占专业课教师总数超过70%,分专业建设一批国家级职业教育教师教学创新团队。(责任单位:市教育局、人社局)

18. 建设一批实习实训平台。重点面向高新技术产业和战略性新兴产业,打造一批设备先进、技术超前、集产学研于一体的职业学校专业实习实训中心，建设一批布局合理、特色鲜明、功能健全的区域性公共实习实训中心和企业实习实训基地，加强国家和省高技能人才培训基地、世界技能大赛集训基地和技能大师工作室建设。选择符合条件企业建设一批职业学校校外实训基地（企业分校）和"乡土人才教学实践基地"。建立多元化、多渠道投融资机制，鼓励和引导企业、院校、社会培训机构以土地、设备、资金、技术、人才资源等多种形式参与建设实习实训基地和平台。鼓励各地依托产业园区、龙头企业和骨干学校，围绕优势专业集群建设开放共享、产学研一体的公共实习实训平台。支持高校和职业院校主动服务科技创新和产业发展，与地方政府、产业园区、行业企业共建科技公共服务平台、产学研服务平台和产业应用技术研发创新平台，打造高水平产教融合创新创业园区。鼓励各地对现有省级高水平实训基地进行升级改造，加快基础技能公共实习实训平台建设。应用型本科和高等职业学校为新设紧缺急需专业建设实习场所、实训基地和用于实验实训的校内工厂等基础设施，可适当超出《普通高校建筑规划面积指标》相关标准。到2020年，建成10个技术水平国内一流、产学研一体的公共实习实训平台。到2025年，建成20个技术水平国内一流、产学研一体的公共实习实训平台。[责任单位：市人社局、教育局、发改委，各市（区）人民政府]

19. 组建一批职业教育集团。完善职业教育集团发展机制，强化政策支持，发挥职业教育集团在促进教育链和产业链有机融合中的重要作用。以地区支柱产业和优势专业（群）为纽带，引导省内行业龙头企业牵头，大中型企业、创新型中小企业、科研院所、普通高校参与，建设覆盖全产业链、辐射区域产业发展的职业教育集团。开展多元主体共建职业教育集团的改革试点，探索建立以资本为纽带、专业为支撑的紧密型职教集团，形成一批具有示范引领作用的骨干职业教育集团。到2020年，建设3个左右行业指导的全国示范性职教集团，5个左右区域性职教集团。到2025年，力争建设3~5个行业指导的全国示范性职教集团。（责任单位：市教育局、人社局、发改委，相关行业协会）

20. 培育建设苏州产教联盟。支持企业、职业学校、高校、科研机构、行业协会或其他组织机构，以各方共同利益为基础，以培养大批具有专业技能与工匠精神的高素质劳动者和技术技能人才为目标，以具有法律约束力的契约为保障，在自愿的前提下形成优势互补、利益共享、风险共担的产教联盟，推进实体化运作。推动产教联盟内职业学校在专业设置、师生培养、课程开发、技术研发等方面整体提升,依托产教联盟做强一批龙头骨干企业,形成若干专业化特色显著、产业链条完整、市场规模庞大的优势产业群。积极开展产教联盟试点工作,力争到2020年,围绕苏州市优势产业、战略性新兴产业、高端成长型产业和新兴先导型服务业等,成立苏州市级层面的产教联盟;力争到2025年,初步建成在全国具有广泛知名度和影响力的产教联盟。(责任单位:市发改委、教育局、工信局、人社局,相关行业协会)

21. 开展产教融合建设试点。支持各市(区)、各院校、行业企业积极争取国家试点任务,申报国家产教融合发展工程项目。以公共实训基地、校外实习基地、技能人才培训基地等产教融合实训平台载体建设为重点,实施市级产教融合发展工程。组织市产教融合建设试点,重点开展校企合作、职教集团、产教联盟、混合所有制办学等试点任务。争取获批省级首批1个设区市、1个市(区)、1个产业园区、5家左右职业学校、10家左右企业承担试点单位。[责任单位:市发改委、教育局、人社局,各市(区)人民政府]

六、加强产教融合政策支持

22. 落实财税用地等政策。市财政统筹安排产业发展类专项资金,不断加大对产业发展急需学科专业(群)、公共实训平台和产教融合试点等项目建设的支持力度。优化财政生均拨款制度,探索建立职业教育、高等教育生均拨款总额相对稳定机制和分类支持机制。非营利性组织等社会力量兴办教育的,按照税法规定进行免税资格认定后,其符合条件的收入免征企业所得税。通过符合条件的公益性社会团体或县级以上人民政府及其部门向职业学校进行捐赠的,其捐赠支出按照税法规定予以税前扣除。对从事学历教育的学校提供的教育服务免征增值税。企业投资或与政府合作建设职业学校、高校的建设用地,按科教用地管理,符合《划拨用地目录》的,可通过划拨方式供地,鼓励企业自愿以出让、租赁方式取得土地。鼓励各地通过减免建设规费、返还老校区资产置换地方收益等方式,支持学校产教融合项目建设。[责任单位:市财政局、税务局、资源规划局、发改委,各市(区)人民政府]

23. 强化金融支持。引导银行业金融机构创新服务模式,开发适合产教融合项目特点的多元化融资品种,做好政府和社会资本合作(PPP)模式的配套金融服务。积极支持符合条件的企业在资本市场进行股权融资、债券融资,加大实习实训基地等产教融合项目投资。加快发展学生实习责任保险和人身意外伤害保险,支持保险公司对现代学徒制、企业新型学徒制等开发保险产品,开展

保险服务。(责任单位:市金融监管局、苏州银行、苏州银保监分局、市发改委、财政局)

苏州市人民政府办公室
2019 年 10 月 22 日

(此件公开发布)

五、市政府关于加快推进职业教育现代化的实施意见

苏府〔2020〕33 号

各市、区人民政府,苏州工业园区、苏州高新区管委会;市各委办局,各直属单位:

为深入学习贯彻党的十九大和全国教育大会精神,全面落实《国家职业教育改革实施方案》《省政府关于加快推进职业教育现代化的若干意见》要求,把职业教育摆在教育改革创新和经济社会发展更加突出位置,牢固树立高质量发展理念,不断提升职业教育办学水平和人才培养质量,增强职业教育服务发展的能力,现就我市加快推进职业教育现代化提出如下实施意见。

一、深化现代职业教育改革

(一)优化职业教育和培训布局

把职业教育和培训布局优化调整纳入全市经济社会发展规划,实现职业教育和培训发展的政策措施、支持方式、实现途径、重大项目与区域发展、产业发展、城市发展、民生发展同步。保持高中阶段职业教育与普通教育规模大体相当,适度扩大中等职业学校(含技工院校,下同)资源供给,到 2023 年,全市新建、改扩建职业学校 4 所,完成职业教育新一轮布局结构调整。落实省中等职业学校领航计划,建设一批扎根苏州、引领江苏、全国一流的中等职业学校。新建 1~2 所省重点技师学院,加强省级示范性技师学院、技工学校建设。贯彻省高等职业教育创新发展计划,建设 3 所高水平高等职业院校。积极引导独立学院转设,支持应用型本科发展,建设 2~3 所特色鲜明、示范引领的应用型本科院校。强化职业院校与职业培训机构、社区培训机构的紧密结合,推进职业培训向基层延伸,优化职业培训机构设置与建设。[责任单位:市发改委、市教育局、市人社局,各市、区人民政府(管委会)]

(二)推进现代职业教育体系建设

完善学历教育与培训并重的现代职业教育体系,畅通技术技能人才成长渠

道。支持在苏高校提高对口招收中高等职业院校毕业生的比例和规模。深化实施中职高职衔接、中职本科衔接、高职本科衔接,开展中职、高职、应用型本科教育分级培养和联合培养试点,支持建设一批中高等职业教育衔接示范专业。支持技工院校与职业院校的衔接贯通。建成适应发展需求,产教深度融合,人才培养层次健全,中高职衔接,职业教育与普通教育贯通,体现终身教育理念,满足人才多样化选择、多路径成才需求的现代职业教育体系。[责任单位:市教育局、市人社局,各市、区人民政府(管委会)]

(三)探索职业教育多元办学

发挥企业重要办学主体作用,鼓励有条件的企业特别是大企业举办高质量职业教育。支持领军型企业和公办职业院校合作举办混合所有制职业院校或二级学院(系部)试点,经批准可设立为非营利性法人,保持现有投入渠道和支持政策,引进社会优质资本和人才,实行相对独立的人员聘任与经费核算,确保人才培养质量持续提升和国有资产保值增值。支持地方政府和民办职业院校合作举办混合所有制性质的学院或二级学院(系部)试点,加大对优质民办职业教育的投入。支持优秀专业技术人才和高技能人才在职业院校建立股份制工作室、技能大师工作室等。民办职业院校与公办职业院校具有同等法律地位,依法享受相关教育、财税、土地、金融等优惠政策。鼓励公办、民办职业院校相互委托管理。[责任单位:市发改委、市工信局、市教育局、市财政局、市人社局、市商务局、市国资委、市税务局,各市、区人民政府(管委会)]

(四)建立现代职业院校制度

完善职业院校内部治理结构,建立依法办学、自主管理、民主监督、社会参与的现代职业院校制度,加快职业院校章程建设,健全职业院校各项管理制度定期修订完善机制,实现职业教育治理能力现代化。深化"放管服"改革,推进政府职能由注重"办"职业教育向"管理与服务"转变,进一步扩大职业院校在人事管理、教师评聘、收入分配、专业设置等方面的自主权。支持职业院校通过公开招聘先行聘用特殊紧缺岗位的专业课教师,被聘用人员可在聘用之日起3年内取得相应教师资格。建立职业院校教师引进绿色通道,对世界技能大赛前三名选手、全国一类职业技能竞赛第一名选手、人力资源社会保障部授予的"中华技能大奖"获得者、省政府授予的"江苏技能状元"和"江苏工匠",经人力资源社会保障部门认定后,可由招聘学校自主考核录用入编。职业院校开展校企合作、技术服务、社会培训等所得收入,应当纳入学校财务统一核算和管理,可以按一定比例作为绩效工资来源。适当增加绩效工资总量,具体分配由学校按规定处理。[责任单位:市教育局、市财政局、市人社局,各市、区人民政府(管委会)]

(五)提升职业教育服务发展的能力

围绕苏州思想再解放、开放再出发、目标再攀高的新形势新要求,打造一批与苏州高质量发展走在最前列相适应的现代化专业群。大力发展智能制造、智慧健康、现代服务、现代都市农业等相关专业,助力"苏州制造"向"苏州创造"跨越。支持职业院校参与科技研发与服务,依托职业院校建设区域中小企业科技服务基地。完善奖励机制,加强横向科研考核,推动成果转化提效。认真落实与贵州铜仁等地的职业教育帮扶协作,加大对口支援力度。落实贫困家庭学生资助政策,完善学校资助补充体系,确保不让一名职业院校学生"因贫失学"。推动职业院校服务民生改善及文化繁荣兴盛发展需要,以促进就业为导向,增强学生就业创业能力,全面提高毕业生就业质量,推动传承苏州地方优秀文化与传统技艺的相关专业建设,如昆曲、评弹、苏绣、核雕等。[责任单位:市教育局、市科技局、市财政局、市人社局、市文广旅局,各市、区人民政府(管委会)]

二、促进职业教育融合发展

(六)深化职业教育产教融合

进一步完善产教融合制度设计,建立产教融合、校企协同育人长效发展机制。积极创建产教融合试点城市。开展"产教融合型企业"等项目培育建设,给予"金融+财政+土地+信用"的组合式激励,并按规定落实相关税收政策,厚植企业承担职业教育责任的社会环境,推动职业院校和企业形成命运共同体。引导行业部门和组织对职业教育工作的指导,在主要领域成立一批行业教学指导委员会。推动职业院校和行业企业以专业为依托,围绕人才培养、招生就业、专业建设、课程教学、师资队伍建设、实训实习基地建设等方面深入合作,优化人才供给结构,精准对接市场需求。建设一批优秀企业学院和职业教育集团,充分发挥企业主体作用。[责任单位:市发改委、市教育局、市财政局、市人社局、市资源规划局、市税务局,各市、区人民政府(管委会)]

(七)拓展职业教育国际融合

充分学习借鉴国外先进职教经验和成功模式,推动职业院校与国际知名企业、行业协会合作,引进国外优质教育资源和国际通用行业职业标准,专业建设探索对接国际工程教育质量标准,满足苏州经济发展特别是国际企业对职业技术技能人才更高层次需求。支持太仓、昆山等地利用德资企业集聚资源,开展

"双元制"合作;支持常熟开展中英"现代学徒制"合作。鼓励职业院校配合我市企业"走出去"办学,支持职业院校在"一带一路"国家建立办学、研发机构,探索开设境外职业学校、劳务培训、技术培训,支持职业院校招收境外留学生,鼓励毕业生境外就业。培育具有国际影响力和对外输出实力的品牌专业,输出优质职业教育服务,增强职业教育国际话语权,锤炼苏州职业教育品牌。到2023年,职业教育国际化合作办学实现全覆盖。[责任单位:市教育局、市人社局,各市、区人民政府(管委会)]

(八)加快职业教育信息化融合

适应"互联网+职业教育"发展需求,建设智慧职业教育。坚持以应用为驱动,推进信息技术与教育教学的深度全面融合,建设覆盖职业院校日常运行各个环节的智能终端,建立一体化智能化教学、管理与服务平台,运用大数据分析,开展学情分析、教学过程监测和教学诊断,推动新技术支持下的教育模式变革和生态重构。加快智慧校园建设,对接企业生产服务智能化流程,建设智慧课堂、智慧车间、智慧图书馆、虚拟工厂等智能学习空间,改革教学内容,创新教学方式,推行翻转课堂、行走课堂、慕课教学、虚拟仿真实训、在线学习,构建线上线下协同教育新体系。遵循移动互联时代学生思维方式与认知规律,以信息技术提升办学质量,推动学校管理方式、教师教学手段和学生学习形态信息化。组织开展信息化教学大赛及相关培训,不断提升教师信息化水平。(责任单位:市工信局、市教育局、市人社局)

(九)推动职业教育与普通教育融合

鼓励中等职业学校联合中小学开展劳动和职业启蒙教育,将动手实践内容纳入中小学相关课程和学生综合素质评价。通过开展综合实践和职业体验活动,弘扬工匠精神,促进中小学生形成良好的劳动态度和劳动习惯,培养职业兴趣和职业意识。推进职业院校资源面向普通教育全面开放,依托职业院校建设一批师资充足、课程完备、体系健全、运营良好的中小学生职业体验中心,充分发挥职业倾向测试、职业场景体验、职业规划指导、职业拓展培训的功能,将科普、生活、学习、娱乐融为一体,将职业文化、产业文化、传统文化融为一体,不断增强职业体验教育吸引力。探索开展中职学校"文化+技能"中考招生试点。建立职业教育和普通教育双向融通的桥梁,推动建立普通学校、职业院校之间课程和学分互认、师资和教育资源共享机制。(责任单位:市教育局、市人社局)

三、提高职业教育人才培养质量

（十）落实新时代立德树人根本任务

全面推动习近平新时代中国特色社会主义思想进教材、进课堂、进头脑。遵循职业教育规律和学生身心发展规律改进德育方式方法，注重循序渐进、因材施教、潜移默化，开展喜闻乐见、入脑入心的德育活动。加强思想政治教育，重视对学生国际视野、国际理解和家国情怀的培养，深化德育课程改革，拓展教育教学内容，创新德育实现形式，构建全员、全过程、全方位的育人格局。加强学生职业道德、职业技能和创新创业能力的培养，培育学生的工匠精神。加强学生心理健康教育，深化体育美育教学改革，开展艺术经典教育和艺术实践，学生社团参与率达到100%。推动学生志愿者行动，形成一批职业教育志愿服务品牌项目。（责任单位：市教育局、市人社局、市文广旅局）

（十一）强化专业内涵建设

发挥标准在职业教育质量提升中的基础性作用，严格按照专业教学标准、课程标准、顶岗实习标准、实训条件建设标准来开展专业建设，实现专业设置与产业需求对接、课程内容与职业标准对接、教学过程与生产过程对接。打造一批与苏州产业转型升级相适应的专业群和课程群，建设一批集区域技术技能人才培养中心、技能教学研究中心、技术创新推广中心、创业孵化中心于一体的职业学校现代化实训基地。坚持"做中学、做中教"，强化教学、学习、实训相融合的教育教学活动，推行项目教学、场景教学、主题教学和岗位教学等教学模式，完善分层教学制、走班制、学分制和导师制。建设一批与岗位技术发展相适应的数字化精品课程，建立课程资源共建共享机制。（责任单位：市发改委、市工信局、市教育局、市人社局、市商务局）

（十二）创新人才培养模式

深入推进创新人才培养模式的探索实践，坚持知行合一、工学结合。紧跟区域行业企业需求，准确定位人才培养目标与培养规格，以技术技能成长为主线，强化核心素养与核心能力培养。全面推行现代学徒制、企业新型学徒制等新型人才培养模式，坚持学校、企业双主体育人，校企双方共同参与学徒选拔、培养方案制定、课程教材开发、教学平台建设、教学实施与评价等人才培养全过程，逐步建立职责共担、人才共育、成果共享的协同育人机制。利用三年左右时间，实现现代学徒制人才培养模式区域全覆盖，各职业学校采用现代学徒制人才培养模式的专业（群）达50%以上，初步形成企业积极参与、校企协同合作、

具有苏州特点的技术技能人才培养新格局。[责任单位:市发改委、市教育局、市人社局,各市、区人民政府(管委会)]

(十三)参与"1+X"证书制度研究

夯实学生可持续发展基础,鼓励职业院校学生在获得学历证书的同时,积极取得多类职业技能等级证书,拓展就业创业本领,缓解结构性就业矛盾。各类职业技能等级证书具有同等效力,持有证书人员享受同等待遇。职业院校内实施的职业技能等级证书分为初级、中级、高级,是职业技能水平的凭证,反映职业活动和个人职业生涯发展所需要的综合能力。支持我市相关研究机构、职业院校联合行业组织、领军型企业主动参与"1+X"证书制度试点。以省级重大课题项目研究为抓手,支持太仓中专等学校以相关重点专业为突破,开展校企双主体探索"1+X"证书制度改革实施研究。(责任单位:市教育局、市人社局)

(十四)打造卓越师资队伍

完善教师引进机制,吸引优秀人才从事职业教育,建立企业经营管理者、技术能手与职业学校管理者、骨干教师相互兼职制度,支持职业院校教师与企业技术专家双向流动、两栖发展。开展职业院校"双师型""一体化"教师队伍建设,完善职业院校教师定期到企业实践管理制度,严格落实专业课教师每5年累计不少于6个月赴企业实践要求。从2020年起,职业院校、应用型本科高校相关教师原则上从具有3年以上企业工作经历的人员中公开招聘,特殊高技能人才(含具有高级工以上职业资格人员)可适当放宽学历要求。推动职业院校、应用型本科高校与大中型企业合作建设"双师型""一体化"教师培养培训基地。推进职业院校优秀教学团队建设,继续开展名师工作室、名师工作室共同体建设。开展职业院校兼职教师队伍建设,到2023年,包括行业企业专家、能工巧匠和乡土人才在内的兼职教师数不低于学校岗位总数的20%。[责任单位:市教育局、市人社局,各市、区人民政府(管委会)]

(十五)构建质量保障体系

以教学诊断与改进为抓手,推动职业院校建立基于标准化教学设施、完整教学工作状态数据、学校自我诊断自主发展、行政部门有效监管的教学质量保障体系。建立政府、行业、企业、职业院校等共同参与,以学习者的职业道德、技术技能水平和就业质量,以及产教融合、校企合作水平为核心的职业教育质量评价体系。强化督导,依法依规开展职业教育质量评估。支持第三方机构开展职业院校质量评估,将考核结果作为政策支持、绩效考核、表彰奖励的重要依

据。建立职业院校、各级教育行政部门职业教育质量年度报告制度,定期向社会公开质量报告。(责任单位:市教育局、市人社局)

四、完善职业教育保障机制

(十六)加强组织领导

强化党对职业教育工作的全面领导,全面贯彻党的教育方针,保证职业教育改革发展正确方向。充分发挥党组织在职业院校的领导核心和政治核心作用,牢牢把握学校意识形态工作领导权,将党建工作与学校事业发展同部署、同落实、同考评。落实各级政府统筹发展职业教育的责任,不断提升保障水平,健全职业教育长效发展机制。加强苏州市职业教育改革发展领导小组对全市职业教育工作的统筹领导,协调解决职业教育现代化发展中的重大问题,制定和落实加快现代职业教育发展相关政策,科学编制和实施全市职业教育发展规划。完善由教育、发改、工信、财政、人社、科技、商务等部门和部分行业协会、职业院校参与的联席会议制度,每年定期召开会议,协调各部门资源,为职业教育健康可持续发展提供有力服务。[责任单位:市发改委、市工信局、市教育局、市科技局、市财政局、市人社局、市商务局,各市、区人民政府(管委会)]

(十七)加大财税支持

建立公共财政对职业教育投入的正常增长机制,地方教育附加费用于职业教育的比例不低于30%。适应技术技能人才培养需要,不断提高职业教育生均经费标准,中等职业学校生均财政公用经费达到当地普通高中的1.5倍。优化财政生均拨款制度,实行财政性经费与办学绩效、教育质量、本地就业率等因素挂钩的拨款方式。企业依法履行职工教育培训和足额提取教育培训经费的责任,发生的职工教育经费支出,不超过工资薪金总额8%的部分,准予在计算企业所得税应纳税所得额时扣除;超过部分,准予在以后纳税年度结转扣除。通过公益性社会组织或县级以上人民政府及其部门向职业院校进行捐赠的,其捐赠支出按照现行税收法律规定在计算应纳税所得额时扣除。推广政府和社会资本合作(PPP)模式,引导社会资金支持职业教育。鼓励金融机构为职业院校提供相关信贷和融资支持。[责任单位:市教育局、市财政局、市税务局,各市、区人民政府(管委会)]

(十八)提高技术技能人才地位

支持技术技能人才凭技能提升待遇,鼓励企业职务职级晋升和工资分配向关键岗位、生产一线岗位和紧缺急需的高层次、高技能人才倾斜。鼓励技术技能大师建立大师工作室,并按规定给予政策和资金支持,支持技术技能大师到职业院校担任兼职教师。积极推动职业院校毕业生在落户、就业、参加机关事业单位招聘、职称评审、职级晋升等方面与普通高校毕业生享受同等待遇。逐步提高技术技能人才特别是技术工人收入水平和地位。机关和企事业单位招用人员不得歧视职业院校毕业生。鼓励开展各类职业技能竞赛、技术开发创新竞赛,加大对优秀技能人才表彰奖励力度。构建以政府表彰为导向、单位奖励为主体、社会奖励为补充的技术技能人才奖励制度,选拔出各级各类能工巧匠和技术能手,鼓励其在一线岗位建功立业和带徒传承技艺。[责任单位:市教育局、市财政局、市人社局,各市、区人民政府(管委会)]

(十九)发挥行业指导作用。

加强行业部门对本行业职业教育的指导和参与。提高行业指导能力,建立职业院校、教育主管部门以及行业的联动机制。在行业组织的支持下,联动开发专业教学标准和职业标准,促进教学内容与行业技术标准对接。引导企业深度参与技术技能人才培养培训,校企联合建设行业标准研制中心、专业技术研发中心、技能鉴定中心、实验实训平台、电子化学习平台等,促进职业院校加强专业建设、深化课程改革、增强实训内容、提高师资水平,全面提升教育教学质量。(责任单位:市发改委、市工信局、市教育局、市人社局、市商务局、市总工会)

(二十)营造良好发展氛围

深入开展"大国工匠进校园""劳模进校园""优秀毕业生校园分享"等活动,宣传展示苏州工匠、能工巧匠和高素质劳动者的事迹和形象,培育和传承好工匠精神。引导社会、学生和家长树立"适合的教育就是最好的教育"理念,选择包括职业教育在内的成长成才路径。开展"最美职教教师""最美职教毕业生"等活动,宣传先进事迹,树立职业教育成长成才典型。在全社会弘扬劳动光荣、技能宝贵、创造伟大的时代风尚,推动形成"崇尚一技之长、不唯学历凭能力"的良好社会氛围。办好职业教育活动周、职业院校技能大赛、创新创业大赛、学生文明风采大赛,不断增强职业教育的社会影响力和吸引力。[责任单位:市教育局、市人社局、市总工会,各市、区人民政府(管委会)]

苏州市人民政府
2020年3月4日

(此件公开发布)

附录 2
苏州高等职业院校简况

苏州高职院校的创建起步于20世纪80年代初。历经探索尝试、规模扩张、创新发展三个阶段,形成了办学综合实力雄厚、适应区域经济社会发展需要、各具办学特色的高职院校群体,为苏州经济社会的发展提供了强有力的支持。本章根据苏州17所高职院校官方网站有关信息整理,以建校时间为序介绍各校情况。

苏州市职业大学

【学校创建】成立于1981年,是苏州市创建的第一所高等职业院校;办学前身为创办于1911年的苏州工业专科学院。学校秉承"勤、勇、忠、信"的校训,努力建设全国一流品质院校,并积极实现应用型本科高校的目标。

【办学条件】占地面积约84万平方米,校舍建筑面积近50万平方米,馆藏纸质图书近167万册,教学科研仪器设备总值近3.6亿元。设有12个学院(部),普通全日制在校生1.4万余名。专任教师796名,其中有正高职称的69名,副高以上职称的375名;有64人次入选江苏省有突出贡献中青年专家、有突出贡献高级技师、"六大人才高峰""333高层次人才""青蓝工程"学术带头人、教学名师等高层次人才名单。

【教学科研】现有教育部重点专业和教改试点专业3个,省"十二五"高等学校重点专业群3个,省级品牌特色专业9个,省高校品牌专业建设工程一期A类项目1个,省高水平骨干专业3个;建有教育部职业教育实训基地建设项目1个,省级实训基地4个。建有3个省级工程中心、5个省级研究所(基地)、8个市级重点实验室(平台)。近五年来,承担各级各类科研项目770项,其中承担或合作承担国家级项目6项、省部级项目22项；获省市两级科研成果奖86项，其中省部级科学技术进步奖2项，获省哲学社会科学优秀成果奖1项，授权发明专利309项。

【校地合作】与苏州市吴中区人民政府、相城区人民政府签订全面合作战略合作协议，牵头成立苏州市现代装备制造职业教育集团、苏州市现代光电职业教育集团，与国内多家著名企业实现了校企深度合作，建有企业（行业）学院19个，校外实训基地339个。

【中外合作】"先进制造技术国际化人才培养项目"入选省外国留学生优才计划高技能人才项目。学校为东南亚职业教育产教融合联盟理事长单位，中国—南非职业教育合作联盟中方副理事长单位。

【学校荣誉】江苏省文明单位、首批江苏省文明校园、首批江苏省平安校园建设示范高校、江苏省职业教育先进单位、江苏省科技工作先进高校、江苏省模范教工之家、江苏省高校毕业生就业工作先进集体、江苏省高校档案工作先进集体、苏州市职业教育服务经济转型升级先进学校等称号，连续入选中国高等职业院校教学资源50强名单。首批苏州市高技能人才培养示范基地和服务外包人才培养培训基地。

沙洲职业工学院

【学校创建】创建于1984年，为全国第一所县办大学。学院秉承"根植张家港、融入张家港、服务张家港"的办学理念，以"为产业转型升级，培养急需技术技能人才""为企业科技创新，搭建技术研发服务平台""为城市文明建设，提供多样社会培训服务"为办学使命，为港城现代化建设提供人力资源和智力支撑，为职教现代化建设引领县域高校的改革创新。

【办学条件】学院占地约35万平方米、校舍面积23万平方米，拥有多个国家级、省级实训基地、科技服务平台。专任教师232名，具有正、副高职称的占47%，具有研究生学位的占65%，有多名省级名师、"333工程"培养对象及高校优秀教学团队。

【教学科研】设7个系部30多个专业，其中有1个教育部"高等工程专科示范专业"、2个央财支持重点专业、3个省高校重点建设专业群、4个省级高水平骨干专业、5个省级品牌特色专业。

【办学成果】累计培养全日制大专毕业生近3万余名,与上海大学、苏州大学在校内联办19个本科学历班,举办多种类型的成人本专科学历教育及企业员工培训。学院服务地方案例入选2015年中国高等职业教育质量年度报告。

苏州工业园区职业技术学院

【学校创建】1997年12月经江苏省人民政府正式批准建立。秉承"国际职教理念、本土创新实践、区域成果分享"的办学思路,积极开展中外合作办学、开展形式多样的国际合与作交流,走出了一条独特的国际化发展之路。

【办学条件】现有专业(含专业方向)44个,各类在校生5 000余人,教职员工400余人。现有国家教学名师1人、省级教学名师3人、江苏省"333高层次人才"培养对象3人、江苏省"青蓝工程"培养对象9人、苏州市金鸡湖"双百"人才—苏州市高技能领军人才16人。建有国家级重点专业6个、省级重点建设专业14个;省级品牌专业1个、高水平骨干专业5个、省级特色专业7个。有国家精品(资源共享)课程6门、省级精品课程10门。

【校企合作】与1 100家企业建立了合作关系,建立了300余个校外实习基地。工科专业毕业生中有约40%进入了世界500强企业,80%在外资企业就业,近80%的同学担任企业生产线长、班组长、技术员、新员工培训师等。

【学校荣誉】国家示范性高职院校、全国职业教育先进单位、全国职业院校就业竞争力示范校、全国职业院校魅力校园、江苏省教学工作先进单位、江苏省教育国际合作交流先进学校,5次被省教育厅授予"江苏省高校毕业生就业工作先进集体"称号。

硅湖职业技术学院

【学校创建】创办于1998年,为江苏省创办最早的民办高职院校之一,苏州市第一所民办高校,昆山历史上第一所高等院校。学校立足苏州、服务江苏区域经济社会和新型产业发展需求,形成了以机电工程、汽车工程等工科为主,经济、管理、艺术、教育等学科协调发展的专业体系,着力培养高素质创业型技术技能人才。

【办学条件】占地面积492 666.67平方米,建筑面积24.2万平方米,其中图书馆面积 11 888.74 平方米,实训室面积 50 703.16 平方米;教学科研仪器设备总值 1.022 亿元,生均 1.997 7 元;图书馆纸质图书 52.14 万册,生均 102 册,电子图书 13.33 万册,中外期刊 54 种,电子期刊 8 000 余种。设有 8 个二级学院,开设 34 个专业。现有在校学生 5 116 人、专任教师 306 人。专任教师中副高及以上职称 117 人(正高 31 人);具有研究生学历的 169 人(其中博士 33 人);"双师型"教师 176 人。

【教学科研】建有校内实验实训室 109 个,与省内外企业共建校外实训基地 142 个。学校建设了国内一流的工业 4.0 能力中心。先后与奥鹏、华星光电、新华三、京东方等大型企业深度合作,与华为、奥鹏签约合作成立"华奥产业学院"。近五年,学校共承担省级及省级学会组织的课题 90 项,公开发表学术论文 463 篇,出版教材 85 部,获国家专利 84 项,为区域经济发展咨询报告 38 篇。获省级教学成果奖 2 项,获省级优秀社科奖与教师论文及艺术作品奖共 21 项。

【学校荣誉】在各类专业技能大赛中共获奖 108 项,其中国家级奖 33 项、省级奖 75 项。在江苏省教育厅 2016—2018 年度毕业生就业评估中获"优秀"等级。2015 年通过省教育厅高等职业院校人才培养工作评估。

苏州工艺美术职业技术学院

【学校创建】1999 年,苏州工艺美术学校与苏州轻工职工大学联合组建苏州工艺美术职业技术学院,成为我国第一所独立设置的艺术设计高等职业院校;前身为 1958 年 8 月创办的"苏州工艺美术专科学校"。

【办学条件】占地面积 37.4 平方米,建筑面积近 20 万平方米,教职工 400 多人,在校生 5 000 人。拥有现代艺术设计与传统工艺美术两大系列 18 个专业 54 个小专门化方向。设有中国工艺美术研究院、教育部职业教育师资培训重点建设基地,江苏省工艺美术专技人员继续教育基地,江苏省艺术设计与技术国家职业技能鉴定所、苏州桃花坞木刻年画社(研究所)等。学院实训中心建筑面积 45 800 平方米,建有工作室 87 个,其中国家级实训基地 2 个、省级实训基地 5 个、省级实验教学示范中心 1 个。

【办学成果】首批"江苏省非物质文化遗产研究基地";"百工录:中国工艺美术非遗传承与创新"专业教学资源库获教育部立项资助。共有校企合作单位 141 家,驻校企业 24 家。设有江苏省教育厅与法国巴黎教育局联合创办的"中法江苏艺术设计教育研究中心"、学院与英国南安普顿大学共同成立的"中英苏州艺术设计教育创新中心"。与法、英、日、加等国家的20所大学建立了合作关系。

【学校荣誉】首批"江苏省示范性高等职业院校""国家示范性高等职业院校建设计划"立项建设院校、江苏省高水平高职院校建设单位、中国特色高水平高职学校和专业建设计划建设单位。2006年在高职高专人才培养水平评估中获得"优秀"。全国高职高专"育人成效50强""服务社会贡献50强""国际影响力50强""学生综合满意度50强"等,位居"武书连2019中国高职高专文化艺术大类排行"第一;"全国重点建设职业教育师资培养培训基地"示范合格单位、江苏省政府授予"高技能人才摇篮奖""江苏省教育国际合作交流先进学校"、苏州市高技能人才培养突出贡献奖等多项荣誉。

苏州农业职业技术学院

【学校创建】始建于1907年,初名为苏州府官立农业学堂,被誉为中国近现代园艺与园林职业教育的发祥地。学院秉承"励志耕耘,树木树人"的校训,弘扬"勤勉崇农,实干创新"的苏农精神,确立了"立足苏南、服务三农、紧扣特色、争创一流"的办学思路,明确了打造"江南农耕文化弘扬者、园艺职业教育开拓者、苏州园林技艺传承者、智慧农业建设领跑者、国际职业农民培育和输出探路者"五张名片的特色发展路径,成功入选江苏省高水平高等职业院校行列。

【办学条件】现有西园路校本部、相城校区和东山校区,总占地面积约107万平方米。共设有7个二级学院,37个招生专业面向全国19个省、市(自治区)招生,各类在校生近万人,教职员工600余人。

【办学成果】2012年,代表中国政府参加荷兰世界花卉园艺博览会,获得最高奖——绿色城市奖。2013年,承建布展的第八届中国花博会"水润花香"展园荣获室外展园设计布置奖特等奖。2014年,设计和施工布展的"江苏园"获2014青岛世园会最高奖。2015年,承建第三届中国绿化博览会江苏园展区并获得金奖和最佳设计奖。2016年,设计、建设和维护的"中国华园"荣获国际园艺生产者协会大奖和2016土耳其安塔利亚世界园艺博览会组委会金奖,荣获本届世园会中国参展工作"突出贡献奖"。

【学校荣誉】国家优质专科高等职业院校、物流管理专业首批1+X证书制度试点院校、"智能财税、传感应用开发、云计算平台运维与开发职业技能等级证书试点院校""中国特色高水平高职学校和专业建设计划"建设单位、江苏省首批示范性高职院校、江苏省大学生首批创业教育示范校。获得国家级教学成果奖一等奖、全国高职院校服务贡献50强、全国高职院校国际影响力50强、国家技能人才培育突出贡献单位、全国农牧渔业丰收奖、江苏省农业技术推广奖、丰收奖、江苏省职业教育先进集体、江苏省平安校园、省招生就业工作先进集体、省挂县强农富民工程先进单位等综合荣誉80多项,连续七次被授予"江苏省文明单位"。

苏州托普信息职业技术学院

【学校创建】成立于2003年。学院秉承"厚德、重能、实用、创新"的校训,坚持"以学生为主体,以教育教学为中心,以就业为导向"的办学理念,努力为学生成人成才创造良好条件。

【办学条件】设有现代服务学院、现代技术学院、数字传媒学院3个二级学院和基础部;有机电技术、信息工程技术、商务与财经、建筑与工程管理、艺术设计与传媒五大专业群,共30个专业。

【学校荣誉】"江苏省文明宿舍单位";2011年被省教育厅、省综治办、省公安厅授予"江苏省平安校园"称号;2014年通过江苏省高等职业院校人才培养工作评估;2015年以优秀等级通过省委教育工委党建工作考核;2014—2018年连续五年荣获昆山开发区"区校合作优秀奖";2017年,"昆达电脑科技(昆山)有限公司""普瑾特托普校园电商平台"两项目分获苏州市定点实习企业、校企合作示范组合;2018年,匠准托普双育人平台获苏州市校企合作示范组合;2018年荣获省征兵工作先进单位。

苏州经贸职业技术学院

【学校创建】2003年由原江苏省丝绸学校、江苏省苏州商业学校两所国家级重点中专校合并组建升格成立。学院以"育厚德之人、炼强技之才"为校训,坚持"人民性、地方性、职业性、智慧性"的发展理念,确立"聚焦智慧企业,聚力智慧服务,成就智慧人生"的发展定位和"师生有品德、有品行、有品位,学院办学行业有认可度、社会有美誉度、国际有知名度"的发展愿景,积极实施"强基础""上高原""占高峰"三步走发展战略,推动新时代高质量发展。

【办学条件】占地 55 万平方米,建筑面积近 26 万平方米。现有在校生 10 083 名,教职工 535 名,设置电子商务与物流学院、信息技术学院等 9 个二级教学单位。专任教师 353 名,副高职称以上人员 148 名,正高职称 30 人,博士 31 名,"双师"素质专业教师占比超过 90%,省级优秀教学团队 5 个,拥有全国优秀教师 1 名,江苏省教学名师 2 名,江苏省"333 高层次人才"培养工程中青年科学技术带头人 11 名,江苏省高校"青蓝工程"中青年学术带头人 9 名,优秀青年骨干教师培养对象 24 名,产业教授 2 名,入选江苏省知识产权人才库 7 人。

【教学科研】现有国家级专业教学资源库 1 项,央财支持提升专业服务产业能力项目建设专业 2 个,央财支持实训基地 3 个,国家精品在线开放课程 1 门,"1+X"证书试点项目 5 个,国家规划教材 18 部;省级高水平骨干专业 6 个,省级生产性实训基地 2 个,省级协同创新中心 2 个,省级精品在线开放课程立项 10 项,省级重点教材 5 部;江苏省优秀教学成果奖特等奖 1 项、一等奖 1 项、二等奖 6 项。建有 3 个省级和 3 个市级研发中心,近三年教师获得省部级项目教科研立项 10 余项;市厅级项目立项 292 项;教职工在核心期刊发表论文 153 篇。积极开展"四技"服务,近三年获知识产权授权 135 项,其中发明专利 51 项,实用新型专利 50 项,软件著作权 34 项,荣获"省高校知识产权工作先进集体"。

【学校荣誉】国家大学生文化素质教育基地、教育部高职高专人才培养工作水平评估优秀单位、江苏省示范性高等职业院校、江苏省依法治校改革试点校,为江苏省电子商务职教集团牵头单位。先后获得省文明校园、省高等学校和谐校园、省平安校园示范高校、省职业教育先进单位、省教学工作先进高校、省高校思想政治教育工作先进集体、省高校毕业生就业工作先进集体、省创新创业示范基地等 20 余项荣誉,入选 2019 年亚太职业院校影响力 50 强。

苏州工业职业技术学院

【学校创建】2003 年成立,其前身可追溯到成立于 1946 年 9 月的"江苏省立苏州高级工业职业学校",是苏州最早建立的工科类职业技术学校。

【办学条件】现设有 10 个教学单位 35 个专业,全日制在校生近 8 000 名。现有博士生 77 名,专任教师博士生占比 22%。2015—2017 年,18 人次入选江苏省"六大人才高峰"、江苏省"333 高层次人才"、江苏省"青蓝工程"学术带头人、江苏省教学名师、江苏省五一劳动奖章等高层次人才名单。2016 年,工业机器人与材料表面处理科技团队获评省"青蓝工程"科技创新团队,2017 年智能成套装备科技团队获评省高校科技创新团队、数控技术教学团队获评省"青蓝工程"优秀教学团队、智能制造产业技术技能人才开发研究团队获评省高校哲社创新团队。

【教学科研】立项省教育科学规划重点课题、省教改重大课题 26 项,校企共建企业学院 18 个,共建"校中厂"6 个,省产教融合实训平台 2 个、合作开发教材 118 部,学院荣获全国机械行业校企合作育人优秀职业院校。荣获苏州市教学成果特等奖 1 项,江苏省教学成果特等奖 1 项、一等奖 2 项。2015—2017 年,学院获国家自然科学基金、省自然科学基金、省社会科学基金、省高校自然科学重大项目共 13 项。新增授权知识产权 186 项,其中发明专利 26 项,发明专利授权量领先于省内高职院校;转让专利 10 项。

【中外合作】联合美国、澳大利亚、英国等国高校举办中外合作办学项目;入选教育部"DMG MS 数控专业领域第二期校企合作项目""教育部 ABB、新时达工业机器人领域职业教育项目"。

【学校荣誉】江苏省示范性高职院校,2017 年立项省高水平高职院校建设单位。拥有国家级技能大师工作室、省众创空间、省劳模工作室和技能训练中心等 17 个。2014—2016 年,连续三年获得江苏省高校优秀毕业论文(设计)一等奖 6 项;2017 年获全国职业院校技能大赛一等奖 3 项,;2015—2017 年,共获得全国职业院校技能竞赛等各类竞赛奖项 448 项,其中获得国家级技能竞赛一等奖 20 项、二等奖 23 项、三等奖 31 项。学院荣获江苏省职业院校技能大赛"突出贡献奖"和技能大赛"先进学校"荣誉。

苏州健雄职业技术学院

【学校创建】2004 年 7 月组建,前身为创办于 1907 年的江苏省太仓师范学校。学院坚持"特色立校、质量强校"。充分发挥地方高职体制机制优势,不断推进"政行企校"融合发展特色;利用地方德企高度集聚优势,彰显"双元制"人才培养特色;挖掘吴健雄精神资源优势,砥砺弘扬"健雄精神"文化育人特色;借助沿江沿海沿沪区位优势,凸显"集聚资源"服务地方特色。

【办学条件】核心校区占地 47 万平方米,建筑面积 20 万平方米,与国家级太仓高新区开展区校全域融合办学,校企深度合作资源延伸至 88 平方千米。拥有等 11 个教科研单位,建有 7 个社会服务平台,开设专业近 30 个。全日制在校生 6 000 余人,"3+2"本科专业 3 个,合作培养在籍研究生 400 余人。共有 500 多名专、兼职教师,专任教师中,高级职称占 37.9%、硕士以上学位占 78.8%、双师素质教师占 91.2%。拥有省"333 高层次人才"、省"青蓝工程"学术带头人、省"青蓝工程"骨干教师、省青年文化人才、东吴学者等一批高层次人才和省级、市级优秀教学团队。获国家级教学成果奖 1 项、省级教学成果奖 6 项,获专利 200 余项。

【学校荣誉】牵头成立"AHK 德国双元制职业教育联盟",成为国内唯一的"AHK 中德双元制职业教育示范推广基地"。以优异成绩先后通过两轮教育部高职高专人才培养工作水平评估,获得江苏省高职示范校、江苏省职业教育先进单位、江苏省高校毕业生就业工作先进集体、江苏省餐饮服务食品安全示范单位、江苏省和谐校园、江苏省红十字示范校、江苏省大学生创业示范基地、江苏省平安校园示范高校、苏州市文明校园、中国书法特色学校、中国创新教育示范单位、2018 亚太职业院校影响力 50 强等百项荣誉称号。

苏州百年职业学院

【学校创建】2015 年由苏州科技大学、加拿大百年理工学院和马来西亚科学院院士赖炳荣先生领衔的高博教育集团联合创办,是国内首家中外合作办学全日制普通高等职业院校;其前身是 2005 年创办的苏州港大思培科技职业学院。学校倡导"国际化、专业化、品质化"办学理念,致力于培养"具有较好人文素养、国际化视野、专业技能和英文表达能力,德智体美劳全面发展的技术技能型人才",形成了四大鲜明特色:浓厚英文环境、深度产教融合、广泛在线教学和畅通深造通道。

【办学条件】专任教师 90% 以上具有硕士及以上学位,50% 以上具有海外教育背景,采用双语或英文授课。境外留学生占学生总数近 20%。设立 7 个二级学院 22 个专业,其中省级品牌专业和骨干专业 2 个,苏州市品牌专业和优秀专业 2 个。

【中外合作】毕业生可进入加拿大、英国、澳大利亚、美国,以及德国和法国等欧盟主要国家的100多所境外大学深造。可通过直通班升学至加拿大百年理工学院及相关国际联盟高校深造,学校海外升学服务中心为学生提供境外深造一站式服务。

苏州卫生职业技术学院

【学校创建】2005年升格组建,前身是1911年美国基督教会创办的博习医院护士学校,为江苏省首家卫生类示范性高等职业院校。

【办学条件】有苏州国际教育园北区、苏州古城区的书院巷、古镇木渎3个校区,占地50.2万平方米,建筑面积约35万平方米。设9个二级院系19个专业。现有全日制在校生约1万人,全院教职工900余人,专任教师400余人,高级职称比例近40%,硕博士比例近76%。独立承担国家自然科学基金5项、江苏省自然科学基金3项,拥有国家级教学成果奖1项,教育部行指委和专委会委员6人,国家级职业教育教师教学创新团队1个、江苏省优秀科技创新团队1个,江苏省优秀教学团队、职业教学创新团队5个,江苏省教学名师1名,江苏省工程技术研发中心2个,苏州市优秀科技创新团队1个,苏州重点实验室1个。

【教学条件】江苏省医药卫生职教集团秘书处、江苏省卫生健康职业教育行业指导委员会秘书处和江苏省卫生职业教育研究室挂靠单位,以及商务部指定的外派医护人员培训基地。学院现代职教体系项目总数达到9个,率先在全国构建中职—高职—本科贯通、具有江苏特色的现代医药卫生职教体系。院外拥有80余家稳定的三级甲等实习医院及300多个实习实训基地。

【学校荣誉】连续15年获江苏省卫生计生委综合目标考核一等奖,为江苏省现代职业教育体系建设试点单位、中央财政支持的职业教育实训基地建设单位。获江苏省文明校园、江苏省平安校园、江苏省高等教育综合改革自主试点高校、江苏省人才培养模式创新实验基地、江苏省高校毕业生就业工作先进集体、江苏省学生资助工作绩效评价优秀单位、江苏省高校思想政治教育工作先进集体等荣誉称号。

昆山登云科技职业学院

【学校创建】创办于2015年。学校秉承"诚正、弘毅、奋进、创新"的校训,崇尚"德育为先、能力为重、全面发展"的教育思想,围绕国家经济社会发展需要,确立"立足昆山,服务台企,面向江苏,辐射长三角"的办学定位和"具有工匠精神、可持续发展能力、业界乐用的技术技能型人才"的培养目标;坚持"以人为本、学生优先""按照教育教学规律和市场经济规律办学""服务地方、服务企业、服务发展"的办学理念;实现"优秀办学条件、优秀师资队伍、优秀管理水平、优秀教学质量"的奋斗目标;实施"人才强校""政行企校合作""特色品牌""开放式与国际化"的发展战略,把学校建设成为符合教育现代化建设要求、特色鲜明、全国有影响的高职名校。

【办学条件】占地面积46.4万平方米。现有教职工330多人,全日制在校生近7 000人。设有4个二级学院28个专业。现有专兼职教师400余人,其中专任教师219人,"双师型"教师达80%。

【校企合作】先后与300多家企业建立了合作关系,与80多家知名大型企业集团共建教学实训基地;与6家知名企业集团分别共建企业学院;与昆山高新集团深度合作共建(两岸)科教创新基地。学校共建两岸产、学、研协同创新服务平台;成立"登云两岸产学合作联盟"。

【学校荣誉】先后获得"江苏省高等教育综合改革自主试点学校""江苏省平安校园""中央财政支持实训基地""江苏省电子商务人才培训基地""苏州市职业教育先进单位""江苏省民办高校党建考核优秀单位""江苏省示范性高职院校建设单位""江苏省'十三五'高等职业教育产教深度融合(汽车工程)实训平台立项建设单位""江苏省高水平骨干专业(机电一体化)建设单位""全省百佳学生资助工作典型单位""江苏省平安校园建设示范高校""江苏省示范性高等职业院校"、全国"首批(汽车检测与维修专业)'1+X'证书试点院校"等殊荣。

苏州高博软件技术职业学院

【学校创建】创办于2007年3月。建校以来,学校以"厚德、致知、慎微、博大"为校训,坚持立德树人的办学理念,坚持以服务地方经济社会发展为宗旨。

【办学条件】占地面积近33万平方米,各类建筑17万余平方米。设有8个二级学院,开设43个应用型专业。目前在校生近6 000人,教师近300人,其中副高级及以上职称教师90人,具有研究生学历或硕士学位教师占近70%。

【办学成果】获批江苏省高水平骨干专业建设项目1项、江苏省产教深度融合实训平台1个，获江苏省教学成果奖二等奖1项、苏州市教学成果奖一等奖1项、苏州市优秀新课程3项，在全国、省市级各类竞赛获奖20余项、各类技能竞赛获奖50余项。与100多家企业共建实习实训基地，开设定向班或冠名班。

【中外合作】与西印度大学、英国斯泰福厦大学、法国商科联盟、马来西亚精英大学等多所高等院校合作，多层次开展中外合作办学，实行校际学分互认，为学生海外留学提供便捷通道，是"扩大来华留学生规模"教育综合改革试点项目院校、留学江苏目标学校，也是江苏省教育国际合作交流先进单位。

【学校荣誉】"江苏省文明宿舍""江苏省文明食堂""江苏省价格诚信单位""江苏省平安校园""江苏省国际教育交流先进学校""苏州市职业教育先进单位"。被《新华日报》《中国教育报》《扬子晚报》《姑苏晚报》《苏州日报》、江苏电视台、苏州电视台等权威媒体多次报道。2015年以优异成绩顺利通过了高等职业院校人才培养工作评估。

苏州信息职业技术学院

【学校创建】成立于2009年。学校以"建设高水平院校、培育高素质人才、助力高质量发展"为办学目标，以"为国家树人、为社会育才、为公司铸师、为企业造匠"为办学宗旨，凝聚全面治校的办学理念——立德树人，培育英才，服务地方，促进发展；名师立校，人才兴校，专业强校，特色展校；师生为本，能力为重，综合提升，终身发展；打造信息校园，智慧校园，人文校园，平安校园。

【办学条件】占地面积36万余平方米，总建筑面积15万余平方米。固定资产5.8亿余元，其中教学科研仪器设备总值4 530万余元，信息化设备投入3 963万元。建有82个各类校内实验实训室，61个网络多媒体教室。图书馆藏书34.44万册。学院设有8个二级学院，共设23个专业，在校学生超5 000人。教职工278名，专任教师218名，正高职称3名，副高职称66名，硕士研究生（包括硕士学位）144名，江苏省"333高层次人才"1名，江苏省高校"青蓝工程"中青年学术带头人1名，江苏省高校"青蓝工程"优秀青年骨干教师10名，江苏省新闻出版系统领军人才1名，姑苏宣传文化重点人才2名。

【校地合作】建有吴江网络信息安全应用人才培养基地、企业学院8个、教学实习基地159个。

【学校荣誉】先后获得江苏省园林式单位、江苏省精神文明建设工作先进单位、江苏省高校文明宿舍、江苏省高校文明食堂、江苏省平安校园等荣誉称号。

苏州工业园区服务外包职业学院

【学校创建】始建于2008年5月,2010年正式建校。学校以"尚同于学,尚礼于人"为校训,遵循"顺进化之理,应未来之需"的办学理念,以"建成为省内示范、国内唯一、具备国际化办学能力的中国服务外包第一校"为办学目标。

【办学条件】占地28.3万平方米,建筑面积22万余平方米。设5个二级学院30个专业。现有教职工近300人,在校生约5 500人。教师中96%以上具有博士、硕士学位,成为"苏州市服务外包人才培养培训基地"和"江苏省国际服务外包人才培训基地",并于2010年被认定为唯一"苏州市服务外包人才培养实训中心"。2013年,学校软件技术实训基地获批"中央财政支持的职业教育实训基地"。

【学校荣誉】2014年,通过江苏省高等职业院校人才培养工作评估。2015年被省教育厅、财政厅确定为省级示范性高等职业院校立项建设单位。

苏州幼儿师范高等专科学校

【建校时间】2016年1月建立,肇端于1976年创办的苏州地区幼儿师范学校,是目前全省保留"幼儿师范"名称的历史最悠久的一所学校。学校以建设专业性强、培养质量高的国内一流幼儿师范高等专科学校为办学目标,以一线幼儿园教师为主的应用型人才为培养目标,致力于把学校建设成为高水平、有特色的全国一流幼专。

【办学条件】占地面积24.7万平方米,建筑面积10万平方米。学校现有教职工230人(含附属幼儿园74人),其中师范部156人,专任教师142人,其中正高职称9人、副高职称58人,具有硕士学位者121人(博士12人),另有以高校著名教授、省特级教师、市学科带头人为主体的兼职教师70多名。师范部现有班级56个,在校学生2 559人。现有3所附属幼儿园。现有图书馆、演艺中心、演奏中心,拥有学前教育专业实训室13个、艺体类专业教室22个、琴房230间、校外实践基地84个。

【教学成果】设有师范专业3个,非师范专业2个。在连续七届省师范生教学基本功大赛中,学校的获奖率、获奖总数、一等奖总数均列全省同类学校第一。首届免费男幼师生统考,总分第一、各单科成绩均第一。附属幼儿园以"让每朵花蕾都美丽绽放"为办园宗旨,让每个孩子"开心""开口""开窍","学前听障儿童融合教育十年创新与实践"获国家教学成果二等奖、江苏省教学成果特等奖,"花朵课程"获江苏省首届教学成果奖一等奖。

参考文献

一、文件报告类

[1] 国家中长期教育改革和发展规划纲要工作小组办公室. 国家中长期教育改革和发展规划纲要(2010—2020年)[Z]. 2010.

[2] 中共中央办公厅、国务院办公厅. 关于做好新时期教育对外开放工作的若干意见[Z]. 2016.

[3] 中华人民共和国教育部. 教育部关于印发《高等职业教育创新发展行动计划(2015—2018年)》的通知(教职成〔2015〕9号)[Z].

[4] 苏州市人民政府. 苏州市国民经济和社会发展第十三个五年规划纲要(苏府〔2016〕36号)[Z].

[5] 苏州市人民政府. 苏州市人民政府印发关于加快发展全市现代职业教育的实施意见的通知(苏府〔2015〕119号)[Z].

[6] 江苏省人民政府. 江苏省政府关于推进中等职业教育持续健康发展的意见(苏政发〔2018〕68号)[Z].

[7] 苏州市人民政府. 苏州市新型城镇化与城乡发展一体化规划(2014—2020)[Z], 2015.

[8] 中华人民共和国教育部. 现代职业教育体系建设规划(2014—2020年)(教发〔2014〕6号)[Z].

[9] 苏州市人民政府. 苏州市政府关于印发苏州市供给侧结构性改革总体方案(2016—2018年)和行动计划的通知(苏府〔2016〕72号)[Z].

[10] 中华人民共和国教育部. 高等职业教育创新发展行动计划(2015—2018)(教职成〔2015〕9号)[Z].

[11] 苏州市人民政府. 苏州市人民政府印发关于加快发展全市现代职业

教育的实施意见的通知(苏府〔2015〕119号)[Z].

[12] 苏州市人民政府.2019年苏州市政府工作报告[R],2019.

[13] 青岛市发改委.青岛市职业教育发展规划(2014—2020)[Z],2014.

[14] 苏州市教育局.关于全市职业教育布局调整情况的报告[R],2011.

[15] 苏州市教育局.苏州市职业教育专业结构与产业结构吻合度研究报告[R],2015.

[16] 苏州市教育局.苏州市各类教育事业概况(2015—2016)[Z],2017.

[17] 苏州市教育局.改革创新求突破,率先发展上台阶:苏州市职业教育发展情况[Z],2015.

[18] 苏州市发展与改革委员会.苏州市"十三五"人口发展规划(初稿)[Z].2017.

[19] 苏州统计局.苏州市2015年1%人口抽样调查主要数据公报[Z],2015.

[20] 苏州市人力资源和社会保障局.苏州市"十三五"人力资源和社会保障事业发展规划(征求意见稿)[Z],2016.

[21] 苏州市人力资源和社会保障局.苏州市2016年度重点产业紧缺人才需求目录[Z],2016.

[22] 中华人民共和国教育部.教育部关于大力推进高等学校创新创业教育和大学生自主创业工作的意见(教办〔2010〕3号)[Z].

[23] 苏州市统计局.2015年苏州市国民经济和社会发展统计公报[Z],2016.

[24] 江苏省教育厅.省教育厅关于公布"十二五"高等学校重点专业名单的通知(苏教高〔2012〕23号)[Z].

[25] 中华人民共和国教育部.教育部关于开展中华优秀传统文化传承基地建设的通知(教体艺函〔2018〕5号)[Z].

二、著作类

[1] 苏州市统计局,国家统计局苏州调查队.苏州统计年鉴2014[M].北京:中国统计出版社,2014.

[2] 苏州市统计局,国家统计局苏州调查队.苏州统计年鉴2015[M].北京:中国统计出版社,2015.

[3] 黄云碧.温州高职教育与区域产业协同发展研究[M].上海:上海社会科学院出版社,2015.

[4] 曹胜利,雷家骕,林苞,等.CC中国大学创新创业教育发展报告[R].沈阳:万卷出版公司,2011.

[5] 徐小洲,梅伟惠.高校创业教育体系建设战略研究[M].杭州:浙江教育出版社,2015:11.

[6] 徐静.纪念苏州建城2530周年学术研讨会文集[C].苏州.古吴轩出版社,2016.

[7] 蒋宏坤,蔡丽新.悄然转身迈新路:新时期苏州改革开放探索的媒体观察[M].苏州:古吴轩出版社,2014.

[8] 中共苏州市委组织部,中共苏州市委党校.再燃激情:苏州"三大法宝"读本[M].苏州:古吴轩出版社,2019.

[9] 江苏省评估院.江苏省高等职业院校人才培养工作评估手册[M].南京:江苏教育出版社,2011.

[10] [美]杰弗里·蒂蒙斯,[美]小斯蒂芬·斯皮内利.创业学[M].周伟民,吕长春译.北京:人民邮电出版社,2005.

[11] 刘丽君.知识创业教育导论[M].北京:北京理工大学出版社,2010.

[12] 徐小洲,叶映华.中国高校创业教育[M].杭州:浙江教育出版社,2012.

[13] 彭怀祖,候文华.大学生创新创业教育教程[M].北京:科学出版社,2012.

[14] 陈敬良,魏景赋,李琴.创新与创业教育:理论与实践探索[M].上海:复旦大学出版社,2012.

[15] 徐小洲,梅伟惠.高校创业教育体系建设战略研究[M].杭州:浙江教育出版社,2015.

[16] 张育广,许泽浩,罗嘉文.创新创业教育:生态系统、前孵化器及众创空间[M].广州:暨南大学出版社,2017.

[17] 杨雪梅,王文亮.创新创业教育论[M].北京:清华大学出版社,2017.

[18] 谈松华.新型城镇化与教育发展课题组.新型城镇化与职业教育供给侧改革蓝皮书[M].上海:同济大学出版社,2018.

[19] 殷堰工.攻坚与转型:苏州现代职业教育实证研究[M].苏州:古吴轩

[20] 夏鲁惠,于今.中国高等教育区域发展报告[M].北京:国家行政学院出版社,2011.

　　[21] 陆岳新.江苏省高等职业院校人才培养工作评估手册[M].南京:江苏教育出版社,2017.

　　[22] 经济合作与发展组织.高等教育与区域:立足本地制胜全球[M].北京:教育科学出版社,2012.

　　[23] 崔景贵,夏东民.江苏现代职业教育体系研究[M].北京:教育科学出版社,2015.

　　[24] 黄达人,等著.高职的前程[M].北京:商务印书馆.2012.

　　[25] 苏州市行政管理学会.开发区转型升级与创新发展:苏州的实践与探索[M].北京:红旗出版社,2010.

　　[26] 周向群,苏简亚.苏州经济发展论纲[M].南京:江苏人民出版社,2002.

　　[27] 姜大源.职业教育要义[M].北京:北京师范大学出版社,2017.

三、论文类

　　[1] 许放,张祥兰.北京城市总体规划对高等职业院校空间布局调整的影响[J].职业技术教育,2008(28):36-39.

　　[2] 徐颜平,马宝成,何万丽.职业教育与新型城镇化互动发展研究[J].中国职业技术教育,2015(15):35-39.

　　[3] 曹建东,桂德怀.苏州职业教育发展的历程[J].机械职业教育,2006(6):3-4.

　　[4] 郑坚."整合与衔接"理念下的美国职业教育改革[J].中国职业技术教育,2013(3):76-80.

　　[5] 赵荣锋.新加坡职业教育的发展与启示[J].农业教育研究,2016(2):10-12.

　　[6] 孙善学,杨蕊竹.美国生涯与技术教育改革与借鉴[J].中国职业技术教育,2016(3):71-76.

　　[7] 王辉,刘冬.本硕层次学徒制:英国高层次应用型人才培养的另辟蹊径[J].高等教育研究,2014(1):91-98.

[8] 杨海华.基于产业结构调整的苏州职业教育发展对策研究[J].职教通讯,2015(22):29-34.

[9] 张静.职业教育"产教融合校企合作"政策落地的地方实践[J].中国职业技术教育,2020(16):49-53.

[10] 王占仁.创新创业教育的历史由来与释义[J].创新与创业教育,2015(4):1-6.

[11] 毛家瑞,彭钢."创业教育的理论与实验"课题研究报告[J].教育研究,1996(5):8-18,67.

[12] 王成斌.构建双创协同育人新生态[J].群众(思想理论版).2020(11):37-38.

[13] 张兄武.高校创新创业人才多元协同培养机制的构建[J].国家教育行政学院学报,2016(4):30-37.

[14] 庞世佳,蒋春洋,高云.日本高校创新创业教育的剖析与借鉴[J].高教学刊,2015(21):12-13.

[15] 申小蓉,张翼.对高校软实力建设若干问题的思考[J].西南民族大学学报(人文社科版),2007(6):209-211.

[16] 刘玲.提升高职院校文化软实力[J].职教论坛,2012(16):23-25.

[17] 苏菡丽,李俊飞,沈文其.产业转型升级背景下苏州高职教育服务区域经济发展的实践与思考[J].教育与职业,2018(12):47-50.

[18] 肖春芬.提升广东高职院校科技成果转化率的对策研究[J].海峡科学,2018(2):74-75,88.

[19] 冯茂岩,王宏明.高职院校科技创新推进区域经济发展研究[J].教育与职业,2016(8):41-43.

[20] 王磊.实施创新教育培养创新人才:访中央教育科学研究所所长阎立钦教授[J].教育研究,1999(7):3-5.

[21] 高振中,李虹霏,盛鹏涛.我国创新创业教育发展阶段特点研究[J].教育教学论坛,2015(27):57-58.

[22] 徐艳琴.我国高职院校创新创业教育现状的调查分析[J].南方论刊,2015(11):65-67.

[23] 戴裕崴,翟鸿萱,李云梅,等.高职院校"融入式递进"创新创业教育体系的构建与实践[J].中国职业技术教育,2015(23):70-73.

[24] 汪磊,黄辉.高职院校创新创业教育现状及对策[J].科技经济市场,2016(6):56-58.

[25] 曾令斌.创新创业教育改革的政策依据、内在逻辑与路径取向[J].教育与职业,2017(25):56-61.

[26] 王石,田红芳.高职院校创新创业教育评价指标体系研究[J].职教通讯,2017(5):45-47.

[27] 陈诗慧,张连绪.大学生创新创业教育的国际模式、经验及借鉴:基于美国、德国、日本等三国的比较[J].继续教育研究,2018(1):115-120.

[28] 徐小洲,倪好.面向2050:创新创业教育生态系统建设的愿景与策略[J].中国高教研究,2018(1):53-56.

[29] 符繁荣.新时代背景下大学生创新创业教育推进机制的构建[J].教育与职业,2018(7):67-70.

[30] 黎青青,王珍珍.创新创业教育综述:内涵、模式、问题与解决路径[J].创新与创业教育,2019(1):14-18.

[31] 梁卿.高职院校创新创业教育与专业教育融合的有效途径[J].中国职业技术教育,2019(6):19-24.

[32] 黄丹.新时代地方高校创新创业教育生态系统的构建[J].品牌研究,2018(7):240-241.

[33] 冯吉.福建省高职院校创业教育发展研究[D].福州:福建师范大学,2015.

[34] 苏杰.高职院校创业教育的现状与问题研究:以武汉市高职院校为例[D].桂林:广西师范大学,2015.

[35] 曾珊.经济新常态背景下大学生创新创业教育研究[D].南昌:江西理工大学,2017.

[36] 朱祝.广州地区高职院校创新创业教育研究[D].广州:广州技术师范学院,2018.

[37] 熊贵营.苏州高职教育服务地方经济社会发展的人才贡献度研究[J].职业技术教育.2020(5):15-18.

[38] 熊贵营.区域高等职业院校协同发展的实践:以苏州高职高专院校联席会议为例[J].职业技术教育.2019(29):10-13.

[39] 熊贵营,杨德山.科学布局 优化结构 为苏州经济转型发展提供人力

支持[J].职业技术教育.2017(4):34-38.

[40] 熊贵营.论协同理论视角下高教园区创业协同机制:以苏州国际教育园众创联盟为例[J].继续教育研究.2016(11):22-23.

四、网络信息类

[1] 苏州市统计局.2016年市情市力[EB/OL].[2016-07-30].http://www.sztjj.gov.cn/tjnj/sqsl2016.pdf.

[2] 江苏省苏州市2015年第四季度人力资源市场职业供求状况分析报告[EB/OL].[2016-07-28].http://www.lm.gov.cn/DataAnalysis/content/2016-03/31/content_1161429.htm.

[3] 苏州产业结构与就业结构协调发展[EB/OL].[2016-08-23]http://www.sztjj.gov.cn/Info_Detail.asp?id=21807.

[4] "十二五"苏州经济社会发展系列分析报告新常态新理念新跨越.[EB/OL].[2016-08-23].http://www.sztjj.gov.cn/info_detail.asp?id=22940.

[5] 关于英国以需求为导向的职业教育体系.[2014-06-25].http://www.zjchina.org/platform/service/zxnews/shtml/201404/4884.shtml[EB/OL].

[6] 国外职业教育面面观:日本产学合作保障学生就业,[EB/OL].[2014.9.24].http://www.zjchina.org/platform/service/zxnews/shtml/201409/5936.shtml.

[7] 澳大利亚职业技术教育体系[EB/OL].[2014-09-18].http://www.zjchina.org/platform/service/zxnews/shtml/201409/5860.shtml.

[8] 熊爱宗.美法韩三国振兴制造业战略各具特色[EB/OL].[2016-08-08].http://www.cfen.com.cn/dzb/dzb/page_6/201608/t20160808_2379238.html.

[9] 苏雁,庄薇.常熟市启动省内首个中英现代学徒制试点项目[EB/OL].[2016-08-08].http://topics.gmw.cn/2014-04/17/content_11065186.htm.

[10] 全国职业教育工作专项督导报告[EB/OL].[2016-08-08].http://www.moe.gov.cn/jyb_xwfb/gzdt_gzdt/s5987/201509/t20150915_208334.html.

[11] 东莞:借鉴世界两大主流职教模式促本土教育改革创新[EB/OL].

［2016－07－26］．http：//news.sun0769.com/dg/headnews/201607/t20160726_6760373_1.shtml.

［12］沈剑光.以试验区建设为抓手促进职业教育与产业协同创新［EB/OL］．［2016－08－08］．http：//mp.weixin.qq.com/s？src＝3&timestamp＝1473052431&ver＝1&signature＝kMFaV92JX8wCfnwfyKi5o2Yj-GHe9Nx5vUKzjRN3MXq9kKdqECGNcD1N125jyjxYG2zWRVQYfj5WmnaOgJI3dD9bh45LiybTVBP4Mc4cK97OTSs0s56w6CrPT4k8K40Sesi5TLTQMEGhW1ivfCS2FQ＝＝．

［13］陈敏,陆灵刚.宁波构建现代职业教育发展新模式［EB/OL］．［2016－08－10］．http：//edu.gmw.cn/newspaper/2015－12/28/content_110423925.htm.

［14］我国已建设职教集团1400余个近3万家企业参与［EB/OL］．［2018－11－08］http：//www.gov.cn/xinwen/2018－11/08/content_5338311.htm？_zbs_baidu_bk.

［15］张雯婧.紧贴五大战略天津职教优势凸显［EB/OL］．［2016－07－28］．http：//epaper.tianjinwe.com/tjrb/tjrb/2016－05/04/content_7447843.htm.

［16］运用法制思维推进改革创新提升职业教育服务经济社会发展能力［EB/OL］．［2016－07－28］．青岛市教育局http：//www.moe.gov.cn/jyb_xwfb/xw_zt/moe_357/jyzt_2015nztzl/2015_zt14/15zt14_dxal/201601/t20160114_227856.html.

［17］孟跃,李超.扬州工业职业技术学院今年首次迎来35名本科生［EB/OL］．［2016－08－11］．http：//news.xinhuanet.com/legal/2016－08/01/c_129195070.htm.

［18］江苏省教育厅高等教育处处长袁靖宇.江苏高校创新创业教育的背景、现状与原则［EB/OL］．［2016－04－23］．http：//www.qinggua.net/kandian/kandian1/1461538556264950.html.

［19］中国·苏州首届国际木版年画展精彩内容集锦［EB/OL］［2018－01－12］http：//www.sohu.com/a/216311004_716308.

［20］百度词条：产教融合［EB/OL］．［2019－05－04］．https：//baike.baidu.com/item/产教融合/22168164.

［21］《国家职业教育改革实施方案》(国发〔2019〕4号）

［22］百度百科：职业教育［EB/OL］．［2019-09-22］．https：//baike.baidu.com/item/职业教育/1903668

[23] 陈宝生:职业教育要把"需"和"求"紧密结合起来[EB/OL].[2018-03-16]. http://www.xinhuanet.com/politics/2018lh/2018-03/16/c_1122545322.htm

[24] 徐国庆.从分等到分类:职业教育改革发展之路[M].华东师范大学出版社,2018.07.

[25] 顾坤华,赵惠莉.我国高等职业教育的创立、变革与发展——纪念职业大学创办30周年[J].《教育学术月刊》,2010年第10期:93-96.

后　记

在本书即将付梓出版之际，内心有完成重大任务之后的一种释然，但更多的是感慨万千，心情久久难以平复。

四十年，在历史的长河中只是瞬间；但对我国高等职业教育而言，却已迈过了从无到有、从小到大、质量提升、创新发展的一个个台阶，"探索、发展、跨越"成为高等职业教育四十年发展的缩影。从职业大学的诞生到高等职业技术教育的形成再到高等职业教育的确定，从人才培养工作水平评估到示范院校的建设，再到优质院校的打造，从职业技术教育体系的初步形成到现代职业教育体系的确定及其内涵不断提升，从职业教育的层次到类型……我国的高等职业教育伴随着改革开放的脚步，"演绎"着属于自己的华丽篇章。

高等职业教育在我国的历史不长，探索发展的空间也还很广。在本书将要出版之际，职业教育又传来好消息，9月28日，教育部和江苏省在南京召开部省共建启动大会，整体推进苏锡常都市圈职业教育改革创新，打造高质量发展样板，标志着开启打造苏锡常都市圈职业教育高质量发展样板的新征程。苏锡常都市圈试点将围绕"一体化""高质量""大贡献""练内功""树新风"五个关键词，形成可复制、可推广的经验，为今后国家职业教育改革发展探路。

以一个城市高等职业教育区域一体化建设为案例著书立说，在全国城市特别是地级城市高等职业教育规模化建设、均衡化发展还没有真正形成之时，是需要勇气和动力支撑的。本书的撰写，最深沉的动力源自我始终在职业教育领域工作，已和苏州高等职业教育休戚与共、融为一体。本书所想要展示的是苏州高等职业教育的整体而非个案，也是集几个研究专题成果凝练而成的，我不仅倾注了自身的所能，更深蒙他人之惠。

相关的研究，得到了领导的支持和鼓励。江苏省教育厅顾月华副厅长在担任苏州市教育局局长期间，对我的研究工作十分重视，给予了许多关心和指导；

后 记

苏州市教育局高国华副局长多年来一直关心关注相关系列研究,他在理念、思路上的引领让我受益匪浅;苏州市职业大学钮雪林书记、曹毓民校长高度重视学校服务地方经济社会发展,对我开展的相关研究给予了全力支持;苏州国际教育园管理办公室赖文祎副主任对我的实践研究提供了具体帮助。

本书的形成,凝聚了团队的共同心血。在系列研究过程中,我的研究团队紧密合作,每一位成员都给予了我极大的支持,他们的理念、思路和实践经历都让我获益良多,他们都对本书做出了贡献。苏州市教育局高职教处周蔚副处长就苏州职业教育的整体发展提出了有益的建议;苏州高职研究所殷堰工所长在经济社会发展与产教深度融合方面给了我很大启发。苏州市职业大学傅小芳教授在专业与产业对接上给予了具体的专业指导;杨德山研究员、赵宁燕研究馆员就部分观点的完善上提出了宝贵的意见;王赟、孙赢、丁虎等老师在协调工作、资料收集、文字编辑等方面提供了具体帮助;苏州大学出版社的编辑给予了理论上的指导及具体的支持和帮助。

在此一并表示衷心感谢!同时,十分感谢在系列研究过程中提出宝贵意见和建议的各位领导和专家!

作为职业教育的"高地",苏州高等职业教育推进高质量发展的路径探索,为区域高等职业教育的新一轮创新发展提供了实践素材,在一定程度上具有"样板"效应。祈望本书能发挥抛砖引玉之功效,以聚集更多同行、专家融入高等职业教育的探索与研究之中,共同推动高等职业教育的高质量发展。

书稿中一些观点、想法或思考难免有偏颇之处,可能存在疏漏甚至错误之处,恳请各位专家学者给予批评指正!

是为记!

作者

2020 年 11 月 18 日